JN035448

知的障害・自閉の人たちと「かかわり」の社会学

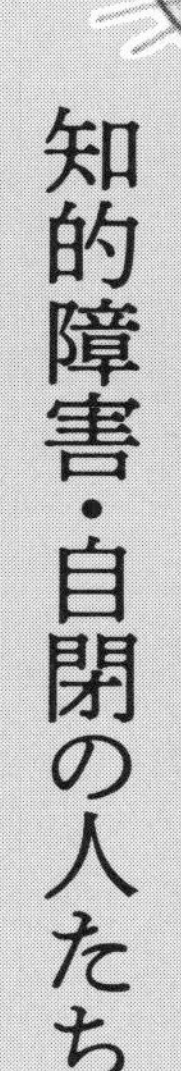

多摩とたこの木クラブを研究する

三井さよ

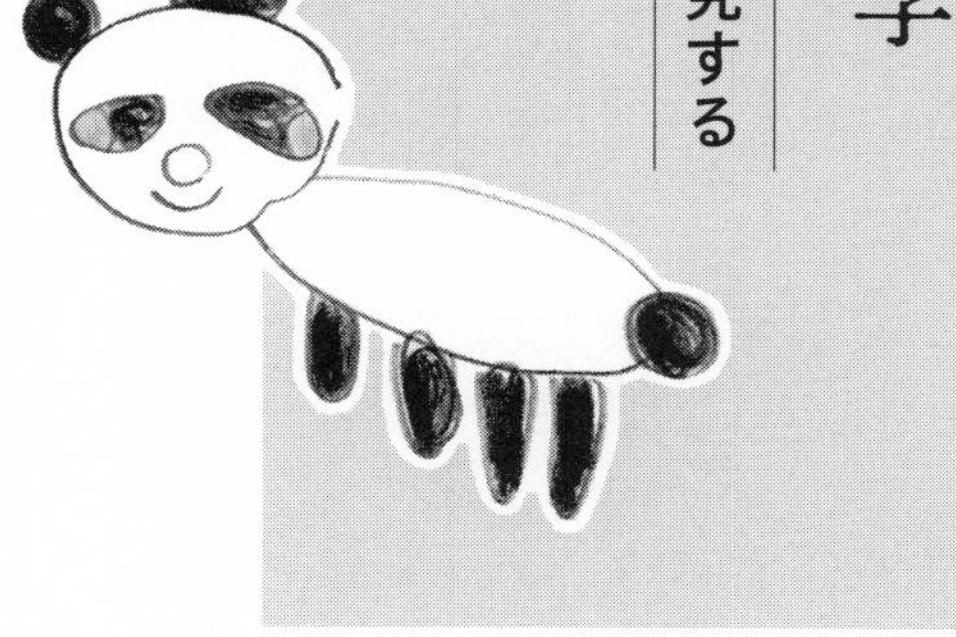

やや長いまえがき

本書が言いたいことを端的にまとめるならどういうことなのか。草稿を関係者に読んでもらったとき、最初に聞かれたのはそれだった。確かに、本文は少々専門用語が多すぎるし、長すぎる。せめてまえがきで、本書が言いたかったことをなるべく専門用語なしで書いてみよう。ちょっと長くなると思うけれども。

私は、たこの木クラブという団体をはじめとした、多摩地域で活動してきた知的障害や自閉の人を支援するネットワークにかかわってきた。私がかかわってきたのは一五年くらいだが、たこの木クラブが設立されたのはもう三五年ほど前、そしてたこの木クラブがベースとしてきたネットワークの始まりから数えれば、もう四五年ほどの時間が経っている。

本書は、このネットワークが何を目指してきたのか、何をなしてきたのかを明らかにすることを目的としている。

中心的な論点のひとつは、専門家（あるいはいわゆる「障害者福祉」）との違いと共通性である。

ここにかかわるようになる前、私にとっては知的障害や自閉の人というのは、「支援」や「福祉」の対象だった。だが、それとは少し異なる姿がここにはある。そしてそれは私にとって、知的障害や自閉の人たちがどうのということを超えて、自分の身の回りや社会のありようを問い直させられる、ひどく新鮮で面白いものだった。

ただ、その面白さを説明しようとすると、なかなか難しい。特に難しいのが、いわゆる「社会福祉業界」や「医療」、あるいは「特別支援教育業界」との距離を描くことだった。知的障害や自閉の人との付き合いが多いと名乗ると、すぐにこれらの業界の専門家だと思われたり、紹介されたりする。これらの業界の専門家にも面白い人たちはたくさんいるので、それ自体はいいのだけれども、多摩地域の支援ネットワークはいわゆる業界ではなく、担い手たちも専門家ではない。むしろそれらと積極的に距離を置こうとしてきた人たちである。にもかかわらず、その距離がすぐに「なかった」ことにされてしまう。

かといって、専門家と対峙しているという図式でばかり語られるのもリアリティから乖離していると思う。専門家はいないけれども「ベテラン」はいる。専門家と知識や技術を共有することもできると思うし、もっと今後なされていっていい。

だが、根本において発想の違いはあるのであり、それはいくら表面上似ているところがあるといっても、「なかった」ことにしてはならないはずである。
そのため本書では、多摩の支援ネットワークの原点である就学運動や共生教育論に立ち戻って、その発想を明らかにしようとした。これらが対峙していた相手は、発達保障論と呼ばれる立場であり、医療・社会福祉、あるいは特別支援教育において、今日でも主流の立場である。一九七〇～八〇年代にはかなり激しい「論争」を繰り広げており、いまでも対立的である。

本書が両者の立場を検討することで明らかにしたのは、就学運動や共生教育論が発達保障論に向けた批判は、発達保障論が知的障害や自閉の人たちを「特別支援教育」の対象とすることで「教育」という構図や図式に載せたことそのものだったということである。

発達保障論は、「教育」という構図や図式のなかに、「特別支援教育」というサブ領域を設け、そこに入れることで、それまで排除されてきた知的障害や自閉の人たちを包摂しようとしてきた。このような包摂は、排除に抵抗するやり方として、一般的に「正しい」とされるだろう。

だが、このような包摂は、就学運動や共生教育論からすれば、別種の排除でしかなかった。確かに、それまでの学校に行けもしないような、まさに「いなかった」ことにされてしまうような排除ではないかもしれない。だが、「障害児」という枠に閉じ込め、本来その子が持っているかもしれないさまざまな可能性を「障害児」という色眼鏡で見るようにさせてしまうという意味で、やはりこれもまた排除なのではないかというのである。

おそらく、障害者雇用枠や福祉的就労、あるいは居住の問題に対しても、同じようなところがある。

これまで障害者の雇用というと、「障害者」とそれ以外を分けることによって、「障害者」の雇用を生み出してきた。ただそれは、「障害者」だけのルートを作ったということでもあり、言い換えれば「障害者」にはそのルートしかない状況を生み出したということでもある。

居住についても、知的障害者が親元を離れて暮らす場として、入所施設やグループホームを作り出してきた。ただそれは、「障害者」が暮らすのは、入所施設やグループホーム以外にはないという状況を維持してきたのかもしれない。

これらの営みは、外から見ればいかにも「福祉」的で「優しい」感じがするし、少なくとも何もない状態よりははるかに良さそうに見える。

だが、それも別種の排除ではないのか。本当に「正しい」ことなのか。

就学運動や共生教育論が訴えたテーマは、こうしたことを根底では問うている。まずは学校のことが問題になっていたのだが、その射程はこれだけの広がりを持っている。

では、分けなければいいのか。みんな同じように学校に通い、同じように就職を競い、親元を離れたら独力で暮らせばいいのか。

もちろん、そう単純な話ではない。「同じに扱う」というベースラインにただ載せるだけであれば、多くの知的障害や自閉の人たちは、「ヘンな人」あるいは「人間的に問題のある人」として排除されていくだろう。「障害者」と呼ばなければその人たちが排除されないということではない。「障害者」と呼ぶことは、一方の見方からすれば、放っておけば生じるだろう排除から、これらの人たちを守ろうとする営みではある。

それでもあえて、「障害者」と名づけて包摂することも排除だと名指すべきだ——これが、就学運動や共生教育論、ひいては多摩地域の支援ネットワークの根底にある問題意識だった。

では、このような考え方はどこに行きつくのだろうか。専門家がきちんと教育を施すという発達保障論の発想は、「行きつく先」がある程度は想定されていたように見える(いかに異論があろうとも)。それに対して、就学運動や共生教育論が同じように「行きつく先」というか安住の地のようなものを想定してきたのかというと、とてもそうは言い難い。「ともに生きる」というばかりで、提案されるのは苦難と葛藤と痛みに充ちた道だけである。

だとしたら、この人たちは、単に批判だけして何も生みださなかった、時代のあだ花のようなものなのだろうか。

もちろん、そんなことはない。その先のものとして生み出されたのは複数にわたるだろうが、本書が主に論じたのは、知的障害や自閉の人たちの自立生活支援という道だった。

知的障害や自閉の人たちの自立生活の支援は、身体障害の人たちの自立生活の介助とは異なり、本人による指示を待つという姿勢では立ち行かない。そもそも、知的障害や自閉の人たちにとっての障害とは、情報を伝え合い理解し合うという、そのプロセスそのもののなかに埋め込まれているからである。指示を待つために質問をすること自体が圧迫になることもある。相手がわかってくれたはずだと思っていたら、こちらの想定とは大きく異なる受けとめられ方をしていることもある。だから、コミュニケーションを見た目通りに受け取るのではなく、その内実を探るため、あの手この手でかかわっていかざるを得ない。知的障害や自閉の人たちの自立生活支援が、身体障害の人たちの自立生活介助に比べると、表面上は「介入的」に見えるのはそのためである。決めるのは本人ですと言って済ませてはいられないのである。

このように、知的障害や自閉の人たちの自立生活を支援するということは、生活のあらゆる部分にかかわっており、また近隣住民など第三者とのかかわりにも及ぶものである。広範にかかわりながら「介入的」に見える支援を展開していかざるを得ない。受け身では成立しないのである。

さて、ではそうした広範なかかわりのなかで、支援者たちは何をしているのか。本書はそれを、「ダブル・コンティンジェンシーとしての幅とかかわりの捉えかえし」と呼んでいるのだが、ここでは専門用語を抜きにして説明を試みてみよう。

簡単に言うなら、知的障害や自閉の人と周囲（自分を含める）とのかかわりを、ああでもないこうでもないと捉えかえすことである。支援者は四六時中あちこちで話し合いをしていて、無駄話に見えるときもある。だがそれが、知的障害や自閉の人と周囲（自分）とのかかわりを、いったん見えてしまった形と異なるものとして捉えかえすことにつながっている。

たとえば意味のない暴力に見えていたことが、実はそれなりに理由のある異議申し立てだったのではないか。あるいはもしかしたら暴力ですらなかったのかもしれない。こちらが勝手に勘違いをしていることが多々含まれてやしないか。

「答え合わせ」をしてみればたいしたことではなかったと思えることもあるのだが、当事者（支援者も本人も）はなかなか気づけない。それを支援者同士の話し合いの機会を用いながら、何度も捉えかえしているのである。

こうした捉えかえしは、単なる反省に見えるかもしれない。ただ、いわゆる専門家による反省とは少し異なる。もともと捉えていた姿とは異なるものとしてかかわりが捉えかえされたからといって、支援者たちは必ずしもそのことで自分の「無能さ」を激しく責めるわけではない。

反省という形で捉えると、問題をすべて自分に回収してしまうことになるが、そうではなく相手との「あいだ」に起きたこととして捉えているのである。おそらく一気に解決を目指してしまうと、しばしば無理が生じることが意識されているのだろう。

そして、こうした捉えかえしは、先に述べた「障害者」としての包摂を、内側から崩していくような意味を持つ。「障害者」という枠をただ否定するというより、その枠を「たくさんある枠のひとつ」にすぎないものにしていく。たとえば、いまここで起きたことは本当にあの人が「障害者」だったからなのか、単にあの人が男性だからなのか、私がこういう前提を持ってしまっていたからなのか、などなど、そのつど考え、捉えかえしていく。それを繰りかえしていくのであれば、「障害者」というレッテルの持つ意味は結果的に小さくなっていく。他にも多々あるレッテルのひとつになってしまうからである。言い換えれば、「障害者」と「支援者」のかかわりというより、平場の人間同士のかかわりへと解体していくような意味を持つのである。

だから、こうした捉えかえしは、単なるお喋りにはとどまらない。誰かを「障害者」と名づけ、それ以外の人たちから分けるという営みを、ただ否定するのではなく、内側から崩していくような、そうしたかなり根源的な意味を持つ営みなのである。

それも、ただ崩すだけにとどまるわけではない。上記のように捉えかえしていくことで、暮らしをまわしていくための「やり方」「付き合い方」を生み出すことがある。少なくとも、そのための「次の一手」を打つことを可能にする。といっても、実際にどこまで、あるいはどのような水準での「やり方」「付き合い方」が生み出されるかは、ケース・バイ・ケースではある。それでもその可能性があること、そこに向けていまできることがあることの価値は測り知れない。特に、にっちもさっちもいかなくなっているときこそ、いまできることがあり、希望を持てることは、それだけでも、当事者たちにとっては限りなく大きなものである。

多摩地域の支援ネットワークは、もともと包摂という名の排除に抵抗しようとしていた。そしてのちに自立生活支援へと展開していくなかで、排除への抵抗の仕方として別様のものを生み出した。日々のなかでかかわりを捉えかえし続けることによって、「障害者」という枠をただ否定するというより、それを内側から解体していくような、そうしたやり方を生み出してきたのである。

しかし、先に述べたように、多摩地域の支援ネットワークが専門家と異なると強調するだけでは、リアリティから乖離する。似ているところは多々ある。捉えかえす営みそのものは、専門家であっても本来的にはしているはずのことだからである。専門家は、周囲からすれば意味のない暴力に見えてしまう行為に、どのような意味が隠されているのかを見抜き、必要な支援を考えてきただろう。だから、両者には共通性はある。

ただ、専門家は知的障害や自閉の人については詳しく考えるが、自分のことについてはあまり考えない傾向がある（少なくとも多摩地域の活動に参加しているとそう見えることが多い）。それに対して多摩地域の支援者たちは、自分のことも捉えかえすことが、もっとあたりまえのこととして日常の中に埋め込まれている。

そのような違いが生まれる背景にあるのは、ひとつには職業教育の仕方の違いが挙げられるだろうが、おそらくはそれだけではない。自立生活の支援という、生活に密着し入り込んだような支援と、専門家の支援とでは、そもそも立脚点が異なるのである。

こうしたことは、今後の政策のありようを考えていく上でも、一定の示唆を与えてくれるだろう。たとえば、今後の地域包括ケア化に際して、支援者の像をより豊かにし、専門家とは異なる支援者の像を育んでいくことができる。

同様のことは、制度設計の根本的発想にも言えることである。ここではあえて専門家と自立生活の支援者という、二つの主体のレベルで対比的に述べてきたが、本書のなかではもう少し、制度設計の発想や物事に対する取り組み方そのもののレベルの問題（システムという専門用語はまさにこの点にかかわってくるのだが）として論じている。

以上が、本書の第5章までを貫く、表のストーリーである。だが、これだけではたぶん本書が言いたかったことが言い尽くせていない。

そもそも、地域包括ケア化だの、支援者の像だの、制度設計だのは、多摩地域の支援ネットワークからすれば、あとから出てきた副次的な課題でしかない。もともとのテーマは、「ともに生きる」ことそのものであり、それが本人たちの成長にともなって形を変えたから、「支援」だの制度だのにかかわるようになっただけである。

だから、もう少し根底的なところに触れなければ、多摩地域の支援ネットワークが目指してきたこと、なしてきたことは、見えてこない。そのため、第6章を書いている。ただ、第6章単独で論じているというより、第1章からずっと述べてきていることについて、別の形で浮かび上がらせているのだと言った方が正確である。いわば、本書の裏ストーリーである。

それは、自分とは異なる他者と「ともにある」ということである。こう書くと、なんだかえらく壮大な話をしているように見えるが、実際にはちまちまとした話が中心である。なぜなら、「ともにある」ということは暮らしのなかでこそ成立することであり、壮大な話のずっとてまえの、日々のこまごまとしたことのなかにこそ「ともにある」という瞬間が存在するからである。

私たちは、自分と異なる他者と、どのようにかかわっているのか。あるいは現状とは異なるかかわりがありうるとしたら、いかにして可能なのか。このような問いは、一九六〇年代から徐々に哲学などでもテーマとなっており、一九九〇年代頃から盛んに議論され、他者論と総称されることもあった。相手を理解という形で自分と同化するのではなく、その衝撃を受け、声を聴き、ただ歓待するようなイメージが共有されてきた。

だが、それでは日々の生活はまわらない。そうなれば結局のところ、一部の人たちが排除されていくことになるか、一部の人たちの負担が膨大になっていく。

このような危機意識は、おそらく発達保障論と就学運動や共生教育論の「論争」の頃から、現在のさまざまな領域にまで、共有されてきたものだろう。就学運動や共生教育論は、他者がそこにいることを寿ぐ立場である。それに対して発達保障論は、ただ異なるものがいればいいという立場には立たなかった。それでも学校であるなら「教育」はしなくてはならないし、子どもたちに何かを提供しなくてはならない。そうでなければ、子どもたち（障害児本人も含め）あるいは教員の負担が過度なものとなってしまう——そう考えただろう。それが、就学運動や共生教育論には、一種の同化であり、別種の排除に見えていたのは先述した通りだが、逆に発達保障論からすれば、就学運動や共生教育論は能天気で、一部の人たちに負担のしわ寄せを押し付けるような発想に見えたかもしれない。

自立生活の支援においても、ただ異なる存在を歓待せよというだけではどうにもならないところがある。知的障害や自閉の人たちが、支援者からして力づくで抑え込んでいい相手ではなく、人権を有する存在であるのは誰もが認めるだろう。だが実際の生活においては、さまざまなトラブルが生じうる。特に近隣住民との間のトラブルについては、支援者の独力では何ともしがたいところがある。にもかかわらず、支援者は支援者としてそこに立っている以上、かかわらないと主張したところで、それ自体がひとつのかかわりになってしまうほど、抜き差しならない形でかかわっている。だとしたら、何かはしなくてはならない。他者の衝撃を受け、声を聴き、ただ歓待するなどという、生ぬるい話はしていられないのである。生活はまわしていかなくてはならない——ごはんは食べなくてはならないし、トイレも行かなくてはならないし、可能ならぜひとも寝なくてはならないのである。

　そうした問題（＝現実の暮らし）に対して、多摩地域の支援ネットワークが展開してきた自立生活支援は、ある意味では回答を出してきたのだと私は思う。

　なぜなら、先に挙げた捉えかえしは、単に捉えかえすというだけにとどまらない意味を持っているからである。ああでもないこうでもないと捉えかえし、それに基づいて新たな関わり方を試してみて、またそこで出てくる相手の反応を見ていくことによって、「わからない」相手との間でも、それなりの付き合い方ややり方が見出せることがある。もちろんそんなに簡単にわかりやすい形で付き合い方ややり方が見出せることばかりではないのだが、それでも支援者たちが集団で捉えかえしを繰りかえしていくことによって、少なくともメタレベルでの付き合い方（トラブルが起きないようにするのではなく、またトラブルが起きたときどうするかという意味での付き合い方など）を見出していくことは、あり得ないわけではない。

可能性なら、ある。必ず常に、ある。そして、個別具体的な可能性が目の前にあり、実際に取り組むことができるのなら、私たちはなんとかやっていけなくもない。どんなに問題だらけで、解決できそうに見えなくても。

他者というと、あるいは人間存在というと、とても壮大な議論に思えるかもしれない。だが、必ずしもそうではない。

日常はトラブルばかりかもしれないし、日々が大変かもしれない。だがそれは、次をつくるための材料でもある。いまわけがわからなくても、いつかお互いに何とかやっていける道は見つかるかもしれない。目の前に与えられている材料を手にして、ああでもないこうでもないと捉えかえし、試し続けていけば。

これは、仮想条件や思考実験のなかからは生まれてこない議論である。現実に何らかのかかわりがあってこそ可能になる。その意味で、知的障害や自閉の人たちとのかかわりを断たれた社会のなかではなかなかこうした可能性は生み出せない。

いかに障害者についての専門知が蓄積されても同様である。問題になるのは一般論ではないからである。いまここでかかわっている人たちの間で生じている個別具体的なことが材料になるのであって、それなくしては成立しない。

逆にいえば、かかわっていれば、そしてそのかかわりを捉えかえすだけの余裕と話し合う相手がいるのであれば、さまざまな可能性が生まれる。「ともにある」ことによって、次の「ともにある」ための素地をつくっていけるのである。これは、いわゆる「福祉」などの枠に限られない、より広い意味で私たちが多様な人たちとともに生きる社会を構想していくためのひとつの道である。

以上が、本書で私が言おうとしていたことである。具体的な例をあまり挙げていないので、抽象的でむしろわかりにくかったかもしれない。もしかしたら、内容を単純化しすぎているのかもしれない。

もう少し知りたいと思っていただけたなら、どうぞ先を読んでください。

知的障害・自閉の人たちと「かかわり」の社会学　目次

第3章 自立生活支援の始まりと展開

第4章　やりとりを通して折り合いを探る

第5章　生活モデルの時代に

第6章　それでも「社会」であり続ける

補遺　「調査」の概要

第1章

やりとりを重ねながら

1　何を目指し、何をなしてきたのか

本書は、たこの木クラブをはじめとした、多摩地域で主に重度の知的障害や自閉の人たち[1]と「ともに生きる」ことを目指してきた人たちが、何を目指し、何をなしてきたのかを明らかにすることを目的としている。

副次的な問いはふたつある。ひとつには、排除に抵抗するとはどういうことかというものである。多摩の支援者たちが目指してきた排除への抵抗は、いわゆる一般的な意味における（システムへの）包摂とは異なるものだった。それがなぜ求められ、またどのようにしてなされてきており、なぜそれもまた排除への抵抗と呼べるのか。これを理論的に明らかにするのが本書の目的のひとつである。

もうひとつには、他者とともにあることについてである。他者とともにあることで暮らしのなかで生じる日々のトラブルや混乱、ときに「暴力」に対して、どのような営みや考え方があるのか。多摩地域での「ともに生きる」営みからは、他者とともにあることについて、哲学等の議論を超えて学べるだろう。

理論的な検討を加える際に、本書では、ドイツの社会学者であるニクラス・ルーマンが展開

した、社会学の基礎的な議論をところどころで参照する。ルーマンの議論は、システムという言葉を中心としており、あまり「人間」が出てこないことで有名である。「ともに生きる」運動が「人間」臭さを大切にしてきたことからすると、いかにもかけ離れて見えるかもしれない。だが、むしろだからこそ、ルーマンの議論を用いることで、「ともに生きる」運動が何をなそうとしてきたのかがよく見えてくる。

第1章では、なぜルーマンの議論を参照するのか、本書の基本的なアイデアを、私が多摩地域で知的障害や自閉の人たちとかかわり始めた最初の頃の経験から示しておくことにしたい。まず、たこの木クラブと多摩地域の「ともに生きる」活動についてごく簡単に説明した後に、私自身の経験について述べ、ルーマンの議論が何にかかわってくるのかを示しておこう。

2　たこの木クラブと多摩地域の「ともに生きる」運動

まず、本書の考察の対象となる多摩地域の運動について、簡単に説明しておこう。本書が取り上げるのは主に、多摩市の任意団体である「たこの木クラブ」と、それと連携している多摩地域の支援ネットワークである。

たこの木クラブとは、一九八七年に「子どもたち同士の関係づくり」を目指して設立された任意団体である。代表は一貫して岩橋誠治（以後、人物についてはすべて敬称略）だが、設立当初は完全な手弁当で始まっており、多様な人たちが出入りしてきた。この三五年あまりの間に組織規模も大きくなったり小さくなったり、スタッフもときどきにおいて人数やかかわり方が様々だった。現在はスタッフが三名、決して大きな団体ではない。

たこの木クラブは、多摩地域の支援ネットワークのなかで誕生し、育まれてきた団体である。一九七〇年代、多摩ニュータウンが作られた頃、多くの子育て世代が多摩地域に入居してきたが、そのなかでも三つの保育園を中心として、知的障害や自閉をはじめとした「障害児」と呼ばれる子どもたちを、「障害児」として区別するのではなく、他の子どもたちと「ともに」保育するという試みが生まれた。そこからさらに、養護学校や入所施設へ追いやるのではなく、地域で「ともに生きる」（当時の表現としては「共に生きる」[2]）ことを目指し、就学時健康診断反対運動が行われ、地域のなかで子どもたちが「ともに」過ごせる場づくりが目指されてきた。そうした土壌があるなかで、多摩市に移り住んできた岩橋が中心となって、地域の子ども会活動を担う団体として、たこの木クラブが作られたのである。

だが、実はたこの木クラブが子ども会活動を中心にしていられたのは、一〇年にも満たない時間だけだった。子どもたちが大人になっていくにともない、目の前にいる知的障害や自閉の人たちに対して必要となることが変化してきたからである。特に、一九九六年頃から、親との暮らしが難しくなり、施設入所や精神病院への入院が必要となる例が出てきたこともあって、たこの木クラブは知的障害や自閉の人たちの自立生活支援を始めるようになる。そして、二〇〇〇年には活動の中心を「当事者の『自己選択』『自己決定』『自己実現』を支援する」ことへと切り替えていった。知的障害や自閉の人たちの自立生活支援は、今日広がりを見せつつあるが、多摩市はその先駆けとなった地域のひとつであり、中心となった団体のひとつがたこの木クラブだった。

たこの木クラブは単独で支援を担ってこられたわけではない。自立生活の支援は、第3章で述べるように、単にヘルパーを派遣すればいいというものではなく、日中に通う場の確保など、さまざまな側面から総合的になされていく必要がある。自立生活の支援は常に、多摩地域（多摩市を中心として近隣市町村を含む）の「ともに生きる」活動によって育まれたネットワークのなかでなされてきた。現在も、「ともに生きる」活動から生まれた多くの団体、そして新たに生まれたヘルパー派遣事業所などとの連携によって、個々の知的障害や自閉の人の暮らしは支えられている。

なお、自立生活の支援は、あくまでも「ともに生きる」の一部として位置付けられている。知的障害や自閉の人が親元を離れて支援者とともに地域で暮らすというケース自体がまだ少ないため、どうしても自立生活に注目が集まりがちだが、多摩地域で目指されてきたのは、常に

「ともに生きる」ということである。たこの木クラブの事務所兼たまり場である「たこの木ひろば」には、親元で暮らしている人も多く立ち寄っており、なかには親に介護が必要になったためにむしろ親と同居せざるを得ないという人もいる。自立生活は、ある人たちの人生のある局面において成立するひとつの形でしかない。「ともに生きる」ことがすべての基盤にある発想なのである。

さて、第1章で取り上げたいのは、その姿勢やスタイルが日々の実践として端的に表れる瞬間である。「ともに生きる」という理念自体は、第2章で述べるような歴史的背景と課題を含みこんだものであり、また別途論じる必要があるが、理念の前に、日々の実践のなかに、ある種の姿勢やスタイルが一貫して示されている。本章で注目しておきたいのは、その姿勢やスタイルそのものである。

それは、知的障害・自閉の人たちとのかかわりを、そのつど個人が、あるいは集合的に、かかわりそのものとして捉えかえしていくことである。多摩地域で生きる知的障害や自閉の人たちのまわりでは、日々本当にいろいろなことが起きており、問題やトラブルだらけである。あちこちで何かが起きて対応に追われている毎日であり、何かが達成されたり蓄積されたりしているようにはなかなか見えない。

そうしたなかでなされていることの多くが、知的障害・自閉の人たちとのかかわりを、一見したときに見えた印象から、本当にそうなのか、別様にも捉えられるのではないかと捉えかえすという営みである。捉えかえした視点に立って、次は別様のやり方が試みられることもある。ところがそれがうまくいかないこともある。そうすると、また捉えかえされる。そして、今度はさらに別様のやり方が試される。

ある程度落ち着いたように見えて、またうまくいかなくなることもある。そうすると、もう一度個人が、あるいはさまざまな人たちが集まって、ああでもないこうでないと捉えかえされ、そして別様のやり方が試みられる。この繰りかえしである。

岩橋は、「支援はやりとりの連続」だと述べているが（岩橋 2020）、まさにこうした捉えかえしと、それに基づく「やりとり」が繰り返され続けている。

では、この捉えかえしは、社会学の理論を用いるとどのように捉えられるだろうか。まず具体例を挙げ、それについて検討していく形で述べていこう。

3　やりとりとして捉えかえす

(1) ある経験から

まず、私がたこの木クラブの活動に初めてかかわったときのことを例に挙げたい。いささか長くなるが、初めてのときの体験だっただけに、素朴な反応がはっきりしているので、当時のことを少し丁寧に述べてみよう。

その日は、これから自立生活を始めるという女性の暮らしに、二四時間付き合うことになっていた。朝に集合し、しばらく岩橋と三人で買い物などをしてから、練習のためのアパートで、二人で過ごした。夕方に散歩に出かけたとき、ちょっとしたトラブルが起き、それもあって私は夜には疲弊しきっていた。夜ごはんの後だったたか、その女性がおもむろに冷蔵庫に向かった。手にはハサミがある。「危ない」と思った私は、とっさに後ろから羽交い絞めにして止めようとした。その手を振り払って、女性は冷蔵庫を開け、野菜庫に入っていたきゅうりにハサミを突き刺した。

わけがわからなかった。夜にそれぞれの布団で寝たとき、フィールドノートなど書く余力は残っていなかったが、とにかくメモに次のように書きつけた。「これが絶対的他者ということ?」

それまでにも他者論は読んでいたし、医療専門職にとって患者は実は他者なのだ、というような立論に基づいて文章も書いていた。けれども、そのときに考えていた「他者」像なんて何の意味もなかった、と思った。「他者」なんてのはそんなものじゃない、そんなわかりやすいものじゃない。夕方も含め、私は何度も止めようとしたが、そのたびに振り払われ、私という存在などまるでないかのようだった。夕方のトラブル、ハサミをきゅうりに刺す。まったくわからない。「絶対的他者」というものを私は知らなかったが、ここにその像がある。そう思ったのだった。

それでも疲れのあまり熟睡してしまい、翌朝になってみると、なんだかそんなの、おかしいような気がしてきた。きゅうりにハサミを突き刺したのは、本当にその人がやりたかったことだろうか。私はあのとき、羽交い絞めにして止めようとした。それを振り払おうとして、手が滑ったのではないか。

さらに、朝ごはんの頃に岩橋がやってきたので、昨日の出来事について話したところ、「野菜はビニール袋から出した方が保存にいいって言うよね」と言われた。そういえば、その女性の出身家庭は丁寧な暮らし方をする一家だと聞いたような気がする。その女性は単にきゅうりをビニール袋から出そうとしていただけなのか。そう考えると、必要な家事をやろうとしただけなのに、私が慌てふためいた反応をしたために起きたことだということになる。

どこが、「絶対的他者」なのか。本人は実に真っ当なことをしていただけなのかもしれない。そして、私という存在は、悲しいくらい、恥ずかしいくらい、はっきりとそこにあったのではないか。私が勝手に消去していただけで、実は私とその女性は、確実にかかわっていたのであり、その結果として起きたことだった（のかもしれない）のだ。

そう思ったとき、もっとその人にかかわりたいという気持ちが腹の底から突き上がるように出てくるのを感じた。次は、止めるのをやめてみよう。ハサミ＝刃物だから危険だ、なんて発想は、まず私がやめてみよう。ちゃんと話をしてみたらいいのではないか。言葉を発さない人だけれども、こちらの言うことがわかっていないわけではない。だとしたら、どのように話したらいいのだろうか。あれこれ頭が回転し始める。この女性と私は、確かにかかわることができるのだから。

実際、その後も何度か一緒に過ごす機会があったが、トラブルをなくせたというわけではない。やはり何度か起きてしまっている。結局、何がどううまくいったという話ではない。けれども、捉えかえしたことが、その後その人とかかわり続ける上での原動力になったことは確かである

その後、たこの木クラブを介して、さまざまな知的障害や自閉の人たちの介助に入ったり、かかわってきたりした。何度も、「もうこれ以上無理かも」「さすがにしんどすぎる」と思うこ

とがあった。そのつど、気づけば同じことを繰りかえしてきた。ときにそれまでは想定していなかったような視点を他の支援者に提供されながら、自分のことも相手のこともさまざまに捉えかえした。そうすると往々にして、「もうこれ以上無理かも」「さすがにしんどすぎる」と思っていた自分が、いかに独りよがりな視点でしか見ていなかったが見えてくる。そして、そこで思いついた次の手を打ってみようと心に決め、実際に機会があれば次の手を打ってみる。その繰りかえしである。

かかわって一〜二年が経った頃、また「もうこれ以上無理かも」と思った後に捉えかえしながら、「結局これを繰りかえしているのだ」と思った。またやり直してみて、相手の出方を見て、それから自分もどうするか考えてみて、また次を考える。それをずっと繰りかえしているし、これを繰りかえしていくしかない。何か正しいやり方があるということでもなければ、私という人間が格段に成長するということでもない。

だけれども、これならやっていける。こうやって付き合い続けるしかないし、それができればいいのではないか。そう思ったのである。

（2）別様の捉え方の発見

ここには、たこの木クラブや多摩地域の「ともに生きる」ことを目指して活動してきた人たちが日々やっていることの基本型というべきものが示されている。

まず、知的障害や自閉の人たちの行動に、本人なりの意味はあり、周囲とかかわっていたはずだという前提を置く。どうしても知的障害や自閉の人たちのふるまいが、「意味もなく」やっていると見えてしまうことがある。そう見えてしまったときに、まずはとにかく、「本人なりの意味はあり、周囲とかかわっていたはずだ」という前提を置く。

その上で、お互いにどのような想定があったのか、ふるまいの意味について捉えかえす。私が止めたからなのではないか、きゅうりを袋から出したかっただけなのではないか。本人なりにきちんと家事をやりたかっただけではないか。私は夕方のトラブルで疲弊していて考える余裕がなくなっていて、そしてハサミ＝刃物と思い、危険だと思い込んでしまったのではないか。本人はどうしたかったのか、私はどうだったのか、その間で何が起きていたのか。それを捉えかえすのである。

そこで新しいストーリーが生み出されることがある。上記の例でいうなら、もとのストーリーは「突然ハサミを持って冷蔵庫を開けるなりきゅうりに突き刺した」だったが、新しいストーリーは「きゅうりをただ袋から出そうとしたのに私が止めたから手が滑ってきゅうりにハサミを刺してしまった」である。

ただ、この新しいストーリーも、そして古いストーリーも、すべて推測にすぎない。新しいストーリーが「正しい」とは限らない。これは、間違っていた偏見のある視点から、正しい理解へと切り替わったという話ではないのである。

将来的に、「確かにあれが正しかったのだ」とわかるものもある。だが、わからないものもある。この場合でいうなら、「きゅうりをきちんと保存したかったのだ」とこのときは思ったのだが、必ずしもそういうことではなかったかもしれない。しばらくしてから会ったとき、支援者たちから、その人がよく、スパゲッティの乾麺など、買ってきたものを全部袋から出してしまう、という話を聴いたことがある。なので、「とにかく袋から出したかった」のかもしれない（袋から物を取り出す感覚を味わいたいだけかもしれない）。だが、「きちんと保存する」＝「袋から出す」とインプットされているのかもしれない。そこは、わからない。それでも、想定は可能である。

そして、想定することによって、次に何をしようかと考える余地が生まれてくる。次は力づくなんてやめようなど、いろいろなことが考えられる。さらには、相手がどう反応するかを見ることによって、また次に考えることができる。そうやって、「わけがわからない」「絶対的他者」としか思えなかった人と（いま思うと、当時の私の偏見が丸出しになっている表現で、本当に申し訳ない）、こんな私でも、「次」を作っていくことができる。

たこの木クラブで出会う人とは、すべてこうやって付き合ってきたような気がする。だから、日々トラブルだらけで、毎日が激動である。激動なのだけれども、激動すぎて、何も起きていないようにも感じられる。何も達成された気がしないし、転換点になるような瞬間もあまりなく、見ようによっては変化のない日々でもある。だが、それでもやっぱり、日々思ってもみなかったことが起こり、捉えかえし、やりとりを重ねている。その意味で、中身はやはり激動なのである。

(3) ルーマンのコンティンジェンシー論

こうした営みを表現する上で、本書では、ルーマンのダブル・コンティンジェンシー概念を用いることとしたい。ルーマンはそのシステム論で知られており、社会学のなかでも高度に抽象的であることでも知られている。実証研究で用いられていることもあるが、そう多くの例で使われているわけではなく[3]、本書での利用もいささか恣意的かもしれない。だが、ルーマンのシステム論を導入することで、たこの木クラブとその周辺が何をしているのか、ひいては「ともに生きる」ことを目指してきた人たちが何をしてきたのかが、よりクリアに見えてくるだろう。

まずここで、ダブル・コンティンジェンシーの概念を簡単に解説しておきたい。コンティンジェンシー contingency とは、「別様でありうること」「他の可能性があること」であり、ダブル・コンティンジェンシーは「別様でありうること」が二重に重なっている状態である[4]。

もう少しルーマンの議論に沿って説明してみると[5]、ふたつのブラックボックスがあり、お互いにかかわっていながら、相手が何を想定しているのかがわからないという状態が、ダブル・コンティンジェンシーである。ふたつのブラックボックス[6]は、相手が自分に対してどのように想定しているかによって、自分も相手に対してどのようにかかわるかを変える可能性があるという、お互い次第で大きく左右される状態にある。だが、お互いにブラックボックスなので、相手が自分にどのような想定や期待を向けているのかがわからないし、こちらがどのような想定や期待をしているのかは相手もわからない。そのような状態を指していた（Luhmann 1984=1993）。

この議論の面白さ、本書にとって持っている意義を理解するためには、そもそもルーマンのいうコンティンジェンシーとはどのような概念だったのかを理解するところから始める必要がある。

コンティンジェンシーという概念は、「不測の事故」「偶有性」「偶然性」などと訳されることもあり、分野を超えて広く用いられている概念である。たとえばいまある人間のありようが、もし何か少し条件が違えば別様でありえたであろうというような、偶然の結果であることを視野に入れる概念で、たとえば今後について同じような状況が維持できるとは限らず、不測の事態が生じうることを想定したプランを立てることの重要性や、想定を超えた可能性に開かれていることの魅力が語られるときに用いられることもある。

私がルーマンのコンティンジェンシーという概念を「わかった」と思ったのは、佐藤俊樹が『意味とシステム』の冒頭において、「あなたはいつから『他でもありうること』を考えているのですか」と聞かれたときに、ルーマンが次のように答えたと挙げているのを読んだときである。孫引きになってしまうが、挙げておこう。

「中等学校の私たちの学年は、一九四五年には国防軍に召集されていました。私は仲間の兵士といっしょに、Yという橋の上にいました。四本の腕に、二門の対戦車砲をもって。それから、しゅっと音がして、ふり返ると――そこには仲間も死体も、ありませんでした。何一つ。そのときからです、私が他でもありうることを考えているのは」（佐藤俊樹 2008: 2）

これがルーマンのいう「別様でありうる」の意味だとするのなら、日本語としてはむしろ、ときに過去形で示すべきものである。「別様でありえた」けれども、そうではなかった。ほんの数歩後ろにいたら、自分がその仲間のように消え失せていたかもしれない。あるいは、今後は「別様でありうる」かもしれないという、現実的な可能性をヒシヒシと感じることである。次の瞬間に何かをすることによって自分もまた、その仲間のように消え失せるかもしれない。

ルーマンにおいては、人間が生きるという経験そのものが、コンティンジェントなものとして捉えられていたのだと思う。いまこのような形で生きていることも偶然の結果であり、ちょっと条件が違えば違うことになっていたかもしれない。今後についても、いまあるような形がずっと維持されているとは限らず、どうなるのかはわからない。

そして何より私が重要だと感じるのは、ルーマンにおいてそのことは、単なる仮想条件や思考実験ではなかったということである。ルーマンにとっては目の前で起きた、過酷なくらい避けがたい事実であり、人間が生きるということそのものに伴う事態として捉えられていたのではないか。

この点が、ルーマンのダブル・コンティンジェンシー概念を独特なものとしたのだと思うし、少なくとも本書がこの概念を活用したいと思う大きな理由である。

(4) ダブル・コンティンジェンシーからシステム生成へ

ここで、迂遠なようだが、ダブル・コンティンジェンシーという概念の学史的な位置づけを確認しておきたい。そうすることで、ルーマンの概念の意義がより浮かび上がると思われるからである。

ダブル・コンティンジェンシーという概念を最初に出した論者は、アメリカの社会学者T・

パーソンズだった（Parsons 1951=1974: 16）。パーソンズは、人間というものを、本来であれば、それぞれ価値観も違えばのっとる規範も異なる、お互いに何を相手に期待しているかもわからない存在であると捉えた。それを示すのがこのダブル・コンティンジェンシーという概念だった。相手が自分に対して何をどう想定して期待しているのかがわからない、そして自分が相手に対して何をどう想定して期待しているのかが相手もわからない。それではコミュニケーションを始めることができないだろう。

にもかかわらず、私たちはコミュニケーションをしている。そう考えたパーソンズは、そのように異なる人間同士がかかわるためには価値と規範の共有がなされている必要があると考え、そこに社会を見出した。

その意味では、パーソンズの考えるダブル・コンティンジェンシーは、現実として実際には起きていないことを指していた。現実には生じ得ないが、人間存在に関して本来的にはこのような姿になるはずなのだという、仮想条件として作られた概念だった。

コンティンジェンシーがダブル（二重）にあるということの意味について、もう少し述べてみよう。コンティンジェンシーがひとつであるということであるなら、「私」（正確にはルーマンのいうブラックボックス概念は「私」や「あなた」ではないが、ここでは仮にそう置こう）のいまのありようや今後が「別様でありうる」というだけである。これだけならまだ議論は単純である。いかに偶然性に充ちていたとしても、「別様でありうる」要素がひとつだけであるなら、そのことをコントロールしていればいい。

それに対して、ダブル・コンティンジェンシーは、コンティンジェンシーが二重に存在している状態である。「私」だけでなく、「あなた」と見えている存在もまた、「別様でありうる」。あるいは、「あなた」と見えている存在だけでなく、「私」もまた、「別様でありうる」。「別様でありうる」要素が二重になると、一気に世界は複雑なものとなる。いま見えているありようとは異なるありようがありえたのかもしれないし、今後もありうるかもしれない。それが二重に生じるのだから、想定しようとしても、「多様 various」などという言葉では片づけられないほど複雑である。

だからパーソンズは、この状態であれば膠着状態に陥り、人びとはコミュニケーションを始めることはできないと考えた。そんな複雑な状態ではやり取りしようがないと考えたのである。

さて、パーソンズとルーマンのダブル・コンティンジェンシー概念は、相手の想定や期待がこちらにはわからない、こちらの想定や期待があちらにはわからないという点は共通している。二人とも、人間存在というもののなかに他者との安易な相互浸透を前提としなかったという点では同じ立場だったのだと思う。

だが、先に述べた通り、ルーマンにおいては、ダブル・コンティンジェンシーは仮想条件や思考実験ではなかった。人間が生きるという経験そのものがコンティンジェントなものであるという前提に立てば、人間と人間がかかわって生きている場面では、このような複雑さは避けられない。私たちは日常においてはここまで多様な想定をしてかかわっていると認識していないことが多いが、実際にはいつでもどこでも、このような複雑な世界を私たちは生きている。それは所与の、ありふれた現実である。ダブル・コンティンジェンシーは、ルーマンにとっては、ありふれた現実だったのである。

少なくとも、このように理解したほうが私にはわかりやすいし、本書の議論に即している。後述するように、知的障害や発達障害の人たちへの支援にかかわっていると、そう思うようになる。いや他者への支援にかかわろうとすると、これは誰にとってもリアリティのある現実だろう。私たちはいつもダブル・コンティンジェンシーの状況にくりかえし直面している。

そして、このようなルーマンの議論でもうひとつ重要なのは、時間という軸が導入されていた点である。それによって、ダブル・コンティンジェンシーという状況については、パーソンズが想定していたような膠着状態というより、別の事態が生じうるものとして想定されていた (Luhmann 1984=1993: 158-213)。

ダブル・コンティンジェンシーは、先に述べたように、「別様にありうる」要素が二つも重なっており、非常に複雑な状況を指した言葉である。パーソンズのいうように、こんなに複雑な事態であれば、私たちは何をどうしたらいいのかわからず、膠着状態に陥ってしまいそうである。

しかし、時間という軸を導入すれば、ダブル・コンティンジェンシーは、膠着状態ではなくなる。いまはお互いに想定や期待の内実がわからなくても、時間をかけていけば「探っていく」ということが可能になるからである（Luhmann 2002=2004: 35）。ここでは春日淳一の挙げる例に従って述べてみよう（春日 2005）。春日が挙げるのは、たとえば春日がルーマンのところで学びたいと思って手紙を出したという例である。春日からすれば、留学希望を抱きつつもルーマンがどう思うかわからないので、まずは手紙を書いて、相手の反応を待つしかない。他方ルーマンの方は、見も知らぬ相手からの手紙を受け取るわけだが、基本的に受け入れるつもりがあることを伝えるとともに、春日が経済学を学んでいると書いていることを踏まえ、隣接する経済学部のことまで言及した返信をする。すると春日は、経済学を学ぶつもりはないことを返信で述べる。そうした過程によって、春日とルーマンは、お互いに相手が自分に何を期待しているのか、相手が何を想定しているのかについて、ある程度把握していくことができる。これがルーマンのシステム生成論であり、春日はこれを、「分からないから成り立つシステム」（春日 2005: 117）と呼んでいる。

ルーマンのいう「システム」という概念は、高度に抽象的で、日常の現象と一対一対応で捉えられるものではないが、ここではあえて単純化して、何らかの考え方や捉え方、あるいはやり方、付き合い方のようなものだと捉えておこう。考えるのも捉えるのも、やるのも付き合うのも、「こうすればいい」「こうするものだ」「普通はこうする」といった、ある程度の「型」のようなものができてくることがある。それをシステムと呼んでいる（注8を参照）。

つまり、いままでの議論をごく簡単に言うなら、こういうことになる。一見すると膠着状態に見えても、お互いに「探っていく」ことによって、ある種の付き合い方ややり方が見いだせていくことがあるはずだ。お互いにお互いが何を期待しているのか、何を想定しているのかがわからなくとも、探っていくことである程度の付き合い方を見出せるかもしれない。実際、私たちはそうやって付き合い方を見出していくことがあるだろう。ルーマンはそう考えたのである（この点は第4章でもう一度詳しく述べる）。

なお、ここで踏まえておきたいのは、付き合い方が見出されなくてはならないという話でもないということである。システムは生成しないこともあるだろう。また、ルーマンは、システムがたとえ生成してもブラックボックスはブラックボックスのままだという（Luhmann 1984=1993: 168）。いったんは付き合い方が見つかったように思えていたのに、またわからなくなることもあるだろう。だが、大切なのは、お互いにわからないことだらけのダブル・コンティンジェンシーという状態は、時間をかけて「探っていく」ことを前提とするなら、膠着状態になどならないということである。たとえわからなくても、かかわり続けることはできる。そこから付き合い方が見つかることもあるし、見つからないこともあれば、見つかってもダメになることもあるかもしれない。それでも、かかわり続けることならできる。それがルーマンの言ったことなのである[7]。

(5) ダブル・コンティンジェンシーとしての捉えかえし

さて、先に述べた、私とある女性とのかかわりについては、ルーマンの言葉を用いるのであれば、次のように表現できるだろう。

私はその女性とのかかわりを、最初は「絶対的他者」とまで思っていたのだから、その女性を人間だと思っていなかったわけではない。だが、「わけがわからない」と思い、自分の存在を「無」と感じていたのだから、彼女というブラックボックスはあっても、その彼女は私と無関係に（私によって影響されることなく）動いていると思っていた。いわばシングル・コンティンジェンシーだと思っていたのである。

それに対して、翌朝になってから、私は彼女とのかかわりをダブル・コンティンジェンシーとして捉えかえした。つまり、私と彼女は確かにかかわっていたのであり、彼女は私に反応していたし、私もまた彼女に反応していたと捉えたのである。手がかりとなったのは「私が羽交い絞めにしたからか」という疑問を抱いたことと、岩橋という別の支援者から指摘された可能性を考えたことだった。

そこから、次の一手として自分にどのようなアプローチが可能かを考えることができるようになった。言葉で止めればいいのか、別のやり方がいいのか。試してみて、向こうがどう返してくるかを見て、さらにまた試す。そういう試行錯誤が可能になった。

そうこうしていれば、お互いの間に、何らかの形での了解ができるかもしれない。彼女も私も落ち着いて夜を過ごせる状況が作れるかもしれない。このように生成されるシステムを、奥村隆は「創発的秩序」と呼んでいるが（奥村 2013: 161）、簡単な日本語に読み替えるなら新しい「付き合い方」「やり方」と呼んでもいいだろう。

たこの木クラブは、延々とダブル・コンティンジェンシーとしての捉えかえしをくりかえしており、そこから次の手として何をするかを考えようとしている。そうこうするうちに、新しい「付き合い方」が生み出されるかもしれない。

ただし、その新しい「付き合い方」が何かは定かではなく、そのためあまり明確に言及されることはない。「これができるようになるから」「こういうふうに落ち着くようになるから」などのゴールの話はほとんどなされず、ただ捉えかえしだけが繰り返される。おそらく、本当に「創発的」なものを生もうとするのなら、その生まれうるものの内実までは踏み込まない方がいいからでもあるだろう（その他の理由もあると思うが、それについては第4章で述べる）。何が生まれるかはわからないけれども、それでも次の手を打つために、繰りかえしダブル・コンティンジェンシーとして捉えかえす。それが多摩の支援ネットワークの人たちが日々やっていることの基本形なのである。

（6）システムという言葉

ここでもうひとつだけあらかじめ整理しておきたい用語がある。それは「システム」という言葉の内実についてである。先に述べたように、ルーマンにおける「システム」は、ある種の「型」のようなものだが[8]、それをマクロなシステム（システムB）とミクロな場面でのシステム（システムA）に分けたいのである。

ルーマンにおいては、ダブル・コンティンジェンシーから生まれるシステム（付き合い方）が、よりマクロなシステムと繋げられて理解されている。ここでいうマクロなシステムとは、経済システムや教育システム、法システムなどだが、具体的な法体系や制度というよりも、それらにおいて人びとが想定する基本的な論理のようなものである。個々の論点を超えて、多くの人々の間で共通認識として共有されているような、ある種の発想や論理のようなものとして理解した方が、ルーマンのシステム概念に近くなる。

たとえば、イギリスと日本では、障害児の特別支援教育の仕組みはさまざまに異なっている。日本はイギリスのやり方を真似ているところがあるため似ている点も多いのだが、特別支援が必要だとみなされた子どもに具体的にどのような支援がコーディネートされるかという仕組みはかなり異なるし、子どもの学籍がどこに置かれるかも違ってくる。たとえばイギリスの私立学校に通う障害のある生徒には、独自のケアプランが作成され、場合によっては学校が独自に雇用する学習支援アシスタントによって教材他をほぼすべて点字等に翻訳してもらうなども可能な仕組みになっているが、日本で同様のことがなされるだけの制度的な背景はない。

それでも、イギリスと日本とで、障害児の特別支援教育に関する共通した態度や姿勢、考え方、論理のようなものははっきりと存在するだろう。個別の子どもたちの障害のありようを見定め、それに応じて、教員やアシスタントと親とが協議しながら、必要な学習支援を講じていくことが重要だという認識は、多くの特別支援教育の担い手によって共有されていると思われる。国によって、社会によって、個々の仕組みや制度は異なるが、それでも大まかな発想や考え方は共有されている。ルーマンのいうシステムとは、このようなレベルにおける発想や考え方のことである。

そして、ルーマンの議論においては、ダブル・コンティンジェンシーから生成されるようなシステムと、こうしたマクロなレベルでのシステムとが、本質的には相通じるものとして論じられている。法制度などのマクロなレベルでの考え方の「型」と、たとえば一対一の人間関係における考え方の「型」が相通じるものとして扱われているのである。このように多様な水準の議論が結びついていることは、ルーマンの議論の面白さでもあり、本書の議論でも後で活用しているのだが、ややこしさでもある。システムという言葉があまりにもたくさん用いられていて、実証研究に持ち込むと、あれもこれもシステムになってしまい、非常にわかりにくくなってしまう。

そのため本書では、二つのシステムを分けて捉えることにする。本書が考える、二つのブラックボックスの間から新たなシステムが創出されるという場面は、原則として、日常のなかで数人の人たちの間で生じる場面であり、社会学でいうところの相互作用場面やミクロな場面である。こうしたミクロな場面で生成されるシステムを、システムAと呼ぼう。それに対して、経済システムや教育システムなどのマクロなものとしてすでに成立してしまっているようなシステムについては、システムBと呼んで区別することにしたい。システムAは、本書でたこの木クラブなどの活動で論じる限りにおいては、具体的な個人[9]と個人の関係において成立する「型」のようなものである、と捉えておこう。それに対してシステムBは、個々人というより、ある特徴を有する人たち多くに相当するようなものであり、より集合的で、個人や個々のケースに還元されないようなものである。たとえば「障害者」一般、あるいは「子ども」一般などに当てはまるものであり、個々の目の前にいる人との個別で固有のものではない。もちろん、システムAとシステムBは厳密に区別できるようなものではないが、理解をしやすくするために、あえて導入しておきたい。

たこの木クラブや多摩地域の「ともに生きる」活動では、個人に還元されない非人格的なシステムBに基づいて個々の人との付き合い方を固定することに対しては、強い違和感が示される傾向にある。これは、第2章で述べるような、「ともに生きる」活動のベースとなっている、排除への抵抗の姿勢ゆえだろう。ただ、日常生活のなかで個人の間に成立するシステムAについては、実際問題として必要であり、それなくしては日常が安定しないという点で、むしろ探究される傾向にある。具体的にいうなら、たとえば自閉の人は音に敏感なことが多く、なかにはイヤーマフを着用する人もいる。多摩地域でしばしば耳にするのは、「その人が自分なりの周囲との付き合い方としてイヤーマフを選んでいくのならいいよ。でも自閉の人ならみんなイヤーマフ、というのなら、それは違うよね」といった表現である。個々の知的障害や自閉の人とその周囲との間でそのつど生成していくシステムAはいいが、「知的障害や自閉の人であるならこうすべきだ」というシステムB的な発想をただ当てはめるのは嫌われる傾向にあるのである。

ルーマンの議論においては、この両者がともにシステムと呼ばれており、にもかかわらずたこの木クラブや多摩地域の支援者たちは両者を区別する傾向にある。システムBに対する忌避感は、これもまたルーマンが示したように、相互行為場面における排除がしばしば持っている性質による。このことは第2章で述べよう。同時に、それでもシステムAは必要だという認識が強くあるのは、人びとの暮らしや生活を「まわしていく」ためのことであり、このことは第3章で述べよう。そのうえで、第4章でもう一度、序章で大まかに触れた、ダブル・コンティンジェンシーとしての捉えかえしについて、現実的な諸条件のなかでどのようになされるのかを整理していくことにしたい。第5・6章ではその意義について、もう少し広い文脈において考えたい。

4 「ともに生きる」試みの内実へ

最後に、本書の射程について述べておこう。

本書は、まずはたこの木クラブと多摩地域での知的障害や自閉の人たちへの支援ネットワークについて、参与観察に基づいて実証的に論じようとするものである。

ただ、本書はそこに分析の射程を止めるつもりはない。多摩地域の活動のキイワードは「ともに生きる」だった。このキイワードは多くの地域や運動で用いられてきた言葉であり、そしてそれらの運動は緩やかなつながりを持っている。特に、就学運動（後述）と深いかかわりを持ってきた運動は、それぞれの地域の特性によってかなりの違いがあるとはいえ、多摩地域の運動と姿勢の多くを共有している。また、障害者運動でなくとも、同様の姿勢を持つところはいくつもある。高齢者介護を担っている人たちや運動、あるいは海外にルーツのある人や経済的困窮者をサポートする運動、喪失体験に苦しむ人たちの自助グループなどでも、多くの人たちが、「ともに生きる」「ともにある」という言葉を掲げてきた。バラバラの運動だとは言えるのだが、同じ言葉を用いるだけの一定の共通性はあるのではないかと私は感じている。

そのため、本書でも、たこの木クラブとその周辺の支援者たちに具体的には注目しているのだが、その根幹である「ともに生きる」という部分に着目しながら検討していくことにしよう。そうすることで、他の「ともに生きる」運動や試みとの連続性が浮かび上がると思うからである。

多摩の「ともに生きる」運動は、何を目指し、何を生み出してきたのか。その試みは、他のタイプの支援、特に専門家による支援活動とはどこが同じでどこが違うのか。これらを論じることは、今日の社会において一定の意義を持っていると思われる。なぜなら、私たちの社会はいま、知的障害や自閉の人たちのみならず、何らかの形でケアや支援を必要とする人たちと、どのように「ともに生きて」いくのかが問われているからである。

ひとつには、社会政策・制度の設計においてである。二一世紀に入って、猪飼周平がいうように、疾患の治癒に重きを置く価値から、「生活の質」に重きを置く価値へと、私たちの価値自体が変化している（猪飼 2010）。それにともない、保健・医療・福祉をはじめとした社会政策に地殻変動が起きており、地域包括ケア化が進むようになった。医療機関や施設で治療を受け、治癒することに価値が置かれていた二〇世紀とは異なり、地域でケアを受けながら普通の暮らしを営んでいくというモデルが基本になってきている。

だが、現状として制度設計や仕組みづくりはまだ追いついてはいない。私たちの価値観だけは変化したけれども、それに応じた制度設計や政策設計については、まだまだわかっていないことだらけである。過去の制度や政策の形にのっとっただけでは、地域包括ケア化は絵に描いた餅になってしまうだろう。生活モデル化した社会において、これまでとは違う発想が必要になる。それを考えるための重要な材料が、「ともに生きる」運動のなかにはある。

もうひとつには、私たちの社会における排除と包摂、あるいはもう少しいうなら共同性のありようを考える上でも意義がある。どうしても、排除に抵抗するというと、私たちは包摂をすればいいという発想に立ってしまいがちである。後述するように、社会学においては、ある種の包摂は排除を進行させるという認識はある程度共有されてきているが、それでは何であれば包摂とは異なる抵抗となりうるのかについては、あまり議論されてこなかった。

これは、別の言い方をすれば、私たちはお互いによく「わからない」ところを持つ他者と、それでも「ともにあろう」とするなら、どのようにしていけばいいのかという問いでもある。

あるいは、「わからなく」ても付き合い続けるという像を、いかにして特殊で道徳的な課題から、私たちの日常のそれへと転換できるかという問いでもある。あの人やこの人が、いかに私にとって「わからない」存在であっても、それでも私たちは「社会」であり続けることはできるし、そのために必要な材料は身近に多々溢れている。このことを理論的に示すのが、本書の最終的な目標である。

本書の構成について簡単にまとめておく。

まず、たこの木クラブと多摩の歴史をたどりながら、何が問われてきたのかを明らかにしたい。第2章で、たこの木クラブや多摩地域の支援ネットワークの原点ともいうべき、就学運動あるいは共生教育論と呼ばれる教育運動で何が問われていたのかを明らかにしたい。これは、発達保障論と呼ばれる、今日でいう特別支援教育の制度化を進めてきた人たちに対して、異議申し立てを行う運動でもあった。では、発達保障論が問うてきたのは何で、それに対抗した就学運動や共生教育論は何を問うてきたのだろうか。

第3章では、子どもたちが大人になるにつれて出てきた新たな課題である、自立生活の支援について整理していきたい。たこの木クラブや多摩地域の支援ネットワークは、子どもたちの成長にともない、就学運動あるいは共生教育論と呼ばれる運動の先に進むようになった。具体的には、重度の知的障害・自閉の人たちの自立生活を支援するようになったのである。これは、身体障害者の自立生活運動と地続きではあったが、表面的にはそう見えないことが多い。どこがどう違っていたのかという点は、知的障害とは何かという論点にもつながる。そして、親元を出て暮らす人たちを支援するということが、支援者たちに何を課題としてもたらしたのか。これらを整理していこう。

このふたつの過程を辿って、今日のたこの木クラブと多摩地域の「ともに生きる」活動は育まれ、鍛え上げられてきた。そこには、いわゆる専門家の論理とは異なり、身体障害者が打ち出してきた自己決定の論理とも異なる、別の論理があり、そしてそれを実現するための手法がある。

第4章では、自立生活の支援において、支援者たちがどのように知的障害や自閉の人と周囲とのかかわりを捉えかえしているのか、その内実についてより詳細に検討していこう。第1章ではダブル・コンティンジェンシーという概念を導入するにとどまっているが、それだけでは何がなされているのかは正確にはわからない。単にダブル・コンティンジェンシーとして捉えかえすだけでなく、そのかかわりや幅をどれくらい広げていけるのかがカギであること、その具体的なやり方、ノウハウの蓄積など、事例を挙げながら述べていこう。そのうえで、こうした自立生活の支援者たちの営みが、発達保障論などが試みていた包摂とはどのように異なるのか、それでいて排除に抗することになっているとしたらなぜなのか、この点について整理することにしよう。

第5章では、今後の支援の仕組みづくりに与えられる示唆について整理する。いま私たちの社会の価値は医学モデルから生活モデルへと転換してきており、それに応じた制度設計が求められている。「ともに生きる」運動はこの変化をけん引してきたともいえるのだが、現状としては馴染む制度設計がなされているとは言い難い。本書の分析はその点に一定の示唆を与えるだろう。具体的には主に、専門家とは重なりつつも異なる支援者像と、システム化しない制度づくり、そして保健医療福祉や学校というシステムにとどまらない共同性や新たな場の構築という論点があることを提示する。

第6章では、支援という文脈を超えて、他者と「ともにある」ことの内実に踏み込んでいきたい。具体的には、「暴力」という、知的障害や自閉の人たちの支援活動においてタブー視されがちな論点について、ルーマンの「社会」概念を手がかりに考えていくことで、「ともに生きる」という課題がいかに日常的でありふれたものであるかを示していく。それと同時に、たこの木クラブをはじめとした多摩地域の支援ネットワークが編み出してきたものの何を確実に引き継いでいく必要があるのか、本書なりの整理をして、本書を締めくくることとしたい。

註

1　今日のたこの木クラブでは、知的障害や自閉の人たちのことを「当事者」と呼ぶことが多い。第3章で述べるように、知的障害が人と人との間に生じる問題であるという立場に立ち、それによって生じる痛みや困難が一方的に「知的障害者」と呼ばれる人たちに押し付けられているという認識のもと、それらの人たちが「当事者」と呼ばれている。だが、本書ではそのような用語法を用いなかった。ある人たちに一方的に痛みが押し付けられているという社会構造の告発に重きを置くのではなく、かかわりの中のズレという問題なのだということを強調するため、本書では知的障害や自閉の人も、その周囲の人間も、みな「当事者」であるという視点に立つ。言い換えれば、本書の用いる「知的障害や自閉の人」という表現は、単にその人たちが「知的障害」や「自閉症」を有しているという意味で使っているのではなく、現在の社会の中でそのように名指されている人たちという意味で用いている（といってももちろん、「知的障害」や「自閉症」などの「実在」を否定しているということではない（第6章を参照））。なお、イギリス障害学では「people with learning difficulties(or disabilities) and autism」という表現が用いられることが多いが、それにならってこの表現を選んだ。また、自閉の人を含めているのは、単純に、たこの木クラブを介して私が出会った人たちの中には自閉の人が多かったためである。たこの木クラブには、他の団体で「出禁」となった人も多く訪れるが、「出禁」となるようなケースは、いわゆる自閉症あるいは発達障害と呼ばれる問題がかかわっていることが多いようである。最後に付け加えると、私はたこの木クラブ等を介して出会った人たちの医学的な意味での障害名をほとんど知らない。そのため、「知的障害や自閉の人」と表現していても、その人がいわゆるautismに分類される症状を有しているのかは定かではない（愛の手帳を有している人であれば、いわゆる「知的障害」だということはわかるが）。

2　いまも支援者たちは「共に生きる」「共に学ぶ」「共に働く」と表記するが、本書では、当時の記録などからの引用を除いて、原則として「ともに生きる」と平仮名で表記する。その意味については、第6章で触れる。

3 佐藤俊樹は、こうした現状に対して、ルーマンの理論は経験的研究に活かしてこそ価値が出ると主張している（佐藤俊樹 2023）。経験的研究への応用としては、伊藤高史がメディア分析に活かしており（伊藤 2018）、本多敏明はルーマンの議論を社会福祉の分析に用いる視点や研究を紹介している（本多 2013）。

4 ダブル・コンティンジェンシーは、多くのルーマン研究書がカタカナ表記しているが、日本語に訳している論者もいる。本文中で述べたように、この概念を最初に提示したのはT・パーソンズで、佐藤勉はパーソンズの初期の主著『社会体系論』では「二重の条件依存性」と訳しているが（Parsons 1951=1974: 16）、ルーマンの『社会システム理論』を訳すときには「ダブル・コンティンジェンシー」とカタカナ表記している（Luhmann 1984=1993）。馬場康雄はルーマンの同著の新訳『社会システム』で、「二重の偶発性」という訳を用いている（Luhmann 1984=2020）。その他にも、佐藤俊樹は『意味とシステム』においては「二重の意味の不確定性」としている（佐藤俊樹 2008）。ここでも日本語に訳すことを考えたが、本書での意味としては、「私」と「相手」のふるまいが、それぞれ相手次第でありながらも未だお互いに意図や思いが不明なままにかかわっているという、「別様でありうること」が「私」と「相手」という「二人」分、重なっている状態を指している。これまでの他の訳とは、本質的に相通じるとしても、いささか文脈が異なる。そのため、わかりにくいことは承知しているが、あえてカタカナのままで用いたい。

5 ルーマンの定義によれば、コンティンジェンシーは「必然ではないが、不可能ではない」である（Luhmann 1984=1993: 163）。長岡克行は、ルーマンの捉え方によれば、個人の行為はそれ自体として偶有的なcontingentものであり、ダブル・コンティンジェンシーは相互の依存の結果として生じるのではなく、諸行為が互いに定位しあう場合には常に生じるものであるという（長岡 2006: 258）。

6 ルーマンのいうブラックボックス概念を、ここでは単純に「人」と読み替えておこう。ただ、正確にいうと「人」ではなく、この点については第6章でもう一度立ち戻って論じる。

7 正確にいうと、パーソンズの想定した膠着状態という問題が、ルーマンにおいてどのように解決されているのかについては、緒論ある。長岡克行は、ルーマンの議論では問題は解決されるのではなく、「時間の導入によって展開（entfalten）され、無害化ないしは不可視化されて、非 - 問題化されるにすぎない」（長岡 2006：276）という。馬場靖雄は，食い違う二つのパースペクティブからいかにして（何によって）双方にとって共通・同一の事象が生じてくるのかという問いの立て方は、ルーマンの議論にはそぐわないと指摘している（馬場 2001: 68-69）。だが、非 - 問題化の内実について正面から論じる論者は少ない。ここでは佐藤俊樹による非 - 問題化の議論を参考にしている。佐藤俊樹によれば、ダブル・コンティンジェンシーは、現在の行為の意味が、先続する行為および後続する行為それぞれによって変えられうることを指す。これは当事者の水準で意味がひとつに同定されていることを前提とするのではなく、定位する行為列が複数あることで行為の意味が複数に特定されうるとするものである（佐藤俊樹 2008: 140）。その上で佐藤は、コミュニケーションは意味が同定されなくても続けられると述べる。当事者の水準で意味がひとつに同定されていることを前提とするなら、わかりあえないことは解決すべき問題のように見えるが、そもそも意味が同時に複数存在しうるものだと考えれば、一つの意味に同定される必要はない。私たちは日常の中で、「複数の意味がありうることを知りながら、絶対的な根拠なしに例えば経験則が使える場合にも経験則でしかないとわかった上で、適当に一つの意味にとって、行為やコミュニケーションを接続させている」（佐藤俊樹 2008: 150-151）。もっと簡単に言えば、お互いに理解しあえなくとも、私たちはコミュニケーションし続けている。コミュニケーションし続けられるのであれば、問題は解消されなくてもいい。非 - 問題化はそのような意味だというのである（佐藤俊樹 2008: 154-157）。

8 もちろん、ルーマンのいうシステムは、二項のコード（たとえば「これは教育である」「これは教育ではない」など）によって境界が定義されるものであり（Luhmann 1984=1993: 24）、ここでの定義は正確ではない。たとえばある人がイヤーマフを活用することで安定するというのは、「その人はイヤーマフを付けると安定する／その人はイヤーマフを付けなければ安定しない」などの確たるものではないし、障害児であれば特別支援教育が必要であるという考え方も、裏返せば「障害児でなければ必要でない」というほど確たるものでもないだろう。佐藤俊樹は、ルーマンの議論を活用するにあたって、システムという境界が明確に定義されるものを中心に論じるよりも、二項コードの使われ方や働き方に注目することの方が意義があるのではないかと述べている（佐藤俊樹 2019:102-103）。本書でのシステムという用語の扱いは、二項コードが用いられる瞬間を、非常に緩いものから確たるものまで幅広く捉える用語として用いているとも言える。それでもあえてシステムという用語を用いたのは、その方が、たこの木クラブや多摩地域の支援ネットワークが何に抵抗し、また同時に何を成してきたかを見えやすくできると考えたからである。また、実証研究としての使いやすさを考えると、現場にいる人たちにとって感覚的に掴みやすいであろう、「型」という表現を用いた方がいいと考えた。多くのケアや支援の「現場」（学問や理論でなく）にいる人たちには、ある種の「型」や「やり方」があることの弊害と重要性や、「型」や「やり方」の種類や違いを意識することが決定的になる局面があるという認識は広く共有されているように思われる。

9　注6で述べたことの繰り返しになるが、ルーマンのいうブラックボックスは、「個人」ではない（第6章で触れるように、「人間存在」はルーマンの議論から慎重に排除されている）（Luhmann 2002=2004: 1-34）。そのため、ここでの定義は厳密にいえばルーマンの議論に沿ってはいない。ただ、実証研究に持ち込んだときに、ルーマンの定義をそのままに用いようとすると混乱が激しくなるため、ここではあえて単純化している。

第2章

就学運動は何を問うていたのか

この章では、本書が主に扱うたこの木クラブと多摩地域の支援ネットワークについて、その原点となる就学運動に立ち戻るところから始めたい。ここで問われていたこと、あるいは培われたことが、のちの自立生活の支援やその内実を規定していると思われるからであり、たこの木クラブや多摩地域の「ともに生きる」活動が目指していたことの根幹を見極めたいからである。

まず、たこの木クラブが生まれてきた背景として、多摩地域における「ともに生きる」運動がどのように展開していたのかを簡単に確認しよう。そのうえで、この運動と共振していた就学運動と、その理論的背景となっていた共生教育論について、それが対峙した発達保障論と対比する。主に一九七〇年代の論争を踏まえることとしたい。

そこから見えてくるのは、共生教育論や就学運動が提起していた問題のひとつが、システムへの包摂とは異なる形で排除に抵抗するとはどのようなことか、という問いだったことである。発達保障論は、教育システムのなかにサブシステムを設けることによって、知的障害児という教育システムから排除されてきた人たちを教育システムのなかに包摂しようとした。それに対して共生教育論や就学運動は、そうしたシステム包摂はむしろ排除になると批判した。

このように、多摩地域の運動の原点にあるのは、排除に対して抵抗するというとき、システムへの包摂はむしろ排除となりうる、そうではない抵抗の仕方を模索しなくてはならない、という問題意識だったと言えるだろう。

ただ、いったんサブシステムが確立することによって、両者の論争の中心的論点は当初のものとは異なるものへと変化していき、お互いの立ち位置も変化していった。いまでは共生教育論や就学運動は、いささか原理主義的な議論に見られてしまうことがあるだろう。その課題は、多摩地域のように、親や教員による運動という一般的な就学運動の像を超えて展開していった運動が別様の形で追求していくこととなる。

それでは以下で、多摩地域の運動の経緯を踏まえた上で、共生教育論および就学運動の思想を、発達保障論との対比で検討していくこととしたい。

1　多摩の支援ネットワークの出発点

まず、本書で取り上げる、たこの木クラブをはじめとした多摩の支援ネットワークの出発点に立ち戻るところから始めよう(ここでは概要のみを述べるにとどめる。細かい経緯は三井(2020a)を参照してほしい)。

第1章でも簡単に述べたように、たこの木クラブが誕生したときにはすでに、多摩市には三つの保育園を中心にして、障害児であっても区別なく受け入れる保育が展開されており、そこから小学校入学に際して行われる就学時健康診断が、障害児を養護学校に振り分けようとするものだという批判がなされ、就学時健康診断反対運動が行われていた。当時は、「共に生きる」という言葉がよく用いられていた。そこに至る経緯を簡単に述べておこう。

多摩地域には、一九七〇年代に多摩ニュータウンが新たに作られた。子育て世代の家庭が大量に転入してきたが、公立保育園の設置が間に合わなかったこともあり、多摩市には多くの私立保育園が生まれ、多摩市の保育をけん引していくことになる。そして、三つの保育園が、それぞれ異なる事情から、障害児を受け入れるようになった。

ひとつはバオバブ保育園で、これは設立当初から、子どもに対する視点や保育という発想を刷新していこうとする保育園であり、障害のあるなしにかかわらず、すべての子どもたちを受け入れることにしていたという。かなり型破りな保育園で、園には門がなく、内部にも隠れ場所となるような場所がわざとたくさん設けられていた。そのため子どもたちはしょっちゅういなくなり、保育者たちは子どもを探すので大変だったというくらいである。今日多摩で自立生活を営む重度知的障害・自閉の人たちが何人もここで育っており、保護者だった女性、バオバブ保育園創設時の保育者だった女性はのちにたこの木クラブのスタッフとなっている。そしてバオバブ保育園は、たまごの会や多摩生協など、食料品購入の場としても活用されており、多くの女性たちが食料品購入を通じて関係をはぐくむハブとなっていった。

もうひとつはかしのき保育園・ゆりのき保育園である。ゆりのき保育園は多摩市最初の保育園であり、かしのき保育園はそのきょうだい園として数年後に作られた保育園である。設置主体である社会福祉法人「至愛協会」は、近隣の農村伝道学校という日本基督教団が認可した神学校の出身者が、北海道で客死したときに、遺族に集まった寄付金をもとに、その弟や遺族が設立した法人である。当時、多摩ニュータウンに多くの子育て世帯が転居してくるのにともない、保育園が必要になるとのことから、多摩市最初の保育園としてゆりのき保育園を建てた。そのような経緯だったため、地域の困りごと相談を積極的に引き受けており、そのなかに障害のある子を持つ親からの相談も含まれていたため、自然に障害児も受け入れるようになったそうである。ゆりのき保育園で働いていた保育者は、実際に障害児と他の園児たちがごく自然にともに過ごせていることに感銘を受け、その後かしのき保育園を立ち上げるときに、開園当初から障害児を受け入れるという方針を打ち出した。かしのき保育園は、卒園児たちの交流も盛んで、保護者活動（特に父親たち）も盛んにおこなわれており、多摩市のさまざまな市民活動の結節点になっていった。

最後に、みどりの保育園である。先述ふたつとは異なり、この保育園が障害児を受け入れたのは、東京教育大学との連携による措置としてのことだった。そのためもあってか、当時の園長が辞めて以降は障害児の受け入れを継続しなかったようである。だが、初めて障害児を受け入れるにあたって、当時練馬区在住だった女性に声がかかり、保育者として雇われた。その女性はのちに多摩市に転居してくる。数年でみどりの保育園を辞めてしまうのだが、その後自宅を開放して、障害があろうがなかろうが地域の子どもたちが集う場を作り、今日まで続けてきた。さらにその女性が生活クラブ生協のリーダー的存在となっていき、生活クラブ生協に加入する地域の女性たちの市民活動がさまざまに展開されていった。

さて、これら三つの保育園は、一九七六年頃から、就学時健康診断に反対する運動の中心となっていく。これらの保育園で働いていた保育者たちからすれば、普段から障害のある子どもと他の子どもたちがともに時間を過ごしているのを見ており、小学校に入るからといって障害のあるなしで分けられるのは非合理的で無意味なことのように思えたようである。保育者たちからすれば、ともにあること、ときに争い、ときに笑い、ともに時間を重ねていくことは、「あたりまえのことだ」と見えていた。それだけに、就学時健康診断によって障害児を発見し、養護学校に振り分けていこうとする教育委員会や学校の姿勢には、強い抵抗感を抱いたようである。そして、いわゆる「全共闘世代」の人が多かったこともあり、単に抵抗感にとどめるのではなく、次々に具体的な行動を起こしていった。

年に一度、数日をかけて多摩市全戸に、就学時健康診断に対する反対ビラが配られた。仕事終わりの夕方から始められ、朝までかかることも多く、そのあと飲み会が開かれるなど、多くの人びとが出会う機会となっていったようである。現在も多摩地域で支援活動に従事している中心的メンバーのなかには、この反対ビラ活動から参加するようになった人が複数いる。

そこから、バオバブ保育園を中心に「子育ての会」、かしのき保育園を中心に「教育問題研究会」などの勉強会がつくられ、親たちの会である「あゆみの会」、さらには実際に子どもたちとともにキャンプなどを行う「共に生きる会」も生まれていった。たこの木クラブの代表である岩橋誠治は、「共に生きる会」に参加したことを契機に、多摩市に転居してきており、のちにたこの木クラブを設立する。

多摩の運動は、このような経緯から生まれたため、中心となるのが親や教員ではなかった。「あゆみの会」以外は、親も参加していたとしても「親の立場」にとどまらないことが多く、また中心となるのは他の人たち（保育園の保育者であったり、他の保護者であったり）だった。

さて、このように、多摩地域の支援ネットワークの発想の原点は、就学運動[1]と呼ばれる、障害児も普通学級で学ぶことを保障すべきだとする運動にある。親や教員が中心ではないなど、全国的に展開されていた就学運動とはいささか異なる要素も含んでいたが、それでも全国的に展開されていた就学運動と緩やかな連携あるいはときに強いパイプをつなぎながらの活動である。言い換えれば、就学運動の発想が多摩地域の支援ネットワークの出発点であり、基盤であり、根源である。この点を踏まえずに「自立生活」という現時点での取り組みだけを見ていれば、多摩地域の支援ネットワークが目指しているものを取り違えてしまうだろう。

そのため、本章では、出発点である就学運動が何を問うてきていたのかを検討することにしたい。就学運動は、養護学校を作ろうとする動きに対する抵抗として生まれたものである。養護学校を作ろうとする動きは、発達保障論という理論的・運動的立場に基づいていた。そして就学運動の理論的背景となったのが共生教育論である。発達保障論と共生教育論は一九七〇〜八〇年代頃に激しい論争を繰り広げていた。両者の対立は今日に至るまで継続しているのだが、その後の制度的変化等もあり、対立の図式は少し変わっているところもある。本書では、多摩地域の支援活動の出発点を理解するという目的から、主に一九七〇年代の、もっとも論争が激しかった時期に注目することにしたい。

なお、発達保障論と論争を繰り広げた論者たちは、「共生共育」という言葉を用いたり、「共に生きる」という言葉を用いたり、自称はさまざまだったようである。ここでは近年これらの運動を歴史的観点に基づいてまとめた小国喜弘らの研究（小国編 2020）に即して、「共生教育論」と呼んでおくこととしたい。

ここで付け加えておきたいのは、これまで両者の論争を取り上げた先行研究[2]は、先述の小国らの研究（小国編 2020）を除けば、その多くがどちらかの立場に立って自らの観点を展開するものだったが、本書はそうした立場には立たないということである。もちろん、多摩地域の支援ネットワークが就学運動や共生教育論の立場だったため、その内実を明らかにすることの方に重点を置くが、就学運動や共生教育論の正当性を主張することが本書の主眼ではない。あくまでも、多摩地域の「ともに生きる」活動を理解するために共生教育論が問うてきたことを解きほぐすのが本書の目的である。

2　養護学校義務化と就学運動

(1) 就学免除からの脱却を目指して①——発達保障論の誕生

発達保障論と共生教育論の対立を理解するためには、まずその前段として、一九七〇年代までの障害児たちが置かれていた状況に立ち帰る必要がある。

一九七〇年代までは、多くの重度障害児たちは、「就学免除」あるいは「就学猶予」という形で、地域の学校に入ることが許されなかった。たとえば、長らく重度身体障害者として介護保障を求める運動の先鋒を担ってきた横山晃久(現・HANDS世田谷代表)も、就学年齢までは大阪で暮らしていたのだが、家のすぐそばの小学校に、重度の身体障害があるがゆえに受け入れられないと言われたという。横山の場合は、親が転居を決め、当時日本で唯一の養護学校だった世田谷区の光明養護学校の近所に引っ越したため、就学機会を得ることができたが、同時代の多くの重度障害者たちは学校に入る機会自体を奪われていた。それ以前に保育園や幼稚園からも拒絶されることが多かった。幼児教育や学校教育は、家庭とは異なる世界や人々とかかわる重要な機会でもある。これらを奪われることによって、また地域社会からの排除もあって、自分の家からほとんど外出することなく、家族以外の人たちとかかわる機会もほとんどなく、死を迎える重度障害者は少なくなかったようである。

こうした状況を変えようとする動きは、一九六〇年代から徐々に起きていた。

ひとつには、親の会による、子どもたちの学校に通う権利を保障しようとする運動である。たとえば知的障害についていえば、一九六二年に知的障害の子を持つ母親三人が集まり、障害を持つ子の教育・福祉・就労などの施策の充実を求め、親や関係者、市民に対して呼びかけることで、精神薄弱児育成会（手をつなぐ親の会）が設立された。

一九六〇年代には各地で、障害を持つ子どもの就学機会を得るため、そして学校の勉強についていけない子どもたちのために、特殊学級の設置を求める運動がなされた。ただし、設置がなされても、偏見を恐れて入ろうとしない親子もいたようである（八幡 2008）。

これに連動して、一九四六年に糸賀一雄によって設立された近江学園で、土曜会という勉強会を通して、田中昌人が糸賀一雄や岡崎秀彦らとともに発達保障論を立ち上げていく。糸賀一雄が公的な場で初めて「発達保障」という言葉を用いたのは一九六二年だというが（垂髪 2021:

67）、その後この考え方は全国的な広がりを見せるようになる。一九六六年七月に「全国心身障害児（者）教育研究会結成準備合宿研究会」が京都で開かれ、一九六七年八月に「全国障害者問題研究会」（全障研）の結成大会が東京で開催された。基調報告では、「発達とは、受身的、連続的な適応の過程ではなく、主体的に外界を変革していく過程としてとらえねばならない」との観点に立った発達保障の取り組みについて提起された（全国障害者問題研究会 1986: 12）。全障研では田中昌人が初代会長となり（初代事務局長は清水寛）、田中の発達保障論が乳幼児健診や早期発見・療育の必要性を訴える理論的根拠となっていく（全国障害者問題研究会 1986）。

発達保障論は、学問や研究としての場だけでなく、それに基づいて社会制度の改革を訴える運動部門も作った。具体的には、同年一二月に「障害者の生活と権利を守る全国集会」が開催され、それを契機に「障害者の生活と権利を守る全国連絡協議会」（全障協）が結成された。全障協は全障研と車の両輪として、不就学児をなくし、障害のある子どもたちの権利の保障を求める運動を展開していくこととなった（全国障害者問題研究会 1986）。

発達保障論という立場を自認する研究者たちの多くは、発達保障という言葉を単なる理論的な立場とは捉えておらず、同時にある種の社会運動の源泉として捉えている。たとえば荒木穂積は次のように述べている。「私は、田中昌人の上のような問題提起を受けて、改めて『発達保障とは？』と問われたときの一応の答えとして、発達保障論のシラバスでは『発達保障とは、社会福祉や保育、医療などの実践や理論と関わる、人権や社会保障を根底から成り立たしめるために生まれてきた権利保障の思想と科学である』としてきました」（荒木 2015: 4）。

そうしたなか、一九七一年に中央教育審議会答申が「養護学校における義務教育を実施に移す」と提言し、それを受けて文部省は一九七二年を初年度とする特殊教育拡充計画を策定、最終年度の一九七九年度までに全対象学齢児童生徒を就学させるのに必要な養護学校の整備を図ることとした。つまり、一九七九年に養護学校の設置を各都道府県に義務化することを視野に入れて、整備が始められたのである。

(2) 就学免除からの脱却を目指して②——共生教育論と就学運動

さて、障害児の「就学免除」「就学猶予」という問題に対して、異なるアプローチで取り組む人たちもいた。養護学校や特殊学級という別の場を用意するのではなく、現在ある普通学級・普通学校（なお、発達保障論は「通常学級」「通常学校」という表現を用いることが多い）に障害児たちを入れていこうとする立場である。

地域の学校に入りたい子やその親と、養護学校に送りたい学校側とのトラブルは、小国喜弘によれば一九六〇年代から起きていたという。そして、それに基づいて、一九七〇年代初頭には、「どの子も地域の普通学校へ」などをスローガンとして、障害児の普通学校への就学運動に取り組む市民団体が各地で設立された（小国 2020: 5）。

関東では、一九七一年に、国立小児病院・心理検査室に勤務していた渡部淳を中心とした「教育を考える会」（通称「がっこの会」）[3]が設立され、一九七二年には心理臨床家の篠原睦治を中心とした「子供問題研究会」[4]が設立されている。関東では、これらの会とともに日本臨床心理学会が発達保障論への理論的な批判も展開し、就学運動の核のひとつとなっていった。一九七七年、足立区で普通学校への転校を求める金井康治の自主登校運動が始まり、全国から多様な支援者が集まった。

関西では、一九七〇年代半ばから「しょう会」（障害児の生活と教育を保障しよう市民の会）が各地で成立した（堀 1994）。また、部落解放運動と結びつき、教員らを中心に校区保障（校区ごとに障害児に教育を保障する）を実現しようとする運動がなされていった。一九七八年には、豊中市で、どのような重い障害のある子どもであっても普通学級の籍を保障されるという、原学級保障が決定されている（大阪教育を考える会 1979, 二見 2017）。

発達保障論と共生教育論は、養護学校義務化が実現する一九七九年を前に、対立を激化させていった。一九七九年を前にして、多くの地域の学校や教育委員会が、障害児を早期に発見し、養護学校に振り分けようとする動きを強めていった。特に活用されるようになったのは就学時健康診断だった。たとえば多摩市は、就学時健康診断を受けることを強く推奨するようになっていき、受けていない子どもには就学通知をなかなか送らないなどの対応をするようになっていった（三井 2020a: 28-29）。そうしたなかで、発達保障論は養護学校や養護学級の設置を主張し、障害児たちの行き先はそこであるべきだと考えた。そして、就学運動や共生教育論はそれに対して強く反発した。このように、ふたつの立場は、地域の学校や教育委員会の動きを媒介にして、同じ論敵に立ち向かう協働体制というより、相互に激しく対立する関係へと向かっていった。

具体的には、一九七六年に、就学運動の立場から、「全国障害者解放運動連絡会議」（全障連）が結成されている。初代代表は横塚晃一、事務局長は楠敏雄だった。青い芝の会など障害当事者が多く含まれており、名称からしても全障研に対抗することを意識している。同じ頃、滋賀県にある止揚学園という入所施設は、子どもたちすべてを普通（通常）学校に通わせていたのだが、強制的に養護学校に転校させられることになり、それへの抗議活動として、「文部省まで東海道歩いて五〇〇キロ大行進」が行われた。一九七九年一月には、文部省糾弾連続闘争がなされ、その様子は『養護学校はあかんねん』（企画制作：市川隆次、一九七九年）という映画にもなっている。

さらに、一九八一年に「障害児を普通学校へ・全国連絡会」（通称：全国連）が会員相互のネットワークと情報の共有を目的に結成され、今日まで活動を継続している。

（3）就学運動と共生教育論、多摩地域の特色

さて、就学運動と共生教育論は密接に結びついていたのだが、違いもある。就学運動は、全国レベルで特定の政策を推進するなどの動きも見せているが、その多くは地域ごとになされていた小さな運動である。関東であれば、多くは市町村レベル（対峙しなくてはならない相手が市町村の教育委員会であることが多かったから）で、親や地域の支援者と教員たちが作る会だった。

これら地域の運動の担い手たちを突き動かしていたのは、後述するような共生教育論そのものというより、もっと素朴な感覚だったようである。たとえば柏市で長年就学運動にかかわってきた佐藤陽一によると、「お母さんたち」は、渡部淳や篠原睦治の本は読まず、読むのは北村小夜による『一緒がいいなら、なぜ分けた』だという。「発達」に関する議論や専門家に関する議論などというより、もっと素朴な「なぜ分けるのか」「分けなくていいではないか」という感覚に突き動かされていたとみたほうが正確だろう。実際、私は何度か「障害児を普通学校へ・全国連絡会」の開催するイベントに参加したことがあるが、後述するような「発達」をめぐる議論は聞いたことがないし、「発達保障論」の話もほとんど聞いたことがない。

また、石川県で長らく就学運動にかかわった、自身もダウン症の息子を持つ徳田茂[5]は、息子である知行が小学校に入るとき、ちょうど養護学校義務化を目前とした一九七八年であり、周囲の親の会の人たちが養護学校へ入学させようとしているなか、知行を地域の学校に通わせ

ることにした思いについて、次のように述べている。

知行を地域の保育所へ通わせていた私たちは、知行が他の「健常」な子どもたちといっしょにいることを、ごく当たり前のこととして感じるようになっていた。知行を学校へ入れるとしたら、地域の松任小学校しかない、と決めていた。知行を育てるうえで、私たちには養護学校はない。そんな思いであった。（徳田 1994: 119）

このように就学運動の担い手たちには、子どもたちがともに学ぶことが「ごくあたりまえのこと」としてイメージされており、にもかかわらず、その「あたりまえのこと」を阻む壁（就学時健康診断やそれにともなう教育委員会の「指導」など）があまりに多いがゆえに、就学運動に取り組まざるを得なかったと捉えられているのである。

こうした就学運動は、それぞれの地域の特色もあいまって、その運動の内実ややり方、かかわる支援者たちの幅などは、本当にさまざまだったようである。先に挙げた金井康治の運動は全国レベルの広がりを持ったことで有名だが、同時期に自主登校を展開した熊谷あいとその親たちの運動は、ごく身近な地域の人たちを中心にしたものだったらしい（あいぴぃ編集委員会編 2002）。運動の内実や学校側への要求内容も、さまざまだったようである。成績評価についても障害を持つ子どもを視野に入れた形でやることを求めるところもあれば、そうしたことは学校に任せるというところもあったようである。なお、今日でもいくつもの団体が活発に活動を続けているが、その後の制度的な変化もあり、今日では活動の中心は就学時健康診断への反対運動というより、普通（通常）学級に在籍する障害児たちへの適切な対応を求める運動となっていることが多い。

このように多様な運動ではあったが、主張はおおむね共通しており、とにかく子どもたちが「ともに学ぶ」ことがあたりまえだと、どんなに重い障害のある子どもでも、普通学級や普通学校で学ぶことを保障するよう求めてきた。全体としては、主たる担い手は親や教員であることが多く、学校とのやり取りが中心となることが多かった。

では次に、多摩地域の運動の特性を述べておこう。第一に、先にも述べたことだが、保育園の保育者や保護者が始めた運動だということもあり、「障害児の親」あるいは「学校の先生」という立場にはない人たちが中心的なメンバーとなっていた。もちろん親も多く参加しているのだが（親が参加しない就学運動というのは、現実的にかなり困難である）、学校や親という立場から自由な人たちが多く参加しており、中心的な役割を果たしていた。

第二に、それとも深くかかわることなのだが、学校に対して要求はするが、具体的な内容は学校側に任せ、自らは地域の住民としての課題を引き受けるという態度が、多摩地域の支援者たちには共通して見られる。もちろん、学校が遠足に際して親の同行を強く求めてくると、それに対して抵抗するなどのことはしている。だが、成績評価を含め、学校内部のことにはあまり「口出し」はしない傾向にあった。むしろ、たこの木クラブの子ども会活動や、それに先立つ共に生きる会のキャンプ活動など、地域のなかで子どもたちがともにある場を作り出すことに注力する傾向にあった。

おそらく、多摩地域の「ともに生きる」活動を担う人たちにとってみれば、「障害のあるなしにかかわらず子どもたちがともにいる」という風景は、保育園の頃にすでに実現しており、そちらの方があたりまえのことに思えていたのだろう。だから就学時健康診断はそれをあえて「分ける」試みに見えて抵抗せざるを得ないものと映った。「統合保育」「統合教育」などは、これから目指されるべき課題というよりも、本来はあってあたりまえのものであり、やってあたりまえのことだった。だから学校側のやり方に「口出し」する必然性もあまり感じられておらず、あたりまえではないことを要求してきたときに拒むだけだった。

そのためか、私は多摩地域で「あるべき学校教育」の姿が語られるのを聞いたことがあまりない。現状の学校教育への批判は数多く聞くのだが、学校教育をどう直していけばいいのかという話はあまり聞かない。これは議論が建設的でないというより、自分たちの課題は別のところにあるという認識に基づくのだろう。

第三に、そもそも最初から学校だけの問題だとも思われていなかった。「ともに生きる」というテーマは、学校に通う時期だけのことではなく、卒業後も問われることだという認識があった。多摩市では、一九八〇年代の半ばには、卒業後の就労先も視野に入れて、「ちいろばの家」という同一時給のリサイクルショップが作られ、ある知的障害と自閉の男性が入所施設を出て地域で介助を受けながら一人暮らしを始めていた(三井 2020a)。

このように、共生教育論と地域の就学運動には強調点の違いがあり、また地域の就学運動のなかでも多摩地域のそれは担い手や取り組み方が少し違っていた。そのため、共生教育論の議論をただ追いかけていただけでは、多摩地域の「ともに生きる」運動の全容は掴めない。

ただ、根本的な問題意識や重視していたことについては、明らかに共通性があり、また今日に至るまで、多摩地域の支援者たちの取り組みを貫いている課題でもある。本章で注目したいのはこの点である。

ではそれは何なのか。次に、一九七〇~八〇年代に展開された、発達保障論と共生教育論の論争から、この点を探っていこう。

3 発達保障論と共生教育論との論争

(1) 発達保障論の展開

まず、発達保障論の展開について述べよう。発達保障論とは、先に述べたように、滋賀県の近江学園での取り組みのなかから、田中昌人が中心となって立ち上げた理論である。田中の代表的な議論は、「可逆操作の高次化における階層―段階理論」(田中 1980)であり、発達段階論とも呼ばれる。これはピアジェの可逆性概念を独自に定義しなおし、知的・身体的・自我・社会性などの各領域において普遍的に生じるものと位置づけたものである。可逆操作が高次化する順序とその移行過程については障害児と健常児は同じであると捉えている。

一般向けの解説書ではよく、「タテの発達」に対して「ヨコの発達」にも目を向けたと表現される。学力などの「発達」だけでなく、情緒面、他者とかかわることによる世界の広がりなど、「発達」はより広く捉えられるという(丸山・河合・品川 2012)。

このように、発達保障論は、教育において中心的な概念である「発達」を拡張し、障害児も含めようとしたものである。「発達」という概念は、教育という考え方において、中心を占めているといってもいいだろう。子どもにせよ大人にせよ、教育の対象となるということは、その人の中に「発達」の余地があるということであり、それを促すのが教育である。発達保障論が登場する以前であれば、このような「発達」の可能性は障害児にはあまり見出せないとみなされていた。特に知的障害児については生活上のしつけができればいいとする「生活主義」が当然視されていたという（堀 1994: 330-367）。それに対して、発達保障論は、「発達」という概念を拡張したのである。

また、発達保障論は、こうした知的障害児の「発達」は、専門家 expert[6]がサポートしてこそ可能になるということを前提としていた。このような拡張された「発達」を知的障害児にも見出し、促すためには、専門的な技能が不可欠であると捉えていたのである。田中は一九七三年に滋賀県大津市で、希望する障害児全員が保育園に入園できるように求める運動をサポートしているが、そのことについて記す際にも、「発達」過程に関する科学的・専門的な理解が必要であると強調している（田中 1974: 48-52）。

そして、一九七〇年代当時の学校ではそうした専門家がほとんどいなかった。それゆえに養護学校や養護学級という場を独自に持つことに一定の価値が置かれていた。むしろ養護学校や養護学級を増やし、障害児の教育に携わることができる専門家を増やしていくことが必要だとみなされていた。

それだけに、発達保障論からすれば、障害は早期発見できた方がいいということになる。両親がいかに愛情を注いだとしても、専門家でなければ適切なヨコの発達を見つけ出し育て上げることは難しいからである。専門家の支援を適切に得られるようにするためには、早めに障害の存在を「発見」できた方がいいことになる。そのため発達保障論は、常に障害の早期発見・早期療育のための施策を求める運動と不可分であり（茂木 1990）、養護学校の義務化や乳幼児健診の制度化の理論的な背景となっていた（加藤 1982）。

(2) 共生教育論の基本的な立場――「障害児」という分け方への批判

これに対して批判を加えたのが、就学運動と密接にかかわりつつ展開された、共生教育論である。代表的な論者としては、先に挙げたがっこの会の渡部淳（1973）、全国障害者解放運動連絡会議（全障連）を結成した中心人物である楠敏雄（1982）、子供問題研究会の篠原睦治（1976, 1982, 1986）、心理学者である山下恒男（1977［2002］）などが挙げられる。本書では、多摩地域の就学運動と密接な交流があった、がっこの会や子供問題研究会の議論を主に取り上げる。

共生教育論による発達保障論への主たる批判は、発達保障論とそれにともなう養護学校設置の運動が、障害児を養護学校に送り込む運動となっているという点にある。発達保障論やそれにともなう運動からすれば、学校から就学免除・就学猶予という形で排除された障害児たちに学校の門戸を開くための運動なのだが、共生教育論からすれば、それは普通（通常）学級から障害児を追い出す動きと見えていた。たとえばがっこの会は次のように主張している。

養護学校づくりは、決して、猶予・免除者のためになされるのではなく、つまり今まで教育権を奪われてきた子どものためになされるのではなく、普通学級にいては困ると行政の方で見なしている子どもたちのためになされたのだということを、私たちはくり返し主張しなければなりません。（がっこの会 1977: 39）

つまり、養護学校義務化という事態が、発達保障論と共生教育論では全く別様に捉えられていたのである。発達保障論からすれば、養護学校の設立は、第一義的には、教育権を奪われた子どもたちのためになされたものだったのだが、共生教育論はそうは捉えなかった。確かに、養護学校の設立は、各市町村レベルでは、就学時健康診断によって障害児を炙り出し、養護学校に入れることを強く促すという面も持っていた。日本臨床心理学会編（1980）では、一九七八年の文部省調査に基づき、小・中学校の普通・特殊学級に在籍する一二万五〇七五人のうち約六二〇〇人が養護学校に転校させられること、小・中養護学校に在籍している四万七七人に、新たに入学して加わる一万八三九九人の約三〇%を占めることが指摘されてい

る（日本臨床心理学会編 1980: 12）。

その前提にあるのが、第一に、「障害児」は他の子どもたちから区別されるべき存在ではない、という基本的なスタンスである。この点については、共生教育論の多くに共通する論点ではあるが、どの程度区別すべきではないかということについては、若干の濃淡はある。なかでももっとも強く区別を拒否したのが、がっこの会である。がっこの会の中心だった渡部淳は、自閉症概念がいまだに不明確であり、治るかどうかも定かではなく、研究のための研究がなされてきたと指摘しながら、次のように述べている。

> 以上のべて来た総括をふまえて、我々は「自閉症児」など存在していないということを強調したい。さらにつきつめていえば、我々は一切の「障害児」を特殊化する方向に対して、異をとなえていこうとしている。あるいは「障害児」というとらえ方そのものを否定していきたい。ある母親の語った「うちの子は〝身辺自立〟ができていないだけの普通の子です」といういいきり方を我々は全面的に支持する。（渡部編 1973: 62）

このような「『障害児』というとらえ方そのものを否定していきたい」という姿勢は、一見すると「障害児」という存在そのものを否定しているかのようにも見える。実際、のちに紹介する発達保障論による反批判は、しばしばこれをある種の子どもたちの実在を否定するものとして批判している。だが、ここで問題視されているのはあくまでも「とらえ方」である。「障害児」と呼ばれるような子どもたちの実在が否定されているというより、「普通の子」とひとくくりにしてみた方が有意義だという主張である。たとえば自閉症児という文脈では次のように述べられている。

> 例えば、自閉症児というレッテルを貼り、対策を常に用意しながら子供に向かおうとする姿勢に対する疑問を投げかけ、「何一つ他の子どもの教育と本質的に違わなければならないことはない」といい切る何人かの教師がいる。多分私たちと同様、自閉症児教育、情緒障害児教育といった特殊治療教育を言い立てることは必要でないばかりでなく、有害ですらあることを敏感に感じている人たちである。理由は簡単明瞭である。なんと呼ばれようとそこに一人の子どもがおり、他の子と共通の側面がこちらに映っている以上、特別の対策を考えようとする気にならないからである。あるいは「この子」に対して私たちが何をしてやれるかという素朴な発想から出発しているからだといいかえてもいいだろう。（渡部編 1973: 57）

「『この子』に対して私たちが何をしてやれるか」という発想に立つなら、「自閉症児」というレッテルはあまり意味がなく、むしろ他の子どもたちの教育と「本質的には」同じことをすればいいのだという。

他の共生教育論でも「障害児」に「　」を付けた表記は多くみられ、他の子どもと積極的に区別する理由は、本来はないのだという主張が繰り返される。たとえば子供問題研究会の篠原睦治は、発達保障論などの「障害児の教育権」を主張する立場に対して、「ある一部の子どもたちを『障害児』としてくくりだして異質化する」思想だと断じている（篠原 1986: 2）。篠原は、アメリカの統合教育を学ぶ際に、人種統合を目指す現場に多く赴いているが（篠原 1982）、ここには人種問題に関する統合という問題と、「健常児」と「障害児」という問題が、篠原においては同じ構図のものと捉えられていたことが示されている。発達保障論からすればとても受け入れがたいものだったろう。

（3）付随する三つの論点――「発達」・専門家・学校

「障害児」という分け方を批判するという基本的な姿勢には、三つの論点が付随していた。共生教育論は発達保障論の姿勢を批判するときに、あるいは「障害児」という捉え方を批判するとき、同時に次の三つの論点を提示していた。

第一に、「発達」という概念についてである。発達保障論が打ち出し、意味を拡大しようとした「発達」概念が、それでも教育の基礎として位置付けるにはあまりにも狭すぎるとして批判の対象となっていた。共生教育論も、学力などの「発達」以外に、人としてさまざまな成長や発展、展開がありうることを否定するものではなかった。だが、それを田中のように一律に「発達」として概念化すること自体に無理がある、というのが批判の多くを占めていた。たとえば楠は、次のように述べている。

> 一部でいわれているように、私たちが「発達」を拒否しているとか、訓練をいっさい否定しているとかいうことを意味しているのではありません。あまりにも「発達」「訓練」で「障害者」の二四時間をしばることへの反対として、「発達」ナンセンス、「訓練」いやだということが「障害者」自身の声として出てくるのです。（中略：引用者注）人間と人間との生き生きとした関係が阻害されているような社会をどのように変革するのか、そしてそのもとでつくられてしまっている人間の意識をどのように変革していくのか、このことが問われているのです。「障害者」や部落民や朝鮮人を差別するような子どもらの意識をどのように創り変えていくのかという視点のないところで「発達」だけが取り上げられるということは、結果的には、文科省の社会適応論的なものに巻き込まれてしまうでしょう。（楠 1982: 123）

楠は発達保障論については、その理論的な可能性も一定程度踏まえた上で、実際に書かれるレポートや自分たちへの批判を見る限り、その可能性を追求できておらず、結局は「この立場においては、『障害者』は是非とも治らなければならない存在として否定されるか、さもなければ自らの『障害』を少しでも軽くする任務が背負わされることになります。そして、それを達成するためにこそ『設備と専門家の整った場＝養護学校が最適』ということになるのです。」と批判する（楠 1982: 128-129）。

また、山下恒男は、発達心理学をはじめとした「発達」という概念が、本来的には多様な発達を想定しうるものであることを認めつつ、実際には「生産性に寄与する人間への」発達を人びとに強制し、政治経済の領域に帰するはずのものを私たちの個人的な問題であるかのようにあざむくという機能をはたしてしまっていると述べる（山下［1977］2002: 24）[7]。柴崎律も、「発達」の概念が人間を「診断」するのに個々の身体機能、精神機能の「診断」の機械的な寄せ集めによってなそうとしていると批判している（柴崎 1985: 188）。

第二に、共生教育論が発達保障論を批判した論点として、専門家の存在をどのように捉えるかという点があった。発達保障論は、子どもたちの「発達」を保障していかなくてはならないとしつつ、その「発達」を理解し促すことができるのは専門家であると考え、専門家による介入や指導を重視する。共生教育論は、この専門家を重視する姿勢も批判することが多い[8]。そもそも、渡部や篠原は自分自身が専門家然としてきてしまったことについて自己批判するところから始めており、篠原は子供問題研究会を「この自己批判の中から生まれてきたもの」であり、「もう一回、彼らの生活とことばとを徹底して学びなおすことから出発」するためのものだったと位置づけている（篠原 1976: 2）[9]。

第三に、これらの論点の背景にあるのが、現状（当時）の学校そのものに対する批判的態度である。現状の学校は、障害児だけでなく、多くの子どもたちを排除し、また不当に苦しめる場となっているとされていた。教育や知識そのものが完全否定されているわけではないが、教育や知識というものは、社会のなかのマジョリティや施政者に都合のいいように従わせるという意味を持つと捉えられている（渡部編 1973: 16）。

その他にも、篠原睦治は、「普通教育から特殊教育に至る公教育総体が「できる・できない」の軸で一元化されており、その軸で、すべての子どもたちが序列化されている」ことこそが問題だと述べている（篠原 1976: 108-109）[10]。根本の問題として名指されているのは、「すべての子どもたち」を「序列化」する学校教育のありようなのである。

そして、こうしたことから論理的に導き出されることになるが、早期発見は決して望ましいことではないとみなされている。そもそも「発見」（＝くくりだして異質化する）することが望ましいことではないのだから、早期にすべきだという理由もなくなる。「発達」概念が狭すぎるのだからその枠組みで「障害」を発見するのは、子どもの育ちを阻害することになりかねない。専門家たちの観点もまた抑圧的なそれなのだから、なおさらである。篠原は、発達保障論の茂木俊彦の議論を批判し、事例で挙げられている母親の豊かな感性こそ重視すべきであり、茂木ら専門家の観点でそれを押しつぶすことの方を危惧している（篠原 1986: 147-165）。

このように、「発達」概念の見直しと専門職の優位性の否定、そして現状の学校のありように対する批判的観点は、どのような障害のある子どもでも普通学級にいることを保障し、障害児を障害児として分けてしまわない上での、理論的な基盤となっていた。

（4）発達保障論による反批判

さて、こうした共生教育論による批判に対して、発達保障論は反批判を展開している。一九七〇年代に発表されたもので、現在でも確認することができるものとしては、発達保障論の提唱者である田中昌人自身が、全面的な批判を展開している（田中 1977）。また、全障研は一九七六年『「養護学校解体」論の本質とその批判』、一九七八年『「養護学校義務制」阻止論批判』と、二回にわたって共生教育論を批判するパンフレットを出版している。

たとえば、『「養護学校解体」論の本質』では、共生教育論は次のようになざされている。

ところが最近、障害児についてこれをひとくくりにして、観念的「理論」のもとに、「養護学校は隔離の場、差別の場」だと一方的に決めつけ、「養護学校建設阻止」「養護学校解体」を叫び、行動に移す動きがあります。「すべての障害児は地域、学区の普通児の学校、学級で学ぶのが原則だ」という一面的な特定の見解だけを固定的にもちこみ、無謀な実践、行動が行われています。そこでは養護学校や障害児学級に在籍する障害児を「取り戻す」として、「障害児がそこ（普通学級）という事実をつくりあげること、そのために強引な方法もある程度必要。学校・学年全体の討論をまたず、一部で、又個人レベルで、『受け入れ』『交流』を事実化する」とその方法についてもきわめて非民主的、独善的、暴力的であることが一つの特徴ともなっています。（全国障害者問題研究会出版部 1976: 3-4）

また、田中昌人自身は、次のように共生教育論をなざしている。

障害者関係分野におけるトロツキストとそれに同調する一部アナーキストたちは、労働者階級とその前衛、民主勢力に対する蔑視・不信・誹謗・中傷をくりかえすことによって障害者の歓心を得ようとしているが、彼らの障害児観の根底には根深い障害者蔑視がある。トロツキストは自分たちに同調しないものに暴力をくわえ、傷害を与えているが、その結果、それらの人が障害者になっても平然として、なんの痛みも感じない。それはまさに、反動勢力が障害者をどこまでも蔑視しつつ、その政治によって障害者をつくりだし、生活と権利を侵害してその負担を国民に転嫁している基本方向を「左」から支えている姿である（田中 1977: 297）

このように、当初は全面的な対立姿勢が打ち出されていた。主たる反批判の論点は、共生教育論からの批判に応じて、次の三点にまとめられるだろう。

第一に、「発達」の内実について、共生教育論は理解できていないという批判である。田中は共生教育論を「主観的観念論者」「科学的認識に欠けた経験主義者」などとして批判した（田中 1977）[11]。同じ教室という空間のなかにおけば「発達」が保障されるわけではなく、子どもごとの発達段階を正確に見極めていくことが必要だとみなされた。

第二に、共生教育論が専門家重視の姿勢を批判したのに対して、まさに専門家こそが重要だという反論である。これは第一の論点と不可分である。専門家だからこそ発達段階を的確に判断できるのであり、適切な働きかけができるのであるから、そうである以上、特殊学級等で専門家による支援が必要だとみなされていた。たとえば、先に挙げた全障研のパンフレットは次のように続いている。

また諸前提をぬきにして「歩けなくて何が悪い」といなおり、障害の軽減克服を否定し、教師が「自らを〝『障害児』に発達や学力を保障しなければならない者〟」と思ってはならない、「『教師』として考え」てはならないとして発達保障を否定し、教師の専門性を否定し、教育を否定しているのです。（全国障害者問題研究会 1976: 3-4）

第三に、先述の引用にも示されているように、共生教育論が「公教育解体」を目指しているという反批判がある。共生教育論は単に養護学校を解体したいだけではなく、公教育を解体し、破壊しようとしているという反批判が何度も出てくる。たとえば田中昌人は次のように述べている。

彼らは民主的改良措置までも改良主義であり、日本帝国主義の補完物、あるいは健全者の障害者に対する放任から体系的隔離への一環とみる。したがって公教育の基本理念およびその民主的充実・拡充のために努力してきた広範な国民のたたかいやこれまでの成果を歪曲し、将来についてまでも完全な敗北主義におちいり、公教育の意義を認めることができない。そして隔離即差別、あるいは障害者教育の存在は障害者差別の結果であるなどという。（田中 1977: 297-298）

もちろん、公教育の現状に対する批判は、発達保障論ももともと内包している視点である。そうでなければわざわざ「発達を保障しなくてはならない」という立場に立つ必要はない。それでも、発達保障論には、共生教育論が公教育の「解体」という破壊的なことを志しているように見えていた。発達保障論にとってみれば、現行の公教育に問題があるとしても、それは他方で「労働者階級と国民のたたかいによる成果の側面」を持つものであり、「資本家階級の支配が貫徹する側面」だけをとりだして全面的に批判することは、「歴史の事実にも反するし、資本の意志による公教育支配を裏から支えるものである」と見えていた（田中 1977: 301）。

（5）一九八〇年代後半以降の発達保障論からの反批判

なお、発達保障論からの反批判は、一九八〇年代後半になると、力点が変化している。一九八〇年代後半以降に反批判において主に中心になるのは、「同じ教室という空間におけばいいわけではない」という論点だった。窪島は、共生教育論のような立場を指して、「二重の誤りを犯している」と述べており、「教育的統合によって社会的統合をおきかえるという企て」であると批判し（教育的に統合すれば社会が統合されるわけではないという）、さらには「教育的統合がたいてい『たんなる統合』、つまり形式的統合を絶対化している」と批判する（窪島 1988: 270）。茂木俊彦[12]は、同じ教室にただ置けばいいという発想は「ダンピング」と呼ばれていると紹介している（茂木 1997: 10-11）。

さらに、子どもたちの関係性に注目し、通過点と捉える議論が中心になっていく。たとえば、発達保障論に依拠しながらのインクルージョンを目指した清水貞夫・小松秀茂らは、学校教育ではなく保育についてだが、次のように述べている。少し長くなるが、今日にいたるまで発達保障論に近しい人たちの多くが採用しているスタンスだと思われるので、引用しておこう。

分離保育には、利点もあれば問題点もある。そして、問題点を可能なかぎり解消しようとするのが、統合保育である。それは、なによりも地域の健常児集団の中で障害児を保育することを第一の前提にする。そうすることで、分離保育のもつ問題点である遠距離通園、生活する地域との疎遠化などは解消されるであろう。しかし、統合保育にしてしまえば分離保育の問題点のすべてが自動的に解消されると考えるわけにもいかない。例えば、健常児集団の中で障害児が、〝お客さん〟になっていて健常児から〝いじめ〟の対象にされていたりすれば、障害児に対する差別意識、特別視はなくなるどころか助長されるであろう。こうした事実もあるから分離保育が望ましいと歴史的にはいわれてきたのである。また逆に、障害児が健常児の同情の対象になって〝赤ちゃん扱い〟されていたりすれば、障害児の自立性や自主性は育まれないであろう。さらには、障害に対応した療育が軽ろんじられて二次障害（例えば、聴覚障害におけることばの遅れ、視覚障害においての触察や歩行困難）への対応がなされず、障害児が無為に過ごすことになれば障害の軽減どころか、障害が重くさえなりかねない。統合保育の重要な任務である分離保育の問題点の克服は、統合保育をすすめる保育者集団の保育展開にかかわっているといえよう。真に望まれる統合保育は、分離保育の利点をもちながら、分離保育の問題点を解消するような保育であろう。（清水・小松編 1987: 91-93）

このように、統合教育が最終的に目指される地点であることは共有しつつ、そこへ至るプロセスとして、何を先行すべきか、という議論に変わってきている。統合教育のなかで障害児たちに「お客さん」や「いじめ」の対象、「赤ちゃん扱い」などになってしまうくらいなら、いまはまだ分離教育の方が望ましいという姿勢である[13]。

こうした反批判の内実の変化は、養護教育や療育（あるいは特別支援教育）が制度として確立し、すでにあるものとなったがゆえに生じたことだろう。後述するようなサブシステムが確立したために、新たな反批判のロジックが生まれたのである。

この点については後でもう一度触れることにしよう。ここでは、今日一般的に見られる共生教育論批判の形は、主に一九八〇年代後半以降に見られるようになったものだということだけ確認しておきたい。

（6）「論争」をどうみるか

では、この論争で問われていたのは何だったのだろうか。

このような発達保障論と共生教育論の「論争」が繰り広げられた背景として、党派（セクト）的な対立構造が挙げられる。発達保障論とその運動は、日本共産党と関連付けて理解されることが多かった（実際、田中昌人の論文にはレーニンの用語が頻出する）。共生教育論もまた、たとえば楠が一九七一年に関西障害者解放委員会を立ち上げる際に中核派に世話になったと発言しており（楠 2001）、当時の新左翼運動と関連付けて理解されることが多かった。

その他にも、発達保障論と共生教育論の違いは、これまでいくつかの形で論じられてきた[14]。第一に、発達保障論を「医学モデル」的、共生教育論を「社会モデル」的な立場とみなし、医学モデルと社会モデルという障害に対する考え方の違いだったと位置づける捉え方もある。ここでいう医学モデル／社会モデルというのは、障害学 disability studies の分け方だが、障害が何に起因していると捉えるかによる分け方であり、医学モデルというのは医学的に捉えられる個人に根差したものとして障害を捉える立場であり、社会モデルはある器質的特徴が「障害」となってしまう社会かどうかに注目する立場である[15]。

確かに発達保障論は医学モデルと親和的な要素を持つ。茂木俊彦は、統合保育が進められるようになってきた一九九〇年代後半に、「統合保育で障害児は育つか」というタイトルで持論を展開しているが、最終的に中度・重度の障害児には他の子どもたちと異なる場が必要だという、いささか医学モデル的な観点から結論づけている（茂木 1997: 70-71）。

だが、発達保障論のなかには社会モデル的な要素も多く含まれていた。たとえば、発達保障論のもととなっているびわこ学園での子どもたちの様子を示した映画『夜明け前の子どもたち』があるが、この映画においては職員たちの体制についても意識的にテーマ化されていたという（田村・玉村・中村編 2017: 21-22）。青木嗣夫によれば、与謝の海養護学校づくりの運動は、障害児の父母や関係者をネットワーク化し、地域に障害者問題を真っ向から受けとめる運動体を育んでいくという、地域づくりの営みでもあった（青木 1997: 187-214）。また、全障研の結成大会の基調報告には、障害児＝障害者が教育を受け、医療サービスを受け、働き、運転免許を得るといったことができないのは、本人たちの問題ではなく、社会の問題なのだとする、社会モデルにかなり接近していると思える表現が含まれている[16]。近年では、発達保障論の内部からもそうした主張はなされており、木全和巳は発達保障論のなかに社会モデル的な発想が内包されていたことを指摘し（木全 2018）、河合隆平は発達保障論における社会構想を実現化していく道を探ろうとしている（河合 2018）。

第二に、発達保障論が専門家偏重主義だと批判されたこともあって、発達保障論が専門家的、共生教育論は当事者主義的とみなされることもある。確かに、発達保障論は先述したように、専門家であることとその意義を強調している。そして、就学運動には確かに青い芝の会なども加わっており、『養護学校はあかんねん』などを見る限り、主たる担い手には障害者解放運動の障害者たちが多く含まれていた。

だが、小国ら（小国編 2020）が指摘しているように、こと就学という問題で考えたとき、「当事者」とはだれかというのは、あまり簡単な問題ではない。学校という存在についての当事者は、まずは子どもたち自身である。だが、子どもたち、それも小学校や中学校くらいの年齢の子どもたちが、親の意思と無関係に自己決定しているケースが多いとは思えない。就学に関する意思決定は、子ども本人の意思がもちろん重要なのだが、その子どもの意思を誰が「読み取り」「受け取り」、実際の行動に移していくかという過程で、親をはじめとした大人の影響を無視することはできないだろう[17]。実際、青い芝の会でも当時からこのことは重要な論点となっていたようである（渡邊 2019）。

では、どのような対立が根幹にあったと捉えられるのか。本稿はそれを、学校という場に関する解釈の違い、ひいては障害児たちが排除されるのに対する抵抗の仕方の違いと関連付けて捉えかえしたい。

4　学校をどう捉えるか――エンパワメントか再生産か

(1) 学校観の違い

発達保障論と、共生教育論や就学運動との「論争」を理解する上で、重要な手がかりとなるのは、学校観である。ここで、補助線として、学校という場をどう捉えるかという観点の違いに注目していこう。学校観と、発達保障論か共生教育論かという違いとは、必ずしも一致はしていないのだが、それなりの重なりはある。特にそれが顕著に見られたのは、一九七〇年代の「論争」である。

まず背景として、当時の時代状況を踏まえておこう。一九七〇年代は、子どもたちの多くが義務教育以上の学校にも進学するようになり、学校を経由して仕事に参入していく生き方が「標準」となった時代である。人びとの学校への依存が強まり、学校に適応してやっていけるかが、子どもたちや家庭にとって重視されるようになった時代だった。そして同時に、不登校（当時は「登校拒否」と呼ばれた）などの長期欠席が問題となり、それ以来年々学校に行けない・行かない子どもたちが増えていくときでもあった（木村 2020: 30-31）。学校教育という仕組みが「標準」装備のものとなると同時に、その内実が問われていた時代だった。

このような状況が、当時の「論争」の背景にあった。学校を経由して仕事に参入していく生き方が「標準」となったときに、明らかに排除されている子どもたち（＝障害児、それも特に知的障害児）がいた。他の子たちにとって「標準」となる生き方を、許されず排除されている子どもたちがいる。排除に抵抗しなくてはならない。このような問題意識は、発達保障論にも共生教育論にも共有されていただろう。

問題は、排除への抵抗の手掛かりをどこに見出すかということだった。このことは、学校という場、あるいは教育というものをどう捉えるのかという問題と深くかかわっている。

もともと、公教育は、まずは子どもたちを何らかの意味で変化させる場なのだが、これを個々の子どもに教育を与えエンパワメントする場と捉える立場と、社会に適合的な存在へと社会化させる場と捉える立場とがありうる。個人が育つ場と捉えるか、社会が再生産される場と捉えるかという違いだと言ってもいい。もちろん、本来どちらの見方も正しいのであって、個人を先と見るか、社会を先と見るかの違いであり、両者は必ずしも相矛盾するものではない。ただ、どちらを強調するかによって、見え方は大きく異なってくる。エンパワメントする場と捉える立場は、教育という理念や考え方のいわば表の面であり、理念そのものに沿った学校の捉え方である。それに対して、再生産する場と捉える捉え方は、学校を教育の理念の具現化された場とは捉えていない。教育の理念が歪められる可能性すらある場として、現状の学校を捉えていることになるし、学校を教育の理念で塗りつぶすことを批判する立場ともなりうる。

発達保障論は、主に前者だった。学校は個人が育つ場であり、子どもが教育を施されることによって新たな社会を作り出す主体としてエンパワメントされていく場と捉えていた。教員や学校管理者側を変えていくことによって、教育の内容を変え、適切な療育や指導を子どもたちに提供することに希望を見出していった。知的障害児について、その子なりの発達を想定することによって、エンパワメントしていこうとした。

それに対して共生教育論は、学校という場を、社会に適合させられる場、社会が再生産される場として捉える傾向が強かった。といってももちろん、エンパワメントという視点がなかったわけではない。そうではなく、エンパワメントという視点だけで捉えなかったといった方が正確かもしれない。

というのは、共生教育論の前提にあったのは、学校という場が教育を施す場であるという以前に、子どもたちにとっての「生活」の場だという視点だったからである[18]。子どもたちの「生活」に目を向けるのであれば、学校という場が持つ二面性は否定できなくなる。その結果として、学校における権力関係、あるいはそこに反映されている社会の権力関係や排除・隔離に非常に敏感にならざるを得なかった。

特に、渡部らのがっこの会や篠原らの子ども問題研究会はこうした傾向が強くみられる。

次には、「就学問題」というのも違うように思えて来ました。就学することが当然の権利の行使である以上、就学は「問題」の焦点でなくなったからです。私たちが考えなくてはならないのは——なぜ私たちの子どもを就学させまいとする人たちがいるのだろう——私たちの子どもを追い出した上で、そこで何をしようとしているのだろう——それは就学できた子どもたちにとって本当に良いものなのかしら——等々、結局現在学校で行われている「教育」とは何かということでした。（渡部編 1970: 107）

「現在学校で行われている『教育』とは何か」——このような問いかけが成立するというところに、渡部らが、「現在学校で行われている」ことは教育（理念上のそれ）にのっとったものとは言い難いという視点を持っていたことが示されている。こうした学校批判は、がっこの会にとって、単なる付け加えなどではなく、根幹だったといえるだろう。障害児が排除されるという問題は、がっこの会にとってみれば、障害児だけの話ではなく、子どもたち全体にとっての問題だった。「『義務化』の問題は、単に『障害児』と名づけられ、養護学校に押し込められていく子どもたちにとって、ひどいことであるばかりではなく、どの子にとってもひどいことを進めようとしているものだと思います。」（がっこの会 1977: 39）と述べられている。

これは、共生教育論全体に見られる傾向だろう。共生教育論の論者には教員やそれに近い立場の人たちも多く含まれており、当然ながら教員らはエンパワメントという視点を常に持っているのだが、それでも自らの権力性あるいは学校という場の不均衡さには敏感である[19]。そしてそれは、必ずしも「より良い教育」の場へと学校を切り替えていこうという主張にだけ直結するものではなかった。共生教育論にとって、学校という場は、子どもたちの生活の場である。それを教育だけの場とすることにも批判的だった。

たとえば篠原は、八王子養護学校の試みについて論じる際に、遊びやおやつといった「楽しみ」など生活のすべてが「教育」化されることへの危機感を述べており（最終的には八王子養護学校の試みは「楽しみ」が子どもたちの授業を超えて生活に「流れ出す」ようなものとして評価されているのだが）、子どもたちの生活が教育という理念に飲み込まれてしまうことへの危機感を持っていた。

問題は遊びやおやつを教材化し、あげくのはてには、遊びそのもの、おやつそのものはどうでもよくなり、「生活態度をつくる」という大事に収斂させていく方向性は間違いだということだけは、上述の実践報告会からよくわかった。（中略）今日の子どもたちの生活は、全面的に「教育」化されてきているのであるが、子どもたちが年少児であればあるほど、そして「障害児」とみなされればされるほど、そのことは徹底してくる。ここでもみたように、養護学校では、学校生活、寮生活を一貫させて、「二四時間教育」の中に、「障害児」を囲い込んでしまっているのである。（篠原 1976: 73-74）

語弊を恐れずにいうなら、がっこの会も子供問題研究会も、学校でなされる「教育」をより良いものにしていこうとしていたわけではない。学校という場における子どもたちの暮らしや生活をより良いものにできればとは思っていただろうが、それは必ずしも「教育」ではなかったし、学校が「教育」を理念通りに行う場とは思っていなかった。「生活」には「教育」も含まれるだろうが、遊びも含めば楽しみも含むものである。学校は、「教育」という、教員が生徒たちに提供するものだけでなく、より広く多様なかかわりがなされる場として捉えられていた。当時の現状として障害児を排除する作りになっていたため、どうしても学校の抑圧的な側面が強調される傾向にあったのである。

ただ、そこにいる子どもたちには、社会の再生産という圧力に対する抵抗と反抗の可能性を見出していた。学校という場は再生産の場としての機能を有しているが、子どもたちは学校の枠からも、「教育」の枠からも抜け出ていく可能性を有した存在だと見えていた。いわば、再生産の場においても創発的特性はありうると考え、それを子どもたちの力学に見出したのである。

それは、決して「子どもたちを同じところに置けば仲良しになる」といった、甘ったるい子どもに対する幻想ではない。そうではなく、原則として「序列化」や抑圧がなされている学校という場においても、子どもたちにはそれを切り抜け、新しい関係を創出する可能性があるという議論である。「同じところに置けば仲良しになる」というより、創発特性が生まれうるという、か細い可能性にすがろうとする議論だといってもいい。たとえば渡部らは次のように述べている。

「がっこの会」で、そうした甘い期待をもって学校にいこうといっているのではありません。もし、状況抜きに観念的原則をうちだせば、集団はその成員を排除し、破壊させていく力をもつと同時に、そのうら返しとして人を成長させ、発達させる（お互いに発達しあうというい方の方が正当なのですが）力はあると思っています。そうした子ども集団、人間集団の良さそのものに今の公教育体制は挑戦してきていると思うし、従って「自閉症児」のためにではなく、すべての子どもにとって許せないこととして、「現行公教育」への挑戦を私たちは考えているのです。

だから私たちが「将来のことを考えると普通学級の中へ」という時、そこによき治療効果を求めていくのではなく、排除され続けてもなお異を唱え続け、抗議を続ける形で、しかも親だけでなく子どもにも抗議し続ける力、強さを育てながらいこうという所を出発点においていることを御了解いただきたいのです。大げさにいえば、日常的な闘いを組みながら、闘いの中で親子ともども強く成長していくことを目指して、少なくとも今、自分たちがおかれた状況においては、それを最大の教育目標として、学校にいくことを設定しているのです。（渡部 1973: 161）

だから、共生教育論は学校あるいは公教育という場での子どもたちのかかわりを重視した。社会が再生産される場だからこそ、養護学校と普通学校という区分を持ち込んでしまえば、現状の社会において厳然と存在する障害者への排除と差別・隔離が再生産されてしまう。それを避けるためには、いかに混乱が起きたり直接的排除・差別行為が起きたりしても、その場を分けないということが先決となる。共生教育論は、学校や公教育が社会の再生産の場であり、権力の場であることに注目するがゆえに、分けることの否定にこだわらざるを得なかったのである。

ただし、学校観の違いは、あくまでも補助線でしかないことも確認しておきたい。たとえば発達保障論でも、一九八〇年代後半以降の反批判（共生教育論への批判）では、どちらかというと学校という生活の場における障害児を取り巻くポリティクスに注目しているとも言える。また、後述する津田道夫ら（津田道夫他 1977, 津田道夫・斎藤 1981）は、共生教育論でありつつ、同時に教育の方法論を真剣に問うなど、エンパワメントとしての学校という側面に注目する傾向にあったと言えるだろう。

つまりは、一九八〇年代後半以降は、学校観の違いは補助線としてさほど大きな役割を果たさない（津田道夫らの議論は一九七〇年代に展開されているので少しズレているが）。ただ、一九七〇年代から一九八〇年代初め頃の「論争」については、やはり学校観の違いと発達保障論／共生教育論の違いは、かなり重なっていたのだと思われる。

（2）「論」を超えて――地域の就学運動にみる学校観

こうした学校観・子ども観は、地域の就学運動には、いまでも色濃くみられるものである。地域の就学運動は、先述したように、共生教育論が理論的背景になっているとはいえ、実際の担い手は必ずしも共生教育論を参照しないし、いわゆる「療育」の発想を完全に拒否するわけではないように見える人もいる[20]。地域の就学運動の集会を見る限り、考え方はかなり柔軟かつ現実的であり、共生教育論そのものではない。ただそれでも共生教育論と圧倒的なまでに共通していると私には感じられるのが、学校観と子ども観なのである。

ひとつには、学校のなかで起きることについて、教員側の視点とは異なるものを持ち込んだり、学校という制度の根底を揺るがすような発想を持ち込んだりすることが多い。たとえば、長く机についていることができない障害児がいるのであれば、誰もが教室に出入り自由とすればいい、最初は子どもたちが誰もいなくなって授業が成立しなくなるだろうが、そのうち外にいるのにも飽きて子どもたちは戻ってくる、そのとき初めて本当に意味のある授業ができるようになる、といった話が繰り返される。その他にも、日本の小学校は黒板の向きが一定方向に定められているのだが、そのことが抑圧の象徴として語られるのを私は二回ほど見かけた。学校とはこうあるべきという思い込みのほうがおかしいのだと言われ、それとは異なる像を思い描こうとする。

もうひとつには、子どもを単独で捉えるというより、常に「子どもたちのなかのその子」という視点が強調されるということである。たとえば重い障害を持つ子どもが、他の子どもたちとのかかわりのなかで、それまで親が想定していなかったようなことを始めることがあるが、そうした瞬間について繰りかえし語られる。あるいは、子どもがそのつど見せる姿について、他の子どもがいかに影響を与えているか、あるいは他の子どもがいかに影響を与えられているか、お互いにいかにかかわりながら生きているか、という話がよくなされる。

これら二つを踏まえてのことなのだろうが、多摩地域で就学運動にかかわってきた人のなかには、教員の権力を強めることには否定的な姿勢を示す人が少なくない。特に象徴的なのが、クラス人数についての議論である。発達保障論の発想に立てば、あるいはそこまで強く発達保障論にコミットしていなくても、クラス人数は少なくした方がいいとよく言われる。子どもたちに目を行き届かせるためには、ひとりの教員が担当する生徒は少なめに抑えた方がいいと言われることは多い。まして障害児も含まれるなら、人数を現状よりも減らすことは必須であると言われる。それに対して就学運動にかかわる人たちからはしばしば懐疑的な発言が出る。「子どもたちに教員の目が行き届くなんていいはずがない」「子どもたちが教員の目を盗んで生きていける場や時間が必要だ」という発言を、複数の人から聞いたことがある。おそらく学校を教育という理念の体現した空間と考える人からすれば、到底容認しがたい発想だろうが、就学運動では、決して多数派とは言えなくとも、そう珍しい発想ではない。多摩地域の支援ネットワークでは、バオバブ保育園の理念に示されていたように、子どもが大人の目を盗んで何かやる場所が必要だという発想を持つ人は、それなりの数はいる。

その意味では、学校をどう捉えるかという学校観そのものが、共生教育論や就学運動においては決定的に重要な要素となっていると言っても、さほど大きくは間違えていないのではないか。

（3）専門家という論点と、「発達」という論点と

そして、このことは、両者の「論争」に繰りかえし出てくる、専門家という論点とも密接に結びついている。先に述べたように、当時の状況からすれば、発達保障論を専門家主義、共生教育論を当事者主義とみなすのは、少なくとも社会制度の面からすると（当時は専門家とし

て確立していたとは言いがたいのだから）、そして誰が当事者なのかということを厳密に考えると、少し行き過ぎた批判に見える。だが、学校観の違いを踏まえると、両者の関係は実はかなりわかりやすくなる。

発達保障論は、学校が個人をエンパワメントする場と捉えているために、どのようなエンパワメントが可能かを模索することになる。言い換えれば、生徒たちを教え導くという立場を手放さない――手放せないといってもいい。生徒たちを教え導こうとするのでなければ、何のための学校なのか。たとえ教員や専門家の側が想定するような形で育たなかったとしても、だからといって生徒たちを教え導こうとすることを諦めるのであれば、それは学校という場の責任放棄でしかない。発達保障論の学校観からすればそう見えるだろう。だから、発達保障論は教え導く立場を手放さず、それが共生教育論からすれば専門家偏重主義に見えるのである。

逆に、共生教育論は学校を社会の再生産の場と捉えており、そこに存在する差別や排除は、大人の社会のそれの反映だと捉える。創発特性はありうるが、それは学校の制度そのものの方に内在しているというより、子どもたちの生きる場の方にあると考えられている。そのため、学校における教師は基本的に、教え導くという立場で描かれることが少なくなる。ときに、いやしばしば、子どもたちの創発特性を押しつぶすような権力者や抑圧者として、あるいは子どもたちに教えられる側として描かれる。大人の側に差別や排除が溢れているのであれば、そのような大人が教え導いてしまっていては、子どもたちはもう一度差別と排除の社会を生み出していくだけである。そうではなく、大人の側はむしろ一歩引いて、子どもたちの持つ可能性に賭けることが必要になる[21]。

どちらからしても、相手はいわば「無責任」に見えたかもしれない。発達保障論からすれば、子どもたちの力に任せようとする共生教育論は、大人の責任を放棄した、いかにも無責任な放任主義に見えただろう。だが、共生教育論からすれば、発達保障論の姿勢は、どうせまともにはできもしない「教え導く」ということを手放さない、自らの欠如を認めないという無責任な姿勢に見えていたかもしれない。

そして、このことは、「発達」をめぐる相互の批判の応酬にも反映されている。先に述べたように、両者の「論争」の中心主題のひとつは「発達」という概念をめぐったものなのだが、この「論争」が学校観の違いを反映していたと捉えかえすなら、争点がもう少し理解しやすくなる。

実は共生教育論も、子どもたちの発達や成長、あるいはさらにニュートラルな意味合いでいうなら、変化や新たな発展などについて、かなり繊細に注意深く見守ろうとしている。その意味では「発達」への関心は非常に強く、ある意味では「発達」を中心においているともいえる。さらにいえば、共生教育論のような言説の世界ではなく、地域で展開されてきた就学運動のなかでは、実質的に「ヨコの発達」のようなことが語られていることは珍しくない。「発達」にこだわり、「発達」を求めていたのは、実は共生教育論や就学運動にも当てはまることである。

ただ、共生教育論は、それを学校教育におけるサービス提供者たち（教員や学校管理者）が提供するサービスに基づくものとはあまり捉えなかった。学校で学ぶとしたら、教員たちの教えや指導によって学ぶのではなく、学校という場で揉まれ、他の子どもたちとの暮らしのなかで育つのだという捉え方をしていた。なぜなら、大人たちはすでに差別と排除にあふれた社会の担い手であり、大人が導くのであればそれが再生産されるだけだからである。そのため、どうしても発達保障論のような姿勢を受け入れることができず、それが「発達」という概念そのものへの批判となっている。「発達」を大人の側が規定し、それに応じて現状の子どもの状態を測ろうとするのは、何がどうなっても差別と排除の現状社会を再生産させるだけと映ったのである。

それに対して発達保障論は、「発達」という概念をそう簡単には手放すことができない。なぜなら、大人が子どもに何かを手渡してやろうとするのであれば、そしてそのことによって子ども自身が個人として力を身につけていくのを可能にしようとするのであれば、どこでどのように何をすればいいのか、繊細に考えざるを得ないからである。そのためには、最低限の理論的基礎として、一定の発達条件を考える必要が出てくる。たとえ「発達」の内容がいかに多岐にわたるものとなっても、あるいはずっと豊饒なものになっても、または言葉が別のものへと変化したとしても、ある種の手がかりをどこかに持っていなければ、大人が子どもをエンパワメントする図式を描くのは難しくなる。

このように、学校という場をエンパワメントの場と捉えるか、それとも社会の再生産の場と捉えるかという、学校観の違いを踏まえてみたとき、両者の立場の違いは鮮明になる。一九八〇年代後半以降の論点では、このような違いは見えにくくなってしまっているが、一九七〇年代のもっとも苛烈だった「論争」を再検討することで、こうした対立軸がクリアに見えてくるのである。

5　サブシステム生成と、その批判と

(1) 発達保障論――療育というサブシステム生成による包摂

このように学校観の違いに着目した上で、序章で持ち出したシステムという概念、それも特にシステムBの考え方を持ち込んでみよう。そうすることで、発達保障論のなそうとしたことと、共生教育論が批判しようとしたこととが、よりクリアに浮かび上がってくるだろう。

発達保障論は学校をエンパワメントの場とみなしたが、これは言いかえれば、教育システムの考え方にのっとり、学校が教育システムの実践の場であるとする捉え方である。学校で教育を施すというとき、私たちが自明に思っているのが、そこで子どもたちが「成長」「発達」し、その後を生きる力を得るということである。これを教育システムと呼んでいいだろう。

ただ、ルーマンの議論に基づくなら、「発達」だけを教育システムと呼ぶのは正確ではない。石戸教嗣によれば、ルーマンは、選抜と「発達」の間の駆け引きが教育システムの作動を生むと捉えていた（石戸 2000）[22]。一九七〇年代までの発達保障論も共生教育論も、選抜という論点については主に批判の対象にするだけだったといっていいだろう。両者の対立においては、「発達」が共通に重要視されたものであり、賭金だったのである。このことが持っている限界や今後の課題については、第5章最後で改めて触れることにしよう。

その上で、障害児についての議論に目を移せば、発達保障論が目指していたのは、学校という教育システムの実践される場に、療育というサブシステムを作り出すことだったといえる。

教育システムは、子どもたちなどその対象となる存在に、なんらかの意味での「発達」が生まれることを前提とし、それをいかにして可能にするかを問い続けるものである。何らかの意味で、その教育機関に足を踏み入れる前と後とで変化があること、それも肯定的な変化があること、それが教育システムの根幹にある。それまでであれば、教育システムのなかでは、知的障害児や自閉症児、それも特に重度の子どもたちは、「発達」のない存在とされ、そこから切り離されていた。たとえ教育らしきことがなされていたとしても、「生活指導」と呼ばれるような、相手に人間的成長を想定しないものでしかなかった。それに対して、教育の一部として位置付けようとしたのである[23]。

その際選ばれた方法は、知的障害児や自閉症児に対して、異なる場とカリキュラムを作るというものだった。そうすることによって、「生活指導」以上のことはやっても無駄だとみなされていた子どもたちに対して、いやそうではない、「発達」が可能なのだと提起した。一見してもわからない「発達」を、ある種の立場から見れば見出し育てることができるのだという立場に立たざるを得なかったのだともいえる。

その意味では、発達保障論が目指したのは、教育システムの内部に入ることではあるのだが、そのなかに自律的なサブシステムを生み出すことでもあった。知的障害の子どもたちは、教育システムという知的能力の向上を図るシステムにおいて、特に排除される傾向にあった。そうした子どもたちを包摂しようとするなら、発達保障論のように、「発達」概念の拡張と療育という専門領域の創成によって、自律的なサブシステムを生成するのがもっとも直截な方法だったろう。これをシステム包摂と呼んでおこう。

このように、教育システムの内部に入ろうとしていただけに、発達保障論は、共生教育論をしばしば「公教育解体」を目指しているとして批判したのである。公教育のなかに知的障害児や自閉症児を包摂しようとしていたがゆえに、共生教育論のような、学校に対する批判的な姿勢は受け入れられるものではなかった。これからその一部になろうとしている価値観や意味秩序を否定されることは、その試みを根底から否定することになる。だから、発達保障論は、自身のなかにも公教育批判の芽は持ちつつも、共生教育論をあれほど強く「公教育解体論」として批判したのである。

(2) 包摂による排除——共生教育論のこだわり

それに対して、共生教育論は、サブシステム生成をよしとはしなかった。それは、共生教育論からみれば、「排除」の一形態であり、ときにより深刻な排除の形のひとつだった。「障害児」と名づけて、教育システムのサブシステムに包摂していくことは、包摂というより排除と見えていたのである。このことを理解するためには、排除とは何かをもう少し掘り下げて理解する必要がある。

排除というとき、反対語として用いられるのが包摂だが、社会学においては包摂と排除は単純な二項対立にはないとみなされている。もちろん、後述する通り、その存在自体が社会的に抹殺されているような状態というのもあり得る。だが、それとは異なり、社会的な相互作用が存在し、なんらかのかかわりがあるという状態であっても、排除はありうる。一見すると社会的相互作用が維持されているなかで、排除が進行していることは多い（水津 1996）。というより、近代社会における排除の多くは、そうした形で成立している。なぜなら、何らかの形である程度包摂されていなければ、そもそも排除という主観的経験自体がなかなか成立しないからである。

ここでは、そうした議論のなかでも、ルーマンの議論を再構成した渡曾知子の議論を参考にしたい（渡會 2006）。ルーマン＝渡會によれば、包摂とは、「人（パーソン）」としてコミュニケーションすることである。ルーマンのいう「人（パーソン）」は、ある認知の形式であり、いわゆる人柄や人となりという意味とは少し異なる。形式でしかない以上、「人（パーソン）」のありようは多様にありうる。

そして、その「パーソン」としての理解が、極端に狭いときがある。渡會の表現を用いるなら、「意味理解の多様性の極度な制限」がなされるときである。それが排除という経験を生むという。具体的にいえば、たとえば肢体不自由の少女が転んだときには、そこに石が転がっていたとか、誰かが推したとか、そういうことを抜きにして、肢体不自由のせいにされがちである。たとえばフィリピン系の女性に対して日本人男性がいきなり金を渡そうとするときがある。その女性の職業が別のものであったり、その男性に対しては顧客とみなそうと思っていなかったりするという可能性が顧慮されていないのだろう。こういうときに、私たちは排除を経験する（渡會 2006: 608）。このとき、この人たちは「パーソン」とみなされていないわけではない。ただ、その「パーソン」についてひどく限られた理解の仕方しかなされていない。だから私たちは排除を「経験」するのである。

このことを障害児と学校という文脈に当てはめて考えてみよう。障害児が学校という世界そのものから排除されていれば、その子どもは「人（パーソン）」としては扱われていないことになる。就学猶予・就学免除の時代は、まさに障害児・障害者は「人（パーソン）」として、コミュニケーションの相手としては「存在」しなかった。渡會の表現を用いるなら、「意味的排除」である。

では、普通（通常）学校の特別支援学級に通っていれば、「人（パーソン）」としての広がりはあるだろうか。多様性や広がりがある場合もあるだろうが、そうではない場合もあるだろう。私が授業で出会う学生の多くが、同じ学校の支援級に通っている生徒たちと、交流学習の時間だけ一緒に過ごしていたというのだが、障害児たちと過ごす時間を「気持ち悪い」と感じていたと述べる学生は少なくない。ほとんどの時間を別々に過ごし、交流学習の時間だけ「障害児」として紹介され、場を共有しなくてはならなかった学生からすれば、「障害児」は最初から最後まで「障害児」でしかなかったのだろう。限定的な交流学習の場しか設けられていないとき、「障害児」とのわずかな交流はむしろ「障害児」のレッテルを強め、排除は強まるとも言えるかもしれない。

多少は個人的な交流があっても、いったん片方の子どもに「障害児」のレッテルが貼られると、その瞬間にその子どもについてのイメージが一気に貧困化することもある。ある学生は、教員によって「発達障害がある」と教室で名指されたことによって、それまでのように喧嘩をしなくてはならない機会は減ったが、その分皆が腫物に触るように接してくるようになったと述べていた。教員は障害の内容についても解説したそうで、その内容が間違っていたわけではないようなのだが、それでも子どもたちにとっては、「障害児」だというレッテルがすべてに先行するものとして作用してしまったのかもしれない[24]。

先に述べたように、渡部らをはじめ、共生教育論は、「障害児」というレッテルそのものを拒絶しようとした。その発想は、渡會が論じていた構造と重なるだろう。「障害児」というレッテルを持ち出した時点で、多様性が極端に縮小されてしまうということに敏感に気づき、それゆえにレッテルそのものを拒絶した。

いいかえれば、サブシステム形成自体を拒絶した。サブシステム生成によって、既存のシステムのなかに包摂していくという方法そのものを否定したのだともいえる。

それは、学校という場に対して批判的な姿勢を持っていた人たちからすれば、当然の帰結だったともいえるだろう。学校がエンパワメントの場であるなら、教育システムに準じた形での包摂が目指されるかもしれないが、学校が権力構造の再生産の場であるなら、それに準じた形での包摂もまた、権力構造と排除の再生産でしかない。それは決して称揚されるようなものではなかったのである。

（3）それでも学校にこだわったのはなぜか

だがそれでも、共生教育論は学校にこだわり続けた。学校という場がそんなに嫌なら、そもそも学校から脱すればいい。にもかかわらず、徹底して学校にこだわり続けた。

先に、子どもたちの創発特性に期待したためだと書いたが、そうはいっても実際の学校でいつでもそんなにうまくいくわけではないし、もちろん当事者たちはそのことはよくわかっていただろう。いじめも起きたし、教師に無視される子どもたちもいたし、結果として不登校という選択をする子どもたちも少なくなかった。これまでとは異なる社会が生み出されるというのはあくまでも可能性であり、現実はなかなかままならない。なのに、なぜこだわったのか。

それは、学校からの排除を受け入れてしまえば、他のさまざまな社会とのかかわりからも排除されてしまうからである。それまでの重度障害児たちは学校に行くことすら拒否されていたがゆえに、家からほとんど出られず、家族以外とかかわる機会も持てなかった。学校に行けないということは、単に学校に行けないことそのものを意味しているわけではない。私たちの社会において、学校に行けないということはしばしば、仕事にも就けないこと、友人もできないこと、さまざまなレジャーの機会も持てないこと、電車やバスすら乗れないこと、コンビニエンスストアに買い物に行くことすらできないことを意味してしまう。本来は関係のないことなのだが、現実的にそうなってしまう。特に一九七〇年代の日本社会が、学校が「標準」となった時代であり、学校を経由して仕事に参入するのが当然視された時代だったことは、先に述べた通りである。

ここでまた、ルーマンの議論を参照したい。ルーマンは「インクルージョンとエクスクルージョン」という論文で（日本語にすれば「包摂と排除」）、次のように指摘している（Luhmann 1995=2007）。

現代社会は機能分化した社会であり、私たちは常に複数のシステムにかかわりながら生きている。法システム、経済システム、そして教育システムもまた、そのひとつである。これらのシステムは、まずは相対的に自律的である。教育システムなら「発達」や成績を中心とし、経済システムであれば貨幣が中心となっているだろう。それぞれは異なる論理で動いており、「発達」する余地がなさそうな人（教育システムから排除される人）であっても、金が稼げるなら経済システムからは排除されない。

だが、現代社会は高度に「統合」されており、それら複数のシステムはお互いに深くかかわっている。だから、ひとつのシステムから完全に排除されてしまうと、他のシステムからも排除される可能性が高まってしまう。たとえば、住居を持てず、住所を持っていない人は、仕事に就きたくても履歴書に住所を書けないため、いわゆる正規雇用の職を得ることは実質的にかなり難しい。性自認と就労の能力にはまったく関係ないはずなのだが、たとえばトランス・ジェンダーの人は、職場の人間関係のなかでさまざまな困難が生じがちなため、結果的に就労の機会が制限されてしまっていることがある。このように、本来は関係のないことのはずなのだが、実質的に影響されてしまっているケースは少なくない。

共生教育論が、学校制度に対して批判的でありながら、それでも学校にこだわり続けたのは、このことを直観的によくわかっていたためだろう。学校というシステムから排除されてしまえば、障害者たちのその後の人生にはかなりの制限がかかってしまう。だから、なんとしても学校にこだわり続けたのであり、批判しつつも学校を見切らなかったのである。

(4) システムとは異なるところで

だから、共生教育論は、教育システムのサブシステムを生成してそこに障害児を包摂しようという営みに対して批判したが、学校という場から撤退することだけは選ぼうとしなかった。学校という場を、権力や差別・排除の再生産の場と意識しながらも、その再生産の場における子どもたちの創発特性に賭けるしかなかった。そうした運動だったのではないか。

そのため、共生教育論の多くの論者は、実際に障害児とそれ以外の子どもたちがともにいる場をつくり、そこで育ちあう子どもたちの姿を繰りかえし描き出し続けたが、統合教育の方法論を生み出そうとはあまりしなかった。強調されるのは、「子どもたちの生活」であり、「親子の生活の現実」であり、それゆえに「分けるな」ということだけだった。

といっても、共生教育論や就学運動のなかで、実際に子どもたちがともに学ぶのを実現する方法について模索する動きもあった。たとえば「障害児の教育権を実現する会」の津田道夫は、さまざまな親子のありようがあることを踏まえ、すべての子どもを普通学級に入れると考えるよりも、親の学校選択権を保障すべきだという立場に立ち（津田道夫・斎藤 1981）、具体的な障害のありよう（盲、ろう、知的障害など）ごとに、どのような統合教育のやり方がありうるのかを模索していた（津田道夫 1984）。八王子養護学校もまた、いわゆる療育とは異なる学びのやり方について模索していた（小島・小福田 1984）。

ただ、津田道夫らとがっこの会とは激しい論争を繰り広げている。この論争には、教育システムに沿うか沿わないかという違いがよく表れている。津田道夫らは「学校とは、いうまでもなく教育の場である」と述べ（津田道夫他 1977: 156）、子どもたちをただともにいさせるだけでなく方法論を問うべきだと批判している（津田道夫・斎藤 1981）。それに対してがっこの会は、

「なぜ私たちは『能力』に応じてバラバラに分けられ別々の教育されねばならないのでしょうか」と疑問を呈したというが、津田道夫はこれを「能力別による学級区分という問題と、能力主義という問題が、にわかに混同されている」と反批判している（津田道夫他 1977: 156）。いわば、津田道夫らは教育システムにのっとって、統合教育の方法論を探ろうとしたが、がっこの会は教育システムにのっとることそのものに対して抵抗感を抱いていたのだろう。

ただ、小国喜弘らの調査によると、二〇一五年のインタビューで、渡部淳は、同じ場にいるべきだと主張するのが精いっぱいの状況で、学校のなかまでは追えなかったのだと述べたそうである（高橋 2018: 113）。ここからすると、単純にがっこの会や子供問題研究会など、地域の就学運動を支援しながら活動していた共生教育論の論者たちには、学校のなかのことまで立ち入る余力がなかっただけかもしれない。

それでも、本当に単に余力がなかっただけかといえば、それだけではないのではないか。学校という場における権力関係に敏感になり、社会の再生産という機能に目を向け、そうしたなかでのシステム包摂が持つだろう排除性に注目したときには、「こうやればうまくいく」というタイプの議論は展開しにくい。学校という場が持つ限界からして、システム包摂はいつでも排除になりうる。そうでないものを作ることは可能だとしても、少なくとも従来のような教師像・学校像では論じにくい。議論の仕方としてはどうしても、権力の網の目をかいくぐっていくような、それこそゲリラ戦のような議論にならざるを得ない。

実際、ゲリラ戦のような議論としては、共生教育論も実に豊かで魅力的な議論を多く残しているし、就学運動の場に足を運べばいまでも多くの豊かなエピソードが語られている。ただそれが、体系化された方法論にはならなかった。

これは、単なる努力不足と片付けられることではないだろう。共生教育論のなかでも特にがっこの会や子供問題研究会には、教育システムに準じることを是としない発想が含まれていたからなのではないか。ゲリラ戦以上の議論の仕方をすることは、むしろ積極的に避けなくてはならないことだったのだと思われるのである。

(5) 多摩地域における就学運動とその先へ

それではここで、地域の就学運動、それも多摩地域のように地域の支援者が中心となっているような就学運動に目を向けることにしたい。

教員たちを別にすれば、こうした運動のなかでは、そもそも教育システムにこだわる必然性がない。「障害児」が普通学校という場から排除されることが問題なのであって、教育という考え方や型にどう「障害児」たちを載せていくかというテーマはあくまでも副次的なものである。問題の焦点は、教育システムではなく「ともに生きる」ということだった。

それは言い換えれば、学校という場や教育というシステムだけに問題がとどまらなかったということでもある。学校以外にも生きる場はある。そして、学校を卒業すれば、その後の人生がある。

先に述べたように、多摩地域では、就学運動の中心メンバーたちは障害児の親でもなければ教員でもなかった。それらの人たちが子どもを連れてきて、いわゆる「障害児」とともに過ごす場を作り出すことも多かった。さらには、地域の子ども会活動では、地域の公園に出て行って、そこを遊び場にしている、まさに「地域の子どもたち」と障害児とがかかわる場を継続的に作り出していた（三井 2020a）。先に、学校への「口出し」はあまりなかったと述べたが、それはこうした地域での活動の裏かえしでもあった。「学校のことは学校が、地域のことは地域が」という発想だったのである。

子ども会活動のなかでの具体的なエピソードは三井（2020a）に譲るとして、ここで確認しておきたいのは、このような活動は、次のふたつのことに注力することでなされていたという点である。

ひとつには、学校をはじめとした子どもたちをとりまく環境に存在する権力関係をひとつひとつ解きほぐすことである。たとえば、次のような話をたこの木クラブ代表の岩橋から聞いたことがある。子ども会に来ていた子どものひとりが、知的障害のある子どもを「ちっちゃん」

と呼びつけるという。なぜそのような呼び方をするのかと聞けば、「だって学校の先生は、同じことしていても、俺のことだけ怒る。あいつのことは怒らない。そんなのずるい」と答えたのだそうである。子どもたちは、自分の周囲の大人たちのふるまいをよく見ており、そこに差別や排除を読み取る。この場合でいうなら、知的障害のある子どもは、生徒たちのなかのひとりと認められていないがゆえに「怒られない」のだが、それは当の子どもからすれば「えこひいき」と受け止められていた。子ども会に参加している大人たちは、「そりゃそうだよな、それは先生が悪いよ」と答えたのだそうである。

そして、こうした答え方をする大人たちが、いわゆる「障害児」をそれ以外の子どもたちと同じように扱い、叱るのも同じようにして、楽しそうに笑うのも同じようにする。笑いの中心に、しばしば「障害児」たちがいる。そうした場にいた子どもたちは、おのずと別様の価値観に足を踏み出すだろう。子ども会の大人たちは、いわば自分の「背中を見せる」ことによって、子どもたちの障害児観に影響を与えていったのだともいえるだろう。

もうひとつには、子どもたちのなかに生まれるさまざまな可能性を見つけ出すことである。たとえば、岩橋によると、ある重度知的障害で自閉の強い子どもが、大人のスタッフにゲームを貸してくれなかったそうである。他の子には貸すのに、なぜ俺には触らせないのかと、しつこく頼み込んでいたところ、他の子どもがさらっと「〇〇くんは、岩ちゃんが下手だから貸したくないんだよ」と言ったという。その「〇〇くん」は言葉もほとんど話せないのだが、それでも他の子どもたちはその子の思いをさらりと理解していたのだという。当時の『たこの木通信』を見ると、こうしたエピソードが繰りかえし発見され、たこの木クラブにかかわる人たちのなかで共有されていったことがうかがえる。ひとつひとつは大した出来事ではなく、ちょっとした一言やふるまいでしかない。だがそこに子ども会に集う大人たちが大きな意味を見出していく。

こうしたなかから、いじめなどの暴力や、不登校についても、さまざまな捉え方がなされるようになっていった。

まず、いじめについてである。多摩地域でも、普通（通常）学級に通っていた知的障害の子どもたちの多くが、小学校や中学校で凄惨ないじめに遭っていたようである。実際には、子どもたちが自分の言葉で語れない以上、親が実態を知ることは難しいのだが、家に帰ってきたら持ち物がボロボロになっていたなどのことは繰りかえし起きていたようである。もちろん学校にも相談していたようだが、いつでも解決したわけではなかった。

ただ、多摩地域では子どもたちの成長に長らく付き合っていくうちに、一定の期間いじめる／いじめられる関係にあっても、そののち大きく意味合いを変える可能性についても知っていくこととなる。たとえばある知的障害で自閉の人を学校から追い出すべきだと主張していた同級生は、その後阪神・淡路大震災のときに、被災地支援の組織がたこの木クラブで立ち上がったとき、参加するようになり、昔の自分の行為を振り返って恥じていると述べたそうである。

子どもたちは同じところに立ち止まり続けるわけではない。そうした変化や過程についても、多摩地域の就学運動は目の当たりにしていくこととなった。いまはいじめる／いじめられる関係にあっても、長い時間をかけて付き合っていくうちに、考えてもみなかったような変化が生まれることが確かにある。それらを「発見」し続けたのである。

また、不登校については、途中から学校に全く通わなくなった人も、決して多くはないが、いたようである。これについて多摩地域のなかでも考え方はさまざまだったようだが、学校にこれだけこだわる運動でありながら、「障害児であっても不登校はその人の権利だ」という言い方がなされることの方が多かったようである。

ただ、不登校になれば、子どもは一日中家にいることになり、どうしても親との関係が難しくなる。学校に行かないからといって、親とだけ向き合う生活になってしまっていいのか。これは、実は学校の外部、さらにいうなら「卒後」という問題と向き合わなくてはならないということでもあった。この点は次節でまた触れよう。

改めて確認しておきたいのは、いじめが望ましいことだと思われていたわけでもなければ、不登校が歓迎されていたわけでもないということである。そして、これらの問題が繰り返し生じ、そして簡単には解決しなかったのは事実である。だが、いじめや不登校についてはこのような語られ方がなされるばかりだった。なぜか。

単純に、だからといって「養護学級（いまでいう特別支援学級）」に行けばよかった、という捉え方が採用されていないからである。後述するように、いまの視点からすれば、障害を持つ子どもが普通（通常）学級で苦労していると聞けば、「養護学級」がすぐに選択肢として挙げられるだろう。多摩ではそれがなかった。「養護学級」という名のサブシステムが自明視されていなかったのだと言ってもいい。それゆえ、いじめや不登校についての語られ方も違ってくるのである。

（6）根底にある「痛み」——意味的排除

さて、「論争」についてのまとめとして、最後に触れておきたいのは、一九七〇年代の発達保障論と共生教育論の「論争」や具体的な運動での激しい対立の根底にあったのは、障害児が置かれてきた状況に対する「痛み」だったことである。

一九七〇年代以前は、重度障害児については就学免除・就学猶予が一般的だったと先に述べた。公教育は子どもたちが親や親せき以外の大人たちと直接的にかかわる最初の重要な機会である。それが構造的に奪われ続けてきたことで、当時の重度障害児の生きる世界は想像を絶するほど閉ざされたものだった。親や親せき以外の大人、きょうだい以外の子どもたちとかかわる機会をほとんど持たず、近所の人たちですらその存在を知らないことも珍しくなかった。

先に挙げた横山晃久は、光明養護学校に通学中、独自に「運動」を始めた。学校の近所に障害者が住んでいないか探し、見つけたら訪問するという個人的な活動を始めたのである。誰もが身内の障害者を隠すのが普通だったという当時、障害者がいないか探すのは探偵か何かのようだったそうである。どこかに車いすが置かれているのを見つけたら、それがどこの家なのか、どれくらいの頻度で置かれているかなど、チェックする。いきなり訪ねていくだけでは「そんな子はいない」と否定されるので、証拠をそろえてから訪ねたのだという。

そうやってやっとのことで出会ったある男性は、足の指程度しか自力で動かせる箇所がなかったそうである。だが横山との間では、イエスならこちら側、ノーならこちら側とサインを決め、会話が成立するようになった。ふとしたことから、その男性がテレビで競馬を見るのが好きだと知った横山は、今度一緒に外出しようと約束をしたそうである。だがその約束は実現しなかった。次に訪ねて行ったときには、その男性は虫刺されがもとですでに亡くなっていたという。

近所の人にも存在を知られず、人生のほとんどを自宅で過ごし、そこで亡くなっていく。そうした人生を送っていた障害者は少なくはなかった。そこに存在していながら、誰にも知られる機会すらないという意味では、いわばその存在自体が社会的になかったことにされていたといってもいい。先に挙げた、渡會のいう「意味的排除」である（渡會 2006)。当時の発達保障論も共生教育論も、こうした状況を目の当たりにしながら展開されていた運動であり、理論だった。多くの論者たちが、こうした事例を心のなかに持っていたのだろう。たとえば、発達保障論の高谷清（第一びわこ学園）は、次のように述べている。

とくに次の発言は今でもあざやかに頭のなかに残っている。それは重症心身障害児施設にはたらく保育系の女性で、

「この子たちはお月さんを知らないんです。かぐや姫のはなしをしてもお日さんだといいます。それは夜早くねかされ、月を見ることがないからです。胡瓜のかたちも知りません。細く切ったものしか食事に出ないからです。この子たちにいろんな生活をさせてやりたいと思うのですが、医療がそれを許可しません」

この発言は私に衝撃であった。帰ってから、滋賀県の全障研の人たちに話し、職場であった吉祥病院の看護婦たちに訴え、障害者にかかわる医療の集会を開く準備をはじめた。（全国障害者問題研究会編 1986: 74）

意味的排除のなかにある障害者と、社会がどのようにして出会いなおし、ともに生きていく

のか。この男性のような人生を生きる人を少しでも減らし、私たちが出会えるようにするにはどうしたらいいのか。当時の運動は、こうした多くの障害者や家族の「痛み」を前にしながらの運動であり、理論だった。

そう考えれば、当時の論争があれほど激しかった理由も見えてくる。逆に言えば、今日においてはまた少し状況が異なってきているともいえるだろう。

6 その後の展開

(1) インクルーシブ教育の「進展」か、排除の「進展」か

ではここで、「論争」の時代の後、現代までの流れを確認しておきたい。一九七〇年代に比べれば、日本の教育体制はさまざまな面で大きく変化している。

まず、就学時健康診断はすでに発達保障論と共生教育論の主要な争点ではなくなっている。早期発見・早期療育が進められるようになったためである。三歳児健診、あるいは保育所や幼稚園などで、「障害」のある子どもたちは発見され、一部ではすぐ療育の対象となっている。就学時健康診断のずっと前から「障害」は発見されており、就学時健康診断が振り分けの主たる契機とは言えなくなっている。

そして、「障害」が発見されたからといって、必ず養護学校や養護学級に割り振られ、生活空間を別にされてしまうとは限らなくなってきた。普通学級のクラスの風景に「障害児」が「いる」ことは、今日では珍しくなくなっている。ただ、「障害児」といっても、軽度障害のことが多く、「いる」といっても学籍は異なることもある。そして、学年が進むにつれて、そのような風景が減っていくことも多い。それでも少なくとも小学校の低学年では、クラスのなかに「障害児」が「いる」ことは普通の光景となってきている。

二〇〇六年の学校基本法改正（二〇〇七年施行）により、日本の養護教育は、特別支援学級／特別支援教育へと切り替えられた。イギリスの学校教育にならい、障害児だけが対象となるというより、特別なニーズを抱える子どもたち全般について特別に支援を提供するという発想に立っているとされる。地域の学校の多くに特別支援学級が設置されるようになった。特別支援学級には、知的障害、肢体不自由、病弱・身体虚弱、弱視、難聴、言語障害、自閉症・情緒障害の学級があり、障害の種類や程度に応じたより細やかなケアや支援が受けられるということになっている。支援が必要な子どもたちの多くは支援学級に籍を移すことになるが、行事や給食、音楽などの時間は普通学級で過ごすことが多く、子どもによってはほとんど普通学級で過ごしている場合もある。「通級による指導」という枠も設けられ、普通学級のなかにいながらにして、必要に応じて療育を受けられる仕組みもできている（二〇二〇年度で一六万人あまり。

文部科学省「通級による指導実施状況調査」より)。

他方で、発達障害(広汎性発達障害、ADHD、ASD、LDなど)という障害名が広く認知されるようになり、多くの子どもたちが発達障害児として発見されるようになった。おそらくこれまでにもそうした子どもたちはいたのだろうし、多くのトラブルに直面してもいたのだろう。ただ、それまでであれば子どもの側の問題とされていたのに対して、実は周囲の対応の問題でもあると見直されるようになってきた。たとえば学習障害、識字障害など、それまでは本人の努力が足りない、やる気がないと捉えられがちだったものが、本人にはどうしようもない身体的・器質的な特徴ゆえのものだとみなおされるようになった。

そして、知的障害や自閉、発達障害などに関する専門的知見は、一九八〇年代に比べれば多く蓄積がなされるようになり、特別支援教育に関する教育体制も教員養成制度のなかに一定程度組み込まれるようになってきた。教育分野だけでなく、福祉職全体に知的障害や自閉、発達障害についての教育がなされるようになり、児童精神医学などの領域も、人員不足に悩まされているとはいうが、それでもある程度確立されてきた。

こうした流れは、一見すると、単純にインクルージョンの「進展」のようにも見える。第一に、障害のある子どもであっても、普通学校のなかで、あるいは普通学級のなかで学ぶことができる仕組みが生まれている。第二に、何も支援がなければ「努力が足りない」「本人に問題がある」と、教室の外に追い出されることはなくとも、教室内では実質的に排除されていただろう子どもたちが、適切な支援を受けることで、教室内で実質的に包摂される仕組みが作られつつある。一般にはこのように捉えられるだろう。少なくとも、発達保障論の立場からすれば、そのような歴史として描かれる。

ただ、共生教育論の立場からすれば、事態はむしろ逆だということになる。共生教育論は、このような教育体制の変化にもかかわらず、日本の教育体制は依然として分離教育主義であり、障害のある子どもたちを別枠で扱い、排除していると主張してきた。

なぜなら、第一に、「障害児」と名づけられる子どもたちが増えてきているからである。現在の在籍者数は、特別支援学校は全体の〇・七％、特別支援学級は二・四％、通級による指導は一・一％であり、どれもずっと増加傾向にある。特に、特別支援学級の在籍者数は一〇年間で約二倍になっている。その増加分は自閉症・情緒障害と知的障害が主である（文部科学省「新しい時代の特別支援教育の在り方に関する有識者会議」による二〇一九「日本の特別支援教育の状況について」より）[25]。

だとすると、「障害のある子どもであっても、普通学級のなかで学ぶことができる仕組みが生まれた」といっても、それは従来なら養護学校に通っていただろう子どもたちがそのように対応されるようになったということを意味しないのかもしれない。むしろ、これまで発見・支援されなかった軽度障害児が多く発見され、普通（通常）学級の子どもたちと同じ教室にいる時間を多く持ちながら特別支援を受ける体制になってきているといった方が正確だということになるだろう（鈴木 2010）。

そして、療育をはじめとした支援を受けるのであれば、まずは籍を変えるのがまだ大勢を占めるやり方であり、その意味では支援と排除がトレードオフの関係にあるともいえる。加えて、支援を受けるために籍を変えるというプロセスは、ほとんどの場合、不可逆的である。支援級に入った子どもが、普通（通常）級に戻ることはまれなのが現状であり、多くの教員たちもそれが可能だという前提をあまり持っていない。

こうしたことから、共生教育論から連なる論者たちは、日本の教育の基本的な姿勢はやはり障害児を排除するものであると批判し続けている。堀正嗣は、特別支援教育への転換に際して、教育体制は変わったように見えていても、「障害児のニーズを満たしうるとき」「教育効果」のあるときにだけ、普通学級における障害児教育が認められるという姿勢が貫かれており、背景にある理論的立場＝発達保障論の姿勢には、ほぼ変化が見られないと断じている（堀正嗣 1994: 396-397）。また、分離教育における合理的配慮を求める試みは機会平等にとどまる可能性があるとし、統合教育は機会平等以前の問題としての存在平等を求めるものだと位置づけ、現状の教育体制を批判している（堀正嗣 2021: 114-117）。一木玲子は、「新たに特別支援教育の対象とされた発達障害児は、社会適応をベースとした特別支援教育を受けつつ、『普通学校での教育が適当』とされる障害児として、資本国家に貢献する公民及び労働力としての教育を、健常児と同じラインからスタートを許されたものということができる」（一木 2008: 189）と批判する。原田琢也らは、こうした日本の特別支援教育について、医療的な基準によって「障害児」と「健常児」に二分化し、「障害児」を分けて教育しようとする姿勢が基本であり、いまだ「分離主義」であると断じ、「日本型インクルーシブ教育」と呼んでいる（原田他 2020: 24）。批判の形は、ほぼ変わっていないといってもいいだろう。

対して、発達保障論の側は、いまも共生教育論に対して批判的ではある。といっても、「公教育解体論」といった批判はもうなされない。代わりに、すでに一九八〇年代後半以降の反批判として紹介したように、最終的にインクルーシブな教育を行うことは目標だと言いつつ、現段階としては「ともに学ぶ」のが困難であり、障害のある子どもたちには別枠の教育が必要だという言い方がいまは主流だろう。

最後に付け加えておきたいのは、発達保障論とは少し異なる立場から、学校を別にすることの意義が訴えられるようになったことである。具体的には、ろう教育である。

日本のろう教育は、長らく口話法を中心としてきたが、手話が自然言語であることが「発見」されるなか、一九九〇年代に入ってからバイリンガルろう教育を行う場が、「龍の子学園」など、フリースクールとして作られた。その後公立ろう学校にもバイリンガルろう教育は導入されるようになり、フリースクールだった「龍の子学園」は二〇〇八年から「明晴学園」という私立のろう学校として再スタートした。背景には、「ろう文化宣言」に代表されるような、手話が言語であり、ろう者には独自の文化があると訴える運動がある（木村 2007, 木村 2009, クアン・ジョンナン 2017）。

バイリンガル（・バイカルチュラル）ろう教育が行われるようになるなか、逆に振り返られるようになったのは、口話法を中心とした教育がろう児たちから何を奪ってきたのかという点である。斉藤道雄は、口話法を強制してきたことは、言ってみれば、ろう児たちが本来ならば持ちうるはずだった言語を奪っていたのであり、言語によって拓かれる豊かな世界を封じてきたということでもあると指摘している（斉藤 2016: 145）。

ここに示されているのは、「ともに学ぶ」という場が、もしそこで多数を占める健聴者に合わせた教育やコミュニケーションがなされている場なのだとしたら、結局は一部の人たちから重要なものを奪っているものとなっているかもしれないということである。少なくとも、ろう児たちにとって、手話という言語を奪われてきたことによって、「発達」の観点からして看過し得ないものが奪われてきた可能性は否定できないだろう。「ともに学ぶ」ことで、その人が生きる力を根底で奪われるのだとしたら、それで「ともに生きる」とどうして言えるのか。そうした問題が提起されたのだともいえるだろう。

（2）サブシステムが確立したがゆえに

以上からわかることをまとめよう。

まず、いまでも発達保障論と共生教育論の対立は続いているということである。発達保障論が療育を主導し、メインストリームは発達保障論のままである。特別支援学校だけでなく、各学校内に特別支援学級が設置されるようになり、特別支援教育はさらに広く行われ、重視されるようになっていった。そして共生教育論による批判はほぼ同じ論点を繰り返しており、発達保障論からの反批判も一九八〇年代後半以降はほぼ変わらない。

といっても、両者の対立する直接的な契機は、見えにくくなった。一九八〇年代であれば就学時健康診断が主たる論点のひとつであり、地域の小学校に入学できるかどうかが争点だった。いまは、知的障害であれ発達障害であれ、乳幼児健康診断や保育所などで「早期発見」され、「早期診断」を受けることが多い。そして、「障害児」と名指された子どもたちのなかでも、地域の学校の特別支援学級に入る子どもや、普通（通常）学級に入る子どもが少なからずいる。親や本人が強い意志を持っているときに、普通（通常）学級に入ることが阻まれるというケースも少なくなっているようである。だとすれば、就学運動もただ「分けるな」の先の議論に踏み込まざるを得ない。いま争点は、普通（通常）学級でなされている支援の内容や発想など、多岐にわたるようになっている。

それと重なることだが、「障害児」をどう教育システムのなかに組み込んでいくかというノウハウが蓄積されることが、すなわち発達保障論の進展だと言い切ることも難しくなってきている。普通（通常）学級や交流学習などでなされている支援の内容や発想が重要な論点になってくるのであれば、実質的に発達保障論と共生教育論の議論は重なることが出てくるからである[26]。

その意味で、発達保障論と共生教育論や就学運動の違いはもっと見えなくなってきていてもおかしくはないのだが、それでも今日でも両者の「論争」や対立は消えているとはとても言い難いし、少なくとも見た目だけでいえば両者の理論的立場に変化はない。だが、療育というサブシステムがある程度確立することによって、両者の「論争」は、一九七〇年代当時とはいささか形を変えて展開されている。

たとえば、発達保障論による共生教育への反批判についてである。繰り返し述べているように一九八〇年代後半からは、現状として普通（通常）学級で過ごす障害児たちの苦悩を思えば、特別支援学級や特別支援学校があることには大きな意義があることがしばしば語られる。

実はこの論点は、大人になった障害者たちからもしばしば提示されるものである。身体障害の人であっても、知的障害の人であっても、現在自立生活運動から連なる運動にかかわっている人たちのなかには、共生教育論や就学運動に対して強い抵抗感を示す人が少なからずいる。自身が普通（通常）学級で学んだ際に経験した凄惨ないじめや苦痛を思うと、とても普通（通常）学級で学ぶことを肯定などできないというのである。

ただ、このような議論の立て方は、特別支援学級があることがあたりまえになったからこそ成立するものである。苦痛に満ちた普通（通常）学級から逃げ出す方法は、本来であるなら、特別支援学級というやり方である必要はない。学校そのものから距離を置いたり、学校内での不登校児たちが通うような場を増やしたり、学校そのものを大きく変えたり、いろいろあってもおかしくない。にもかかわらず、その人たちが「障害児」であるなら、「特別支援学級があることの意義」という議論にあたりまえのようにつながっている。これは、明らかにサブシステムが確立したがゆえのことだろう。

ここでルーマンの議論を想起しよう。ルーマンの議論の中心的論点のひとつが、システムの自己準拠性やオートポイエーシスである。いったん成立したシステムは、自律的に展開し続けるという議論であり、『社会の科学』では「回帰的ネットワーク」という言葉が用いられている（Luhmann 1990=2009: 57-106）。佐藤俊樹の表現を用いるなら、要素が要素を生み出すような作用である（佐藤俊樹 2023: 279-302）。この考え方を援用するなら、いったん作られたサブシステムに基づいて、私たちは物事を捉えるようになり、さらにそれに基づいて捉え方を更新していくということになる。

同じことが、療育というサブシステムをめぐる言説についてもいえる。特別支援学校や特別支援学級があること、そして障害のある子どもたちであればそこに行くのがあたりまえのことだと認識されるようになってきたことで、障害児たちが普通（通常）学級で感じる苦難は、共生教育論批判へと結び付けられるようになった。

そのため、共生教育論や就学運動そのものというより、それに対する多くの人たちの捉え方が、一九七〇年代とは少し異なる意味付けを伴うものとなっていった。共生教育論や就学運動は、いつのまにか、いじめを容認するような、子どもたちに過酷な状況を強いるような考え方と見られるようになったのである。実際、学生たちに共生教育論や就学運動の話をすると強い抵抗感を示されることがある。

さらにいえば、ろう教育のように、分離してこそ育まれる「発達」があることが「発見」されつつあるなか、共生教育論や就学運動はそうした「発達」を阻害する側として捉えられることも出てきた。「ともに学ぶ」ことを主張する共生教育論や就学運動は、教育システムにそぐわない、教育システムからして否定すべき対象として見えるようになってきているともいえるだろう。

逆に、発達保障論は、一九七〇年代とは異なり、子どもたちが「ともに学ぶ」ことを視野に入れたり推奨したりしやすくなった。すでに特別支援学校・学級は確立しているのであり、「ともに学ぶ」ことを前提にしにくいと感じられるケースについては、分けることが容易である。そして、療育というサブシステムも成立しており、特別支援教育の専門性もある程度認められている[27]。その前提に立ったうえで、では普通（通常）学級にどの障害児たちをどのように連れていけるのかを課題として考えられるようになっていった。それもあってか、近年では、発達保障論の流れのなかから、社会モデルの発想に立脚しながらフルインクルーシブ教育を求める論者も徐々に出てきている（第5章最後で触れる）。すでに療育というサブシステムがあるからこそ、共生教育論と近しい主張をすることが容易になってきているのである。

そして、だからこそ共生教育論はいまになっても同じような主張を繰り返していると言ってもいいかもしれない。共生教育論や就学運動の人たちの多くが、発達保障論に根差した論者がインクルーシブ教育を求めているのを見たときに、「結局、分ける発想が根底にあるんじゃないか」という。特別支援学校・学級という場を確立させ、それを維持させている限り、それもやはり一九七〇年代の発達保障論と同じなのではないかというのである。実際、インクルーシブ教育が必要だといわれるときに、どのような「障害児」が念頭に置かれているのか、論者ごとに丁寧に見ていかないと、議論されている内実が何を指しているのかはよくわからないことがある。重度障害児や重症心身障害児については、最初から埒外として想定すらされていないことがあるからである。だから、共生教育論や就学運動は、相手に「分ける発想」が少しでもあるのではないかと、まずそこから探らざるを得ないのである。

いわば、発達保障論の側が確立された場を得たがゆえに多様な展開をするだけの幅を持つようになったのにともない、共生教育論は原理主義的な態度をとらざるを得ない状況に追い込まれている。その意味では、共生教育論が同じ主張を繰り返しているのも、サブシステムが確立したことの結果なのである。

このように、時間が経つにつれて、両者の関係は少しずつ変化している。いったん療育というサブシステムが成立することによって、発達保障論はより多様に、インクルーシブ教育に対して肯定的な言説を量産することが可能になり、共生教育論や就学運動はより原理主義的になり、何より周囲からもそのように批判されるようになっていった。両者の対立図式自体は五〇年経ってもほとんど変化はないのだが、サブシステムの成立にともなう変化は確かに生まれているのである。

(3)「卒後」という問題

そして、これとは少し別の観点からも、この五〇年ほどの歴史を振り返ってみよう。

一九七〇年代から時が経つにつれて、学校という論点だけでなく、「卒後」という問題が大きなものとして浮上してくるようになった。いかに子どもたちにとって学校という場が重要だったとしても、学校にいるのはせいぜい一八歳（養護学校の高等部に進学したとして）かそこらまでのことである。その後も、その人たちの人生は続く。このことへの取り組みも、発達保障論あるいは養護学校を中心とした人たちのものと、共生教育論あるいは就学運動を中心とした人たちのものとでは、方向性が異なっていた。

まず、発達保障論＝養護学校を中心とした関係について述べよう。養護学校という場は、障害を持つ子どもたちの親を一か所に集めるという機能も有しており、親たちの運動の結節点のひとつとなることも多かった。

第一に、働く場の創設につながっていく。障害者雇用などでの就労が困難な子どもたち（＝大人たち）に対して、福祉作業所と一般に呼ばれたような「働く場」「生きる場」を作ってきた。これはのちに、障害者支援の法制度一般に取り込まれ、確立していく。

第二に、グループホームという、支援を受けながら数名でともに暮らす形態を生み出した。入所施設のように大規模なものではなく、それゆえ地域社会のなかに位置するような住まいが設立されるようになった。一九七七年、一六か所の共同作業所が結成した共同作業所全国連絡会は、二〇〇一年から略称であった「きょうされん」を正式名称として、今日では働く場、活動の場、生活の場、グループホーム、入所施設、あるいは生活支援センターなど、幅広い

「卒後」の場の連絡会として活動を続けている。現在、会員作業所数は一八六〇か所にのぼる（二〇二二年七月現在）。

それに対して、就学運動は、いわゆる障害児を障害児としてまとめるのではなく、地域の学校のなかに溶け込ませていこうとするものであり、それゆえ障害児やその親たちを一か所に集めるのとは逆行する性格を持っていた。それもあって、卒後についての運動はそれほど活発とは言い難いが、それでも連動していたり、近しかったりする運動はある。

第一に、「共に働く」場づくりとして、同一時給など、健常者スタッフと障害者スタッフを賃金の上で区別しないやり方を採用していることがある。これは、多くの福祉作業所が、障害者は「利用者」「メンバー」とみなされ格安の給料で、支援者は「職員」「スタッフ」とみなされ最低賃金以上の給料をもらっており、両者の間の給料格差は非常に大きいことと比較すると、対照的である（詳しくは第3章で述べる）。

第二に、親元を離れた暮らしを打ち立てていくことが考えられる。だが、この点については、就学運動のなかからはなかなか動きが出てこなかった[28]。親と教員が中心の運動であることが多かったため、親元を離れた暮らしを「親が」作るという矛盾した事態になりかねず、多くの就学運動が扱いかねる事態となっていった。

多摩地域は、そうしたなかで、独自の道を歩み始める。その経緯とそこでもたらされたものについては、次章で述べることとしたい。

7 排除に抗するとはどのようなことか

(1) 一緒ならいい、ではない

さてここで、就学運動や共生教育論が問うてきたことについてまとめよう。就学運動や共生教育論は発達保障論を批判したわけだが、その主要な論点は、当該のシステムにサブシステムを作って包摂するという、発達保障論の基本的な戦略そのものだった。排除への抵抗は、すなわち包摂だと言われ、機能分化した現代社会においては、排除はシステムごとになされるのであり、だとしたら排除に抗するのならシステム包摂を試みるのが一般的な回答だろう。だが、果たしてそれでいいのか。これが就学運動や共生教育論が問うてきたことだった。システム包摂は、結局は排除の一形態でしかないのではないか。真の意味で排除に抵抗しようとするなら、そうではない道を探らなくてはならないと、そう主張してきたのである。

それでは、サブシステムを生成するなどはせず、とにかく同じ場に無理やりにでも置けばそれでいいのか。あるいは、「障害児」というレッテルをなくせばいいのか。

もちろん、そうではない。学校という場は、真空状態なわけではなく、いつもさまざまな力学が働いている場だからである。たとえ、同じクラスに置き、「障害児」と「健常児」というレッテルや区別そのものをなくしたとしても、また別様のレッテルや区別が生まれうる。

この点を正確に理解するためにも、もう一度ルーマン＝渡會の議論に立ち戻ってみよう。ルーマン＝渡會の議論は、「障害児」というラベルに関するだけの議論ではない普遍性を持っている。その普遍性に基づいて考えるなら、「障害児」というラベルが学校からなくなれば排除がなくなる、とは簡単には言えないことが見えてくる。

たとえば、近年になって問題視されている、発達障害の子に対する周囲の無理解について考えてみよう。知的な面ではあまり他の子と変わらないタイプの子どもたちが、感覚や神経回路が異なるために反応や対応が異なり、その子なりの状況や想いを周囲に誤解されてしまうという問題である。本当は他の子と一緒に遊びたいという思いがあっても、その思いの表出の仕方が異なることから、ひとりの世界に閉じこもっているのだとみなされてしまったり、単に思ったことを率直に言っているだけなのに、悪意で言っていると思われてしまったりということは、繰りかえし起きている。

そうしたときに、周囲との間のズレがトラブルの原因だとはみなされずに、本人の「人格」の問題だとみなされることがある。人とかかわる気がない、悪意ばかり抱いているような、「人格的に偏った人」と言われることがある。ひどいときには、「サイコパス」「人間として問題がある」など、人格非難の用語が用いられることもある。

そうした場合、その子たちは「人（パーソン）」としては、「人格的に問題のある子」と位置付けられてしまっているのだともいえよう。「障害児」ではないが、「人格的な問題」としてレッテルが貼られてしまったのだともいえる。

そして、いったんそのようにみなされてしまうと、相互作用場面で生じるトラブルやズレのあれこれがすべてその子のせいにされていきがちである。その子には関係のないことがその子のせいにされてしまったり、周囲が一方的に押し付けているがゆえの問題もその子のせいにされてしまったりする。

これもまた、「人（パーソン）」としては、多様性が極端に制限されているといえよう。「障害児」というレッテルが貼られてしまうときと、構造的にはよく似たことが起きているともいえる。このように、「障害児」という制度的なレッテルが排除につながるのと同様に、自然発生的に生まれる「人格的に問題のある子」というレッテルが排除につながることもある。

そして、そうしたときには、「障害児」というレッテルが逆に、排除への抵抗として機能することもありうる。その子に「障害児」というレッテルをあえて与えることが、その子の「人（パーソン）」の多様性を極端に制限しないことに寄与することもある。「障害児」として「理解」しようとすることによって、問題のある行動に見えていたのが、単に周囲の人間のかかわり方がその子に「合っていなかった」だけであり、ちょっと周囲が修正すればいいのだとみなされることもある。それは一面では、その子の「人（パーソン）」の多様性を広げたともいえるだろう。一九八〇年代後半以降の発達保障論で、インクルーシブ教育を目指そうとしてきた人たちは、この点に注力しているように見える。

つまり、障害というレッテルが付与されることだけがその子の「人（パーソン）」の多様性を極端に制限するわけではないのである。障害というレッテルが付与されても多様性が維持されることもありうるし、逆に障害というレッテルが付与されなくても、「人格的に問題のある子」などの形で多様性が極端に制限されてしまうこともある。

問題はその人の「人（パーソン）」が多様性を極端に制限してしまうかどうかという点にある。制度的なものにせよ、自然発生的なものにせよ、そのレッテルが極端に多様性を制限するときが問題なのであり、レッテルの種類そのものが問題なわけではない。

その意味では、共生教育論や就学運動が問うたテーマは、本来は、同じクラスに子どもたちを置くかどうかという話にとどまらない射程を持つ。発達保障論が排除に対してサブシステムの生成による包摂を回答として自明視し、それ以外を認めようとしなかったことへの批判として、そのような主張をせざるを得なかったのは確かだが、本質的に問うていたのは同じ教室かどうかにとどまることではなかった。

言い換えれば、排除への抵抗は、本当にシステム包摂しかないのか、というのが問いだった。システム包摂であれば、所詮は排除の一種になってしまう。そうではない、真に排除に抵抗する在り方を、我々は模索すべきではないのか。それが共生教育論や就学運動の立てた問いだった。

その問いの射程を正しく受け止めようとするのなら、ただ単に同じ場に身を置けばいいということにはならない。共生教育論や就学運動の立てた問いを先述のように理解するのであれば、「人格的に問題がある」といったレッテルが発生してしまうようなコミュニケーションのなされている場をただ維持しているのでは、それもまた排除の再生産でしかないことになる。そうではない道が問われている。

ただ、先に述べたように、共生教育論や就学運動は、「そうではない道」の内実について、ゲリラ戦法のような工夫や多様な発想については実に豊かな議論を残したが、統一した方法論を提示したかというと、決してそうは言えないだろう。教育システムが強く働く場において、システム包摂に抵抗しようとするなら、そうせざるを得なかったと言ってもいい。方法論を提示しようとするなら、別様のシステム包摂を論じることにしかならなかっただろうからである。

その意味では、私たちの手元にはまだ問いがそのままに残されているとも言える。システム包摂が排除でもあるという共生教育論や就学運動の問いかけを引き受けるのであれば、次に問われるのは、ではそうではない形で、排除に抵抗するやり方はあるのか、ということである。この問いはまだ残されている。

いわば、多摩地域の支援ネットワークは、この問いを追いかけていったのである。

(2) 排除だけが問題なのか

こうした問いにはしかし、もうひとつの問いも伴っていた。それは、「排除」という問題設定だけでいいのかという問いである。就学運動や共生教育論が主に問題にしてきたのは「排除される」問題だったが、「排除される」ことだけが問題なのか。

これを問題化してきたのは、「不登校」というイシューだった。これは、就学運動や共生教育論が盛んに議論された一九七〇年代から一九八〇年代と同じ頃、問題となってクローズアップされた。

不登校と就学運動は、複雑な関係にある。学校の現状に対するアンチテーゼという点では同じなのだが、就学運動が「学校からの排除」を問題にしたのに対して、不登校は単純にそうした問題としては立てられないところがあった。排除が問題なら、戻れなくてはならない。だが、不登校の人たちに対して、戻れることを目標と立てるのは、まさに排除や抑圧と経験されることが多かっただろう。「排除するな」というだけでは済まないものがここにはあったのである。

一九八五年に開かれた臨床心理学会のシンポジウム「公教育を見限る？——登校拒否体験を聴くことから」において、不登校の当事者である篠原史が報告した後に（篠原史 1986）、渡部淳と篠原睦治がコメントしている（渡部 1986, 篠原睦治 1986）。渡部は、学校教育のありようが不登校を生み出していると指摘し、「内なる学校を見限ろう」と言った。それに対して篠原睦治は共感を示しつつも、「ちょっと待ってよ」と、学校を見限るべきではないと述べ、いつか戻ってきてほしい（というより、教員としてはそう言わざるを得ない）と述べている。

中島浩籌が指摘するように、ここには本質的な問題が示されている（中島 2007）。第２章でも述べたように、就学運動は学校に対して批判的な姿勢を持っていたが、学校にこだわり続けた。渡部のように「内なる学校を見限ろう」という方向性は、おそらく多くの就学運動にかかわった人たちが共有していたものではあるだろう。だが他方で、篠原睦治が指摘していたように、学校の外にユートピアを求めるだけでは解決につながらないこと、排除してくる学校のありようを変えなければその他のシステムからも排除されるだけになる可能性が高いことも認識されていた。

就学運動や共生教育論の多くは、篠原睦治の立場に近かった。先に述べた通り、学校からの排除を放置すれば、結局は他のシステムからも排除されてしまう。それに特に、教員という立場でかかわっている人であるなら、「見限ろう」などというのはあまりにも無責任に感じられただろう。だから、学校を批判しつつ、学校にこだわり続けた。

だが、学齢期で学校に通うのが当然だとみなされていた子どもたちにとってみれば、問題はそう簡単ではない。排除されているのだから戻れるようにしなくてはいけないというのは大人の理屈であって、子どもにとってはとてもそう言い切れることではなかっただろう。だから渡部のように「見限ろう」という表現も出てくる。

当時、不登校の子どもたちをサポートしようとする運動（たとえば東京シューレなど）は、不登校は本人が学校を拒否したのだという、渡部のいう「学校を見限ろう」という方向性に近しい主張を強調していた（奥地 1991）。個人の病理ではなく、学校という制度の問題であり、それに対して本人が離脱の意思を示したのだと捉えたのである。

だがその後、不登校の当事者だった人たちが、学校のその後を踏まえながら訴えてきたのは、本人の意思だという捉え方も単純化しすぎだということだった。本人の主体的な選択だという捉え方が当時の社会状況のなかで持っていた意味の大きさを認めつつも、当事者たちの主観からすれば「選んだわけではない」という声があがった（貴戸・常野 2005）。

もと不登校の当事者である貴戸理恵は、その後も不登校の地続きの問題として「生きづらさ」について当事者たちが語り合う場にかかわり続け、「生きづらさ」を抱える人たちの状況を、場に「包摂されない」と表現している（貴戸 2022）。「包摂されない」という表現は、「排除される」とは重なりつつも大きく異なる。「排除される」のなら、抵抗するためには包摂を求めることになるが、「包摂されない」は包摂されることができないという意味であり、求めるのは単純に包摂ではなくなるからである。

問題は、「排除」だけではなく、「学校に戻ってほしい」と言えばいいということではない。かといって「見限る」という主体性を見出せばいいだけでもない。もちろん「包摂されない」人たちの側の病理という話でもない。

多摩市の就学運動では特に、親や教員が中心ではなかったこともあり、不登校もあたりまえに視野に入れられており、学校に通わないことを選ぶのも子どもの選択と捉えられていた。支援者の子どもたちにも学校に通わなかった人は少なからずいたし、「障害児」にも学校に通うことをやめる人はいた（いじめに遭っても通い続ける人もいた）。学校に対して問題提起をする姿勢は貫かれていたが、学校に通わなくてはならない、あるいは学校に通うのがあたりまえだという感覚は、多摩地域の支援者たちにはあまり強くは見られない。いや、学校には通うものだ、あたりまえだ、とは思っているのだろうが、学校に通わない人がいるのもあたりまえだ、と思われていると言った方が正確かもしれない。前者の「通うものだ」は社会の制度としてそうなっているという意味であり、後者の「通わない人がいるのもあたりまえだ」は、人の権利としてそうだという意味だろう。

つまりは、「排除される」ことに抵抗するだけが問題ではないのである。そのような問いだけを立てている限り、「排除する」側にしがみつかなくてはならなくなる。いわば、相手の土俵から出られなくなってしまう。それとは少し違う問いの立て方が、多摩地域では徐々に育まれていった。

確かに、排除には抗わなくてはならない。それも徹底して抗わなくてはならない。だが、抗うことだけが大切なわけではない。いま生きている人たちの暮らしをどうするのか、この人たちと自分たちはどう生きていくのか——つまりは「ともに生きる」という課題が、その向こう側にはあった。

これはおそらく、一九七〇年代の就学運動の頃からあったのだろうが、当時はまだ排除への抵抗が主眼だったろう。その後、子どもたちが大人になっていくにつれて、「ともに生きる」という課題に際しての障壁が変化していくようになる。それにともない、多摩地域の支援ネットワークは方針を転換する。そのとき多摩地域の支援ネットワークは、排除に抵抗することそのものより、「ともに生きる」という問いの方を重視する方向性へと、明確な一歩をさらに踏み出したのである。この点は次章で述べていくことにしよう。

（3）他者とともに生きるとはどのようなことか

そして、いささか飛躍するようだが、排除への抵抗は包摂以外にもあるか、あるいは排除に抗することにばかりこだわらない抵抗はあるか、という問いは、もっと広い射程を持っている。これは、他者とともに生きるということについて、社会のなかでさまざまに形を変えて問われていることでもある。多摩地域の支援ネットワークで言われてきた「ともに生きる」は主に障害者とのそれだが、それ以外にも社会のなかでは、他者とともにある、あるいは他者とともに生活することについて、さまざまに問われてきた。

そのなかでしばしば強調されるのが、一方では、他者を「理解」することの重要性である。相手がどのような背景を持ち、どのような思いを抱いているのか。それを「理解」することが、共生の第一歩だとはしばしばいわれることである。啓蒙主義的な共生論の多くがこうした方向性を持つし、多大な意義があることは誰も否定しないだろう。

ただ、「理解」しようとする試みには必ず限界があることもまた、多くの人たちが指摘するところである。「理解」がときに、相手を自分たちの既存の枠組みに押し込め、その本来の姿を歪るものとなりうることは、多く指摘されてきた。たとえば男性が女性を「理解」しようとしたり、もともとその土地に生まれ育ち、その国の国籍を有しているものたちが、国籍が違ったり、別の国から移民してきたりした人たちを「理解」しようとしたりするとき、実にしばしば、そうしたことは生じている。相手を自分の鋳型に当てはめ、わかった気になって、勝手な価値判断を重ねていき、それ自体が差別や排除の上塗りに見えることもある。

そうしたこともあり、他者論と呼ばれるような議論では、他者を「理解」するというよりも、ただその衝撃を受けとめ、耳を傾け、あるいは何かを求めるのではなくただ歓待するような、そうした姿勢を強調してきた。他者を明確に主題として挙げたのは、M・ブーバー（Buber 1923=1979）やE・レヴィナス（Levinas 1961=1989）など戦後の哲学者から始まるといわれるが、日本では特に一九九〇年代頃から、レヴィナスやJ・デリダ（Derrida 1997=2018）の議論を踏まえて、「理解」に相手を押し込めないような議論が盛んにおこなわれるようになった（鷲田1999; 湯浅 1999 など）[29]。いわば、「理解」とは異なる、もうひとつの他者への向き合い方である。

いまから振り返ると、発達保障論と共生教育論・就学運動の対立は、こうした他者に対する異なる姿勢の先取りだったと言えなくもない。発達保障論は、わけのわからないふるまいをする子どもたちとみなされていた障害児たちを「理解」可能な存在とし、教育システムのなかに位置づけようとした。共生教育論や就学運動は、そうした障害児たちを、あるいは子どもたちを「理解」しきろうとする姿勢そのものに対して、強い違和感を示していたのだとも言える。共生教育論や就学運動からすれば、障害児を「理解」し、他の子どもたちも「理解」し、「教育」の対象としようとする発達保障論は、障害児、いや子どもという他者を、自らの鋳型に押し込めてしまう議論に見えていたのではないか。

そう考えてみると、共生教育論や就学運動が、障害児とそうでない子どもたちがともに学ぶための具体的な方法論をあまり論じられなかった背景がより明確になる。具体的な処方箋はあるだろうし、ある種のノウハウはあるだろう（実際、就学運動にはその蓄積がある）。だが、論としてそれを立てていくことは、他者を自らの鋳型に押し込めてしまう営みに見えてしまっていたのではないか。

言い換えれば、発達保障論が共生教育論や就学運動を反批判するときに、その議論の粗暴さを指摘することが多いのも、よくわかることではある。「理解」や把握を試みる人たちからすれば、他者論はあまりにも無責任に見えるだろう。ただ耳を傾け、歓待するという姿勢は、語るのは簡単だが、実際にそれを実践するとはどのようなことなのか。現実のレベルに落としてみたとき、その曖昧さや奇妙なほどの抽象度の高さは、中身のなさにも見えたことだろう。

もちろん、発達保障論と共生教育論や就学運動の「論争」は、個別具体的な学校や教育ということにかかわる「論争」だったのであり、他者について一般ではない。また、他者とともに生きるという問いは、何も他者論だけにとどまるものではない。ただ、こうした射程を持っていたことは確認しておこう。この点は、第3章や第6章でもう一度触れることとしたい。

8　排除への別様の抵抗を求めて

ではここで、多摩の知的障害者支援ネットワークが就学運動から始まったということが持っている意味について、本書なりの整理をしておこう。

就学運動や共生教育論がテーマとしていたのは、排除への抵抗はいかにして可能かということだった。もちろん、発達保障論もまた、排除への抵抗がテーマだったが、両者の違いは、どこに活路を見出すかという点にある。学校という場に対する評価が異なっていたため、両者は異なる方向で排除への抵抗を構想した。

発達保障論が導き出した回答は、教育システムのなかに療育というサブシステムを作り出し、そこに障害児たちを包摂するという、システム包摂だった。教育システムという、人びとに学ばせ成長させ「発達」を促すというシステムが、知的障害や自閉の子どもたちを排除しがちだったのに対して、学び成長し「発達」するということは知的障害や自閉の子どもたちにも可能であると主張し、療育という新たなサブシステムを、教育システムの内部に作り出した。このような発想が可能だったのは、発達保障論が原則として学校という場をエンパワメントの場、すなわち教育システムという理念や考え方が実践される場と捉えていたからである。

それに対して共生教育論は、学校という場、特に教員と生徒とのかかわりについては、むしろ権力関係や排除の再生産される場と捉える傾向にあった。だから、システム包摂が持つ排除性に着目した。「障害児」と名指して個別のケア・支援を行うことは、教員と生徒の関係がまさしくエンパワメントでしかないのなら、「良い」ことだろう。だが、教員と生徒たちとの間に過酷な権力関係があり、生徒たちにとってもサバイバルの場であることを踏まえるなら、「障害児」と名指して個別のケア・支援を行うことは、他の生徒たちとの関係から当該の「障害児」を排除させていくことにつながると捉えられた。他の生徒たちとの間に本来なら生まれうる豊穣な関係性が、「障害児」という名づけによって過度に制限されてしまうとみなしたのである。だから、共生教育論は包摂のための方法論を語ることも少なかった。場を共有させ、コミュニケーションを多発させようというのが主だった。

こうした就学運動や共生教育論の問いかけは、今日においても大きな意味を持っているだろう。ここで問題にしているのは、同じ教室で学ぶかどうかということそのものではない。システムへの包摂という形が、本当の意味で包摂と言えるのか、実は相互行為場面においては排除でしかないのではないかという点である。この点は、今日であってもアクチュアルな問題である。

言い換えれば、「障害児」というラベルを用いなければいい、ということではない。何もない真空の社会などあり得ない。ある程度子どもたちがそろっていれば、そのなかでも「人間的に問題がある」などのラベル付与によって、排除は生じうる。

そうした排除への抵抗も含め、いかにして排除に抗していけばいいのか。発達保障論のようにシステム包摂によって排除への抵抗を目指すのではないとしたら、どのような排除への抵抗がありうるのか。就学運動や共生教育論が本質において私たちに問いかけているのは、この点なのである。

多摩地域の「ともに生きる」運動が引き受け追求したのも、この問いだった。多摩地域の場合には、親や教員が中心だったわけではなかったことから、当初から問いは学校に限定されていなかった。そして、「地域のことは地域で」と活動が展開されてきたため、地域のなかで、子どもたちのコミュニケーションを豊饒化させていくある種のノウハウのようなものも蓄積されつつあった。

だが、それでも当時は、ごく一部の、特に問題意識を持ち、また時間と労力をかけられる、運動家たちだけのものだったろう。また、そのように熱心な人たちであっても、子どもたちとのかかわりは、いまのような自立生活支援から見れば、やはりごく限られたものでしかなかった。結局は、本人たちの子ども時代においては、親たちこそが、知的障害や自閉の子どもたちが地域から奪われるのに抵抗する、もっとも重要な結節点であり、最終的なアクターだったたからである。親たちがいなければ、子どもたちの暮らしも、そして運動家＝支援者たちの活動も、成立しようがなかった。

そうした状況は、子どもたちが大人になっていく過程で、大きく変化していく。この過程を第3章で論じていこう。

註

1　ここではあたりまえのように「就学運動」と呼んでいるが、就学運動という表現は、主に、障害児であっても普通（通常）学級に通うことを保障すべきだという立場の人たちが用いるものであり、発達保障論はあまりこうした表現を用いない。発達保障論は、子どもたちの就学機会を確保しようとする運動であり、それもひとつの「就学運動」ではあった。ただ、発達保障論が障害児の行く先として養護学校であるべきだという立場を取っていたため、共生教育論をはじめとして、障害児を普通（通常）学級に入れることを求める運動の側は、自らのことを「就学運動」と呼んでおり、発達保障論の運動を就学運動とは呼ばない。

2　発達保障論の歴史的展開に関する研究は数多くあるが、共生教育論や就学運動に関する研究は決して多くはない。両者の現状を象徴的に示しているともいえよう。

3　正式名称は「教育を考える会」だったが、通称「がっこの会」で知られる。国立小児病院で一九七〇年一二月に「就学問題に悩む親の会準備会」として発足、一九七一年三月に発足した。中心的人物である渡部淳は、一九六五年より世田谷区の国立小児病院心理検査室に勤務していた。患者に行う知能テスト等に対して疑問を抱いており、一九六八年に自閉症児向けのデイケアを開設して二年半経つうちに、それまでの精神医学や治療者たちの「自閉症」への取り組みに対して根底から疑問を抱くようになったという（高橋 2019: 75）。

4 子供問題研究会は、一九七二年に「第一回教育を考える会」を開催した（日本臨床心理学会編 1980: 332）のが始まりで、呼びかけの代表は篠原睦治、当時は東京教育大学で教鞭をとっていた。当初は普通学級に入るという入口部分での日常的な交渉や助言が活動の中心だったが、一九七〇年代にはいると授業の問題も議論されるようになっていった（中田 2019: 107）。出版物に子供問題研究会（1976, 1980）など。歴史と思想をまとめたものとして堀智久（2018）。

5 一九七四年に障害児通園施設「ひまわり教室」を金沢市内に開設、二〇一一年まで代表を務める。二〇〇一年から二〇一四年まで「障害児を普通学校へ・全国連絡会」の代表を務めた。

6 ここでいう専門家には、医師や特別支援教育のスペシャリストなどが含まれる。特定の国家資格等の制度がない人も含まれるため、「専門職 profession」ではなく「専門家 expert」と呼んでおこう。当時の論争で用いられていた表現も、主に「専門家」である。なお、日本では欧米流の「専門職」制度がなかなか根づかなかったこともあり（もちろん医師や弁護士などの古典的専門職は別だが、それでも医師の専門職団体の持つ力は欧米に比べれば限定的である）、より曖昧な「専門家」（professional や specialist、expert などの区別が不明確）という表現の方が好まれがちである。

7 石川憲彦は、カードや事物と一対一対応で覚える「ことば」は本質的ではないと批判する。たとえば母親からしてどうしても許せないことをした障害児が母親から拒否的な言葉をかけられたときに、その子がポロっと涙をこぼしながら「ママ」と言い、思わず母親が抱きしめてしまったという例を挙げ、「ママ」という言葉は単に人を指すのではなく、「おむつが汚れて気持ちが悪いときに飛んできてくれる母親の感じ。おなかがすいてるときにおっぱいを与えてくれる母親の感じ。あるいは泣いても泣いてもなかなか来てくれなくて、それでも泣くと、邪魔だという厳しい顔をする母親の顔、そして何よりも『ママ』といったら、ああ自分を呼んでくれたと思って、その言葉に動かされるある人間、それが『ママ』です。『ママ』というのはそんな、全体的な言葉なわけです。」と述べる。こうした全体性を了解しなければならないという。

8 たとえば嶺井正也は、発達保障論と共生教育論の対立点を三点にまとめているが、どれも「発達」概念にかかわる論点と専門家重視の議論に対して「子どもたちの育ちあう力」を重視したという論点にまとめることができる（嶺井 1997: 48-49）。

9 日本臨床心理学会は一九七〇年代に自らの専門性について根底から問い直し、「される」側であるクライアントの視点に立つことの重要性をテーマ化していった（堀智久 2013）。

10 さらに、津田道夫（「障害児の教育権を実現する会」）は、すべての障害児を普通学級に入れるべきかどうかについては保留とする立場ながら、共生共育は障害児のためだけのものではないことを指摘している。「障害者締め出し、障害者差別の解消は、たんに〝障害者のため〟というだけの問題ではなく、全般的な社会生活の向上にも、不可分に結びついているということだ。いいかえれば、障害者問題の解決は、全般的な社会生活の向上の一部を形づくっているということなのである。これを人間の思想の問題にひきつけて考えれば、それこそ〝さげすみからの解放〟ということになるであろう。」（津田道夫 1984: 261）と述べる。

11 篠原睦治はこうした批判に対して、田中昌人の議論が近代的人間観の枠内にとどまったものにすぎないと反批判している（篠原 1986: 90-117）。

12 茂木俊彦は、発達心理学の研究者で（広島大学、立正大学、東京都立大学、桜美林大学など）、全障研の第二三期~三六期の全国委員長を務めている。

13 その他に、同じような障害を持つ子どもたちとともにいる方が「居場所」を得られるという捉え方も示されることがある（茂木 2004: 112-113）。

14 この「論争」を真っ向から取り上げて検討した論者は多くはないが、そのうちのひとりである福島智は、発達保障論は①教育権の獲得、②発達保障論、③障害の軽減に価値を置き、共生教育論は①障害の肯定、②障害ではなく差別からの解放、③既存の学校教育への批判だったと整理している（福島 1991）。また、佐藤貴宣（2015）は、発達保障論は①障害の程度等によって適切な場所に配置すべき、②専門家を重視、③障害の「克服」を重視、共生教育論は①ともに学ぶことを重視、②専門家重視を否定的に捉え、③「克服」を目指すのは差別を助長しかねないと批判したと整理している。

15 障害学では「障害 disability」は当事者に存するというより、社会が当事者に不利益を押し付ける構造になっているがゆえに存在すると指摘しており、こうした見方を「社会モデル」と呼ぶ（Oliver 1990=2006, Barnes, Mercer & Shakespeare 1999=2004）。ただ、身体障害の当事者を念頭に置くことが多かったためか、ディスアビリティを物理的なバリア（たとえばスロープやエレベータの不備）として捉える傾向があった。そのため、「社会」に還元できない、当人が抱える痛みを無視しているという批判もある。星加良司は、そうした批判が出てくるのは、ディスアビリティを「社会」として固定化したゆえであるとし、当人と社会の相互作用過程にディスアビリティを位置づけなおし、ディスアビリティを「不利益の集中」と捉えた（星加 2007: 193-210）。榊原賢二郎はさらにルーマンの社会理論を用いながら社会モデルをより精緻化させている（榊原 2016）。

16 「差別のこうしたからくりを知ると、これまであたりまえとおもわれていたことが大きな問題を含んでいることがわかりました。就学免除を前提にして重症心身障害児施設や重度障害児収容棟、小児精神病棟への入所が決定されるのは教育権のはく奪です。精神薄弱児施設に医師がいないことや、手術をすべき身体障碍者に手術させせないのは医療権のはく奪です。働けるのに働く場所がないのは労働権がうばわれているのです。精神薄弱や聴覚障害を理由に運転免許がえられないのは生活権のはく奪です。在宅投票制度の廃止は多くの障害をうけている人びとの選挙権を奪ったことになります。」（全国障害者問題研究会編 1986: 86）

17 大きくなってから以前を振り返って評価することはありうるが、これはあくまでも事後的な自己決定でしかなく、大きくなってから自分の人生を肯定しているからといって、それがその人の自己決定だったと言い切っていいわけではない。ひとりの人間が二つの人生を生きられない以上、本当の意味での比較考量は不可能であり、あくまでも後付けの評価にすぎない。

18　たとえば北村小夜は、「子どもたちにとって学校が単に「お勉強」だけの場所ではなく、とりわけ「障害」児にとっては多くの友だち（それはまた、彼らにとって〝生きる力〟のひとつでもあります）と、関係を切り結ぶ生活の場そのものであることは、深く彼らとつき合っているものにとっては当然すぎる事実です。」と述べている（北村・志澤 2010: 76）。北村は教員であり、エンパワメントの観点を強く持っており、あくまでも教員という立場から共生教育を訴えたが、学校という場を「生活の場」と捉え、またそれが障害者を排除する社会の縮図であると捉えることから、たとえば養護学校を基盤に地域の民主化と排除への抵抗を訴える発達保障論を厳しく批判し、学校そのものの「民主化」と学校そのものを排除しない場へと変えていくことを求めた。

19　別の言い方をするなら、共生教育論は終始、教育社会学の用語を用いるなら、「隠されたカリキュラム hidden curriculum」に注目する傾向にあったともいえるだろう。「隠されたカリキュラム」は、学校側が意識的に整え、生徒たちに提供するカリキュラムとは別に、言語化されない形で子どもたちに課せられ、伝えられるカリキュラムを指す（Apple 1979=1986, Illich 1971=1977 など）。

20　たとえば医療機関の利用や服薬について、前向きに考えている親も少なくない。要は、子どもがその人なりに過ごせればいいのであり、「○○論」で考えているわけではないのだろう。

21　ただ、教師の位置づけについては共生教育論の間でも違いがあったようである。東京都を中心にしたがっこの会（渡部淳）や子供問題研究会（篠原睦治）は教師による介入をあまり肯定せず、子どもたちの関係に任せる傾向にあったが、関西で活躍した教員である宮崎隆太郎（宮崎 2004 など）は子どもたちに任せれば差別や排除が再生産されるだけだという認識に立っていたという（二見 2020）。

22 ルーマンの教育システムに関する議論は変化しており、前期ルーマンは教育システムにおける象徴的に一般化されたメディアを「成績」と捉えていたが、中期ルーマンは教育システムには他の機能システムと同じような二分されたコードはないという見方に転換し、後期ルーマンでは、教育システムは成績づけと本来の教育と言う両者の間のパラドックスをたえず抱え込むが、かえって、そのパラドックスをばねにして、活動・コミュニケーションを続ける、と位置付けた（石戸 2000: 60-78, Luhmann 2002=2003: 55-104）。「成績づけに偏していて本来の教育がなされていない。あるいは、子どもをのびのびとさせるのはよいが、学力が身についていない…このような批判の間を揺れ動いて、教育システムは環境に対して自己を境界付け、オートポイエシスを展開するというのである」（石戸 2021: 16）。

23 倉石一郎はこれを、教育システムに障害児を包摂するという試みであると同時に、「二級市民」的立場に障害児たちをとどめおくという排除でもあると捉え、ここに排除と包摂の入れ子構造を読み取っている（倉石 2021: 29-30）。なお、倉石によれば、金井康治の就学運動は、創発的包摂と呼ばれ、入れ子構造から抜け出す包摂と位置付けられている（倉石 2021: 119-126）。

24 いま大学にきている学生たちは、私と異なり、学校の中に養護学級や特別支援学級があった人たちであり、私に比べれば子ども時代に「障害者」とかかわる経験があった人たちである。だが、学生たちの表現には、学生たちにとって「障害者」がいかに多様性を制限された存在だったかがよく示されていることがある。たとえば、障害のある人を講演に呼ぶと、どうしても「障害があっても生き生きと過ごす姿に元気をもらった」という言葉が出てくる。また、演者が運動家でいささか戦闘的に語りかけたときには「どう接したらいいのかがわからない」と言う。これらの定型化された表現には、あるタイプのかかわり方しか想定されていないことが如実に示されている。

25 S・トムリンソンは、イギリスやアメリカの特殊教育の問題を指摘し、中でも情緒障害・知的障害については専門家の判断にゆだねられる部分が大きく、自由主義的市場政策などの影響を受けやすいことを指摘している（Thomlinson 2017=2022）。

26 就学運動の担い手のなかには、北村小夜は教員の立場から（北村・志澤 2010）、石川県の徳田茂ら「ひまわり教室」の人たちは親の立場から（徳田編 1994; 徳田・野田 1999）といったように、教育研究集会などを通して教員たちに積極的に働きかけてきた人たちもおり、その成果が含まれていると考えることもできる。

27 療育というサブシステムが生成することは、養護教育（あるいは特別支援教育）という教職の専門職化professionalization と不可分だろう。志茂こづえはアメリカの特殊教育の浸透とその担い手である特殊教育教師の専門職化がいかに連動しながら成立したかを明らかにしている（志茂 2023）。

28 全国連などの組織レベルで見るとこういわざるを得ない。もちろん実際には、就学運動から自立生活支援（そのような名前を用いなくとも）に移行したケースはいくつもある。ただその多くが、ひとりの知的障害と自閉の人について、就学時から卒後まで支援し続けているというケースで、多摩地域のように複数の人たちが就学運動から自立生活へと移行した地域はあまり見られない。東久留米市のグッドライフなど、知的障害と自閉の人の自立生活支援が多摩地域と同じ時期に複数のケースで進行した団体は、直接的には就学運動とのつながりを持たない（支援者たちの中に、就学運動とつながっていた人もいるが）。

29 E・レヴィナスの「顔」に関する議論は、他者を私によって支配・回収されることのないものと描き、それへの無限の責任を問うたもので、哲学において他者を真っ向から論じた最初の論考として、今日でも多く言及されている（Levinas 1961=1989）。「歓待」は、J・デリダの言葉で、異なる他者をそのままに受け入れるものとして提示された概念であり、他者とともにあることについて根源から構想しようとするものである（Derrida 1997=2018）。これらを踏まえ、日本で展開された他者論としては、以下のようなものが挙げられる。たとえば、能動的な「語る」よりも受動的な「聴く」ことの中にある力を指摘した鷲田清一は、自身のヴァルネラビリティゆえに、他者によって変えられていく自己の姿を描き出した（鷲田 1999）。湯浅博雄は、他者を「私」の了解可能な存在としてではなく、自身に裂け目を入れられてしまうような、

「私」の一貫性が破られるようなものとして描きだした（湯浅 1999）。

第3章 自立生活支援の始まりと展開

たこの木クラブは、先にも書いた通り、当初は「子どもたち同士の関係づくり」から始まっている。だが、一〇年もしないうちに方向転換を迫られた。たこの木クラブとかかわっていた子どもたちが「大人」になっていったからである。それにともなって、たこの木クラブの活動方針は当初の「子どもたち同士の関係づくり」から、「当事者の『自己選択』『自己決定』『自己実現』を支援する」へと変わった。具体的には、高校進学や働く場づくりなどもあるのだが、なかでも、多摩地域のなかで特にたこの木クラブが主体的に担ったもののひとつは、自立生活の支援だった。

この章では、自立生活を支援するとはどのようなことか、そこから支援者たちが見出したものとは何かを整理したい[1]。

まず、多摩地域での経緯を簡単にまとめた上で、身体障害の人たちの自立生活の介助と、知的障害の人たちの自立生活の支援とが、どこでどのように異なり、どのような意味で同じだったのかを整理しよう。知的障害や自閉の人たちの自立生活支援は、その人と周囲とのコミュニケーションに多くのズレが存在しうることを前提とする。それゆえ、本人の意思を表示したものとして聞き取られたものに、ただ従うというわけにはいかない。ヘルパーたちは指示を聞く介助者にとどまるのではなく、自らもその人たちの生活のマネジメントにかかわることになる。見た目はパターナリズムのように見えるが、実際にはパターナリズムとは大きく異なり、むしろ自己決定を重視するがゆえのことである。

そのうえで、自立生活の支援に足を踏み入れるとは、支援者たちにとってどのような課題が浮かび上がるものだったのかを考えよう。自立生活の支援とは、親と異なり、同居していない立場の人間が、常に複数で、知的障害や自閉の人の暮らしのマネジメントにかかわることを意味する。そのため、支援者たちは、暮らしとは何か、生活するとはどういうことかについて、意識化していくことを迫られた。普段の自分の生活であれば無意識のままにやり過ごしていることを、あえて意識し、ともに考えていかなくてはならなかったのである。

そして、特に地域とのコンフリクトなど、「待ったなし」の事態が生じることがある。とにかく、何らかの対処を考えていかなくてはならない。それと同時に、問題が解決しないとしても、暮らしはまわしていかなくてはならない。

このように、知的障害や自閉の人たちの自立生活の支援では、従来の医療や福祉のサービス提供者が想定してきた範囲をはるかに超えて、生活とは何か、暮らしとは何かが考えられ、それに根差した支援が模索されてきた。そして同時に、「それでは明日どうするのか」という「次の手を打つ」方法が意識され、模索されてきた。

それではまず、多摩地域で自立生活がテーマ化されてきた経緯を振り返ってみよう。

1　子どもから大人へ

（1）進学、働く場づくり

子どもたちが中学校を卒業する年齢になってくると、「ともに生きる」上での障壁となるものの内実も変わってくる。義務教育の間は、養護学校や養護学級への振り分けに抵抗することが主眼となっていたが、子どもたちの成長に伴い、直面する課題は多様化していく。

具体的には、第一に、高校進学の問題である。中学校の卒業を前にして、子どもたちの一部は高校進学を目指すことになった。日本では一九八〇年代にはすでにほぼ九四％以上の子どもたちが高校に進学しており、他の子たちと同じように進学したいという思いを抱く子どもがいるのは自然なことだったが、高校については義務教育とは異なり、選抜試験が課せられ、一定の点数を取得しなければ入学を許可しないところが多い。就学運動のなかでも、それに対してどのような立場をとるかはさまざまだったようである。たこの木クラブや多摩地域の支援者たちは、点数など取れなくても地域の望む学校に進学できるようにすべきだという考え方の人が多く、何人かの子どもたちが高校に進学した[2]。

第二に、働くことを含め、地域のなかでの「卒後」の場づくりである。すべての子どもたちが進学を希望していたわけではなく、一部の子どもたちは明確に進学を拒否する意思を示した。では、卒業後はどうするのか。

卒後についても、「障害者」だけを別枠にしたような「働き方」は、多摩地域の支援ネットワークでは否定的に捉えられていたようである。「ともに生きる」ことを目指すなら、「ともに学ぶ」だけでなく、「ともに働く」ことも追及されなくてはならない、そう考えられていたのだろう。多摩市では、一九八四年から、かしのき保育園の保護者や保育者たちが中心となって、古新聞回収など、就学運動の先の問題を見すえた「ともに働く」実践が生まれていた。一九八五年にはリサイクルショップ「ちいろばの家」がスタートし、同一時給で障害のある人もない人も働くようになった（三井 2020a）。

そしてちょうどそのころ（一九九〇年代）、多摩地域で支援にかかわってきた女性たちの多くが、子育てがひと段落する時期を迎えていた。多摩地域の支援ネットワークの中心をなす女性たちは、その多くが団塊の世代に近く、一九九〇年代には子どもたちが手を離れていく。そうしたなかで、「ともに働く」という課題は、障害児たちの課題というだけでなく、自分自身の人生における課題と受けとめられるようになっていった。

たこの木クラブのなかにも、一九九五年に「たこの木企画」が作られ、「ともに働く」道が模索され始めた。当初はとにかく地域のなかに「ともにある」ような場をつくろう、というだけだったようだが、徐々に照準は「ともに働く」ことに据えられていく。たこの木ひろばを拠点として、「はこびや」と称して物販の一部を担うようになり、公園掃除などの活動も始めた。一九九七年から多摩消費生活センター内の売店「リンク&ショップはらっぱ」の業務を委託され、一九九九年には多摩市諏訪商店街に公団から店舗を借り、ともに働く第二の場として自然食品と手作り雑貨の店「あしたや」を構えるようになった。その際、たこの木クラブから株分けして、「あしたや共働企画」となった。二〇〇四年にはNPO法人あしたや共働企画となり、二〇一一年には多摩市諏訪商店街に古本・雑貨の店「あしたや・みどり」を開設した。初代の理事は、バオバブ保育園の関係者とともに、就学時健康診断反対運動からたこの木クラブにかかわってきた人や、八王子市で就学運動等に取り組んできた人だった。

あしたや共働企画は、当初から同一時給制を採用しており、「ともに働く」ことが目指されてきたが、拠点を持ち、法人化する過程で、障害者支援事業にかかわるようになっていった。二〇〇〇年に多摩市心身障害者（児）通所訓練等事業デイサービス事業運営補助金の交付が決まり、二〇一二年からは障害者自立支援法就労継続支援B型事業を開始している。障害者自立支援法就労継続支援B型事業になってからは、いわゆる「健常者」スタッフの最低賃金を確保するため、障害者手帳を持つスタッフとの間に実質的な賃金差が設けられた。それでも原則としては同一賃金であるという立場を崩さず、さまざまな年齢・性別・障害のあるなしにかかわらず、ともに働くことを目指してきている（和田 2020）。

もうひとつ、同一時給の「共に働く」場づくりがなされていたのが、「ワーカーズ・コレクティブ風」である。みどりの保育園の元保育者を中心に、生活クラブ生協の関係者たちが一九九〇年代に入ってから複数のワーカーズ・コレクティブを立ち上げていったなかのひとつである。一九九八年に設立され、多摩市の関戸公民館の食堂業務を委託されて、オーガニック・カフェ「風」を運営していた。障害者支援事業としての補助金は得ず、同一賃金を維持し続けたのだが、メンバーの高齢化や、ここでの経験を糧に次へと向かう人が出てきたこともあって、二〇一五年にカフェを閉店、団体としても解散している。二〇一六年、プレイルームゆづり葉の家が、就労継続支援Ｂ型事業を始め、「しごとば&のんびりCafé風（かぜ）の家」を愛宕団地の一角に開いた。運営の中心は若いスタッフに代わっているが、ワーカーズ・コレクティブ風にかかわってきた人たちも多数働いている（三井 2020a）。

いわゆる障害者雇用は、一般企業における障害者雇用にせよ、小規模作業所などの「福祉的就労」[3]にせよ、経済システムにおけるサブシステムを作ることによって、障害者を経済システムに包摂しようとする試みである。それに対して、「ともに働く」場づくりは、同一時給という形で、障害者と健常者を働く存在として向き合わせる仕組みだった。いわば、普通学級に子どもたちを同じ扱いで置いているようなものである。同じ賃金なのに、「障害者」は何もせず、「健常者」だけが必死で二人分働くのでは、あまりにもわりに合わない。そのため、同一時給のもとでは、障害者手帳を持たない人たちは、いかに手帳を持つ人たちを適材適所で働かせるか、どのように仕事を捻出し、またその人が担える形で依頼するか、知恵を絞ることになる。重度の知的障害や発達障害の人であっても、若くて健康な男性なら、中高年の女性よりも重い荷物を持つことができることが多い。掃除に関してならとても丁寧にやる人もいれば、華やかで目立つので客対応が向いている人もいる。誰に何が向いているのか、どうサポートすればその仕事をやり遂げられるのか、賃金分働いてもらうために、共に働く場の人たちは必死で努力を重ねていった。

同様の試みは、決して数が多いとは言えないが、全国的にみられる。その相互交流と制度的な保障を求める運動基盤として、「NPO法人共同連」が組織化されている。共同連にかかわる諸団体の多くは、「能力」に基づいた給料配分ではなく、皆が同じ時給で働く、あるいは同じように働き、給与については各人の必要に応じた分配とするといった発想に基づいて運営されている（共生型経済推進フォーラム編 2009, 共同連 2012）。世界的に見てもいくつもの地域において同様の試みはなされており、労働統合型社会的企業として注目されるようになっている（米澤 2011, 2017）。

（2）親と生活を分かつ

第三に、親と生活を分かつことである。これもすでに多摩市には、一九八〇年代に入所施設を出て介助を受けつつ一人暮らしをする知的障害の人がおり、いわば先例があった。そのため、早い時期から親と生活を分かつという可能性が意識されていた。

思春期になって、子と親の関係が難しくなることは珍しくない。知的障害や自閉の人は、介助が必要なだけに、親との間に適切な距離を取るのが難しいことが多い。だが、大人になったら親元を離れ、親と生活を分かつのが普通なのではないか。親と長く一緒に暮らさざるを得ないことの方がおかしいのではないか。そうした考え方が多摩地域では中心になっていった。

たこの木クラブでは一九九三年に臨時総会が開かれ、自立生活支援に踏み出すことが決定され、一九九六年度からは東京都社会福祉振興財団の「障害者自立生活プログラム」という部門でも申請するようになっていた（それ以外の部門ですでに助成金はもらっていた）。ちょうどそのころから、ある知的障害で自閉の男性が、切羽詰まった状況から、自立生活を始めることとなった。さらに、一九九六年から自立生活を練習する場がオープンした。のちに「かぼちゃ畑」と呼ばれる、古いアパートの一室である。

こうして、たこの木クラブは、当初立てていた方針と異なる道を行くのか、選択を迫られた。子どもたちの問題に取り組み続けるのか、それとも現に目の前にいる「元」子どもたちを取り囲む問題への取り組みに移行するのか。二〇〇〇年、深夜まで及ぶ話し合いの結果、たこの木クラブは活動方針を変える。「子どもたち同士の関係づくり」から、「障害のある青年たちの自己選択、自己決定、自己実現の保障」となった。

さらに、支援費制度の導入が議論されるなか（実際の施行は二〇〇三年四月）、市の受託を受けた事業所によるヘルパー派遣が構想されるようになる。たこの木クラブは二〇〇一年九月にNPO法人「まくら木」を設立し、それに先立ってのマッチング事業などをはじめ、それまでの個人の関係からヘルパー派遣事業という形を模索するようになる（ただし、のちの二〇〇四年にまくら木とたこの木クラブは別団体となる）。

それ以外にも多摩市では、みどりの保育園の元保育者のもとで、一九九六年にグループホーム「レーベンスバウム」が設立された。二〇〇二年からはプレイルームゆづり葉の家がNPO法人となり、ホームヘルプ事業を始めている。同じく一九九六年には、たこの木クラブの初期の中心メンバー（バオバブ保育園の元保護者）が「七生福祉園」利用者の地域移行の場として「さくらが丘生活寮」を立ち上げた（現在はNPO法人ちえのわが運営する生活寮もぐさと改名している）。その他にも、多摩市だけでなく、東久留米のグッドライフなどを中心としたグループや、日野市で二〇〇四年に立ち上げられた「NPO法人I&Lアシスト」など、複数のヘルパー派遣事業所が、多摩市で生活する知的障害や自閉の人たちにヘルパー派遣を行うようになった。

(3) 「子どもたち」から、個々の大人へ

たこの木クラブが二〇〇〇年に行った方針転換が持つ意味は小さくはない。就学運動なら、障害のある子どもたちとそうでない子どもたちは分けるべきではないとされた。それが、「障害のある青年たちの自己選択、自己決定、自己実現の保障」となると、「障害のある青年たち」をその他の青年たちから区別しなければ成立しなくなる。

もちろん、中心にいた人たちはほとんど変わらない。子ども会のときから通っていた子どもたちであり、その人たちにかかわり続けているだけである。それでも、この変化は決して小さなものではない。言葉遣いひとつとっても大きく変わってくる。

たとえば、この頃にたこの木クラブのニュースレターである『たこの木通信』は大きく様変わりする。それ以前であれば個人の氏名が挙げられることも多く、「障害児」という言葉はほとんど用いられないのだが、その後は「当事者」という言葉が頻出していくようになる。この「当事者」という言葉は、知的障害などの「障害」は人と人との間で生じている問題であり、にもかかわらずそこで生じる痛みや困難が一方的に「障害者」に押し付けられているという認識に立ち、痛みや困難を一方的に押し付けられている「当事者」、すなわち「障害者」と呼ばれる人たちを指している。このように、「障害者」という言葉は用いられてはいないが、実質的に「当事者」=「障害者」と、それ以外の人たちとの区別が、はっきりと導入されたともい

える。二〇〇〇年以後の通信は、それ以前のたこの木クラブの姿勢からすれば非難の対象となりかねない。

なお、このような活動の転換が、働く場の確保と自立生活という個別の論点だけから引き起こされたものではないことは確認しておきたい。ここで問題となっていたのは、子どもが大人になっていくということそのものである。

子どもが子どもであるうちは、行動範囲も狭く、一人で行動するよりも生まれ育った地域のなかで他の子どもたちとともに行動することが多い。親をはじめとして、小さい頃からの人間関係や環境のなかで自らを育む。だから、「子どもたち」という捉え方で良かった。子ども一人ひとりが、「子どもたち」という集団のなかで、どのように自らを捉え、主張し、選び、自己実現していくかをサポートしていれば良かった。

だが、大人になると、行動範囲は飛躍的に広がるし、趣味や進路、付き合う相手も、個別に本人が選ぶようになる。ときに、生まれ育った人間関係や環境から一歩出て、新たな人間関係や環境を作り出したり、選び取ったりする。このように、自己決定・自己選択・自己実現の範囲が、大人になると飛躍的に大きくなる。

そう考えると、子どもが大人になることで、「ともに生きる」のを妨げる障壁とそれへの向き合い方が変質していくのだともいえる。知的障害や自閉の人たちは、他の人たちのように、独力で自己決定・自己選択・自己実現を勝ち取っていけないことが多い。言葉を発することができない人は、他の人たちが流暢に言葉で自分を表現できるようになっていくなか、集団のなかで自分の思いを主張することが困難になっていく。他の人たちが、生まれ育った人間関係や環境から出て、自分なりに人間関係や環境を見つけたり作り出したりするなか、独力でそうすることが困難な人たちは、取り残されていく。その人たちの声を聴き取り、その人たちなりの自己決定・自己選択・自己実現を手伝うことが必要になる。

つまり、たこの木クラブの方針転換は、たまたま働く場づくりや自立生活が必要になったからというより、子どもが大人になるに伴って、「ともに生きる」という課題の表れ方が変化してくるがゆえの必然だったのである。言い換えれば、この章が明らかにしようとするのは、そこで具体的に直面する問題群であり、いわば大人である人たちと「ともに生きる」ときに向き合う課題なのだともいえる。

この章のこれ以降では、なかでも、自立生活の支援に焦点を当てる。ただこれは、自立生活が親と生活を分かつことを意味していたため、親が担っていたことの多くを支援者が明確に担うようになり、大人と「共に生きる」という課題の特性が特に見えやすいというためでしかない。第2節で定義するように、本書で支援者と呼ぶ人たちは、いわゆるヘルパーだけでなく、共に働く場での同僚など、多様な人たちを含めている。第4章以降で論じるようなやり取りも、ヘルパーだけのものではなく、広い意味での支援者たちに共通した姿勢である。

2　知的障害や自閉の人の自立生活と支援
——身体障害との違い

（1）身体障害の人たちによる自立生活運動

本節と次節で整理しておきたいのは、知的障害や自閉の人たちの自立生活を支援するにあたって、身体障害の人たちの自立生活介助とどのような差異化がなされたのか、という点である。ときどき指摘されるように、知的障害の人たちの自立生活支援と、身体障害の人たちの自立生活介助は、一見すると大きな違いがあるように見える[4]。だが内実をよく見れば、本質的には同じである。本質的には同じでありながら違うように見えるのは、知的障害や自閉の人たちが直面する困難についての支援者たちなりの理解があるためである。

日本における障害者の自立生活運動は、青い芝の会から始まる障害者解放運動のなかで、まずは身体障害の人たちによって進められた。二つの流れがあると言われており、ひとつはヒューマンケア八王子の中西正司を中心とした自立生活センター（ＣＩＬ）の拡大である。これはアメリカの自立生活センター（Center for Independent Living）の方式を日本に取り込んだもので、障害者自身が自らの介助者たちを集めて教育し、採用するというモデルであり、支援費制度の始まりとともに全国に拡大した（上野・中西 2003、中西 2014）。もうひとつは、新田勲（新田 2009, 2012）や三井絹子（三井絹子 2006）など、府中療育センター闘争の後に地域に飛び出した人たちの運動で、「要求者組合系」と呼ばれることもある。一般的なＣＩＬ像と比べると、障害のある人と介助者との関係が密接であり、「いのちを看あう関係」と捉え、介助者たちの生活保障を障害者自身の課題と据えていた（渡邉 2011, 深田 2013）。

多摩市の支援者たちと人脈としてつながっているのは、主に後者である（考え方には相違もあるが）。支援ネットワークの人たちのうち、複数の人たちが、三井絹子とかかわった経験を自分にとって重要な契機として語る。また、三井絹子のところで入所施設からの自立を勝ち取った木村英子が、のちに多摩市に移住し、自立ステーションつばさという団体を立ち上げており、たこの木クラブとともに、「多摩市在宅障害者の保障を考える会」を通じて多摩市と交渉しながら地域で暮らす障害者たちの生活保障を訴えてきた。

ではまず、身体障害の人の自立生活の介助において重視されていることをまとめよう。身体障害の人たちの自立生活運動では、それまで障害者福祉を覆っていたパターナリズムに抗して、無視され続けていた本人の意思を中心として生活を形作ること、健常者の声が大きくなりすぎないように障害者自身が前面に立つ仕組みを作ることが重視されてきた。たとえば、自立生活を始める際の練習のありようや、日常の介助場面での姿勢などにもそのことは示されている。

まず練習についてだが、身体障害の人たちの自立生活運動では、障害のある先輩に相談しながら、一人暮らしをするための練習として、団体が借り上げている練習室などで暮らしながら、介助付き一人暮らしのイメージを固めていってもらうことが多い。これは「自立生活プログラム」と呼ばれている。このプログラムは、本人のトレーニングという面を多分に持っている。施設に長年入所していたり、親元で暮らしていたりした人たちのなかには、コンビニで買い物をした経験すらないという人もおり、介助者を前にしても指示の出し方がわからないこともある。そのため、自立生活プログラムを使って、実際の自立生活を体験してもらうことによって、生活の組み立て方や介助者との付き合い方を学んでもらう。その際、先に自立生活を始めている障害者が先輩としてサポートするのである。

こうしたやり方は、ＣＩＬ系よりも要求者組合系の団体の方が徹底していると言われており、多摩市の自立ステーションつばさでは、自分でボランティアの介助者を集めてまわらなくてはならないとされている。そのため自立の練習中は、駅でビラを配ったり、電話をかけてまわったりと、日々の生活だけでなくボランティア探しに追われることとなる。こうしたやり方が採用されているのは、行政の制度だけでは介護者が埋まらない実態があり、制度がなくても地域の人とともに生きていける力をつけることを重視し、それを自立の概念と考えているからである。そこから生活や制度の仕組みについて主体的に考える力を身につけさせていこうとしているのである。

また、日々の介助場面においても、障害者本人の意思が重視されており、周囲は個人としてあるいは友人として口出しすることはあるにしても、原則としてそれ以上のことはしないとされている。本人の意思が中心となるべきとされ、「本人に聞く」が大原則である。

(2) たこの木クラブの自立生活獲得プログラム

それに対して、知的障害の人たちの自立生活や地域生活を支援する人たちのやり方は、かなり異なったもののように見える。

ここではわかりやすい例として、たこの木クラブが提唱した、自立生活に至るまでの練習の位置づけについて紹介しよう。たこの木クラブでは、身体障害の人たちの自立生活プログラムをトレースしながら、知的障害の人たちの自立生活に向けた練習を、「自立生活獲得プログラム」と位置づけなおしている。

やり方としては、たこの木クラブが借り上げる練習所「かぼちゃ畑」で二週間や数か月など、一定期間の間、自立生活を体験してみるというものであり、形式としては自立生活プログラムとあまり大きく変わらない。ただ、考え方が異なってくる。

自立生活獲得プログラムの特徴は、自立生活の「練習」は、本人が支援者を使いこなす方法を学ぶというだけでなく、支援者たちが本人と一緒に暮らしを形作っていくためにはどうしたらいいのかを学ぶものでもある、という位置づけにある。その内実について、たこの木クラブ代表の岩橋誠治は次のように位置づけている。

①とにかくまずは生活をしてみる
②本人が変わることよりも支援者が変わること
③毎日違う支援者が入るからこそ見えてくる当事者の姿
④当事者を試す
⑤支援者間の連携をどう作り出すか（岩橋 2008: 139）

こうした自立生活獲得プログラムは、岩橋によれば、「実は当事者よりも支援者の練習の場としてある自立生活獲得プログラム」という（岩橋 2008: 139）。身体障害の人たちであれば、あくまでも本人の練習の場と位置付けられていた自立生活プログラムに対して、「支援者の練習の場」と位置付けられているのである。

この背景にあるのは、知的障害の人たちに向けた介助とは何かという問いであり、認識だった。知的障害の人たちと周囲との間で生じる問題は、身体障害の人たちと周囲との間で生じる問題と、力点が異なっていた。それゆえ、新たなプログラムを打ち立てなくてはならなかったのである[5]。このことは、日々の介助の仕方の違いにも反映されている。

では、知的障害の人たちの自立生活を支援するというとき、その介助の内実は身体障害の人たちのそれと、どこがどう同じで、どう違うのだろうか。

3 「情報」「伝達」「理解」のズレ

(1)「当事者に聞いてはいけない」

ここで、末永弘による議論を参照したい。末永は、長年、東久留米のグッドライフを中心に、多くの知的障害や自閉の人たちの自立生活支援にかかわってきた。グッドライフはたこの木クラブとも数々の場面で連携して支援活動を展開してきている。そのため、末永の議論は多摩地域の支援者たちにもかなりの部分、当てはまる。

末永は、「当事者に聞いてはいけない」(末永 2008: 200)という[6]。先に述べたように、身体障害の人たちの自立生活の介助であれば、「本人に聞け」が大原則である。たとえ介助者がかなり言いたいことを言うような関係にあったとしても、「本人に聞け」という原則が揺るがされることはない。それに対して全く相反することを述べているようにも見える。もちろん、末永は本人に聞くことそのものを否定したのでもなければ、軽視したのでもない。そうではなく、「言葉だけに頼」るコミュニケーションに警鐘を鳴らしたのである。末永は、「言葉だけに頼らないコミュニケーション」（末永 2008: 201）の重要性を下記のように説いている。

私たちはごくあたりまえに、当事者だけでなく誰に対しても「質問してその人の考えを聞く」という形でのコミュニケーションを行っていますが、実はこれは次のような理由から非常に難しい事なのです。

①質問というのは、基本的に相手に対して「答えなさい」というメッセージを含む命令形のコミュニケーションであること。

②質問に対する答えの中身というのは、質問者が誰であるか、どういうニュアンスで聞かれたか、どういう場面やタイミングで聞かれたか等、質問者側の要因に大きく左右されてしまうこと。

③「言葉」というものが、そもそも自分の考えていることや思っていることを伝える場合に簡単な方法ではないこと。

つまり、もし本当に相手の考えや気持ちを理解したいならば、言葉で質問するよりもその人の顔や行動を何気なく見ていた方がよほど正確に理解することができるということです。（末永 2008: 201）

つまりは、言葉を介したコミュニケーションにおいて、こちらがした質問に対して相手が答えたときに、それがこちらの想定通りに読み取っていいものなのか、実際には異なるコミュニケーションがなされてしまっているのか、その点が不明確だから、言葉に頼ってはいけないと言っているのである。

（2）「情報」「伝達」「理解」のズレ

ここで言われていることを理解するために、ルーマンのコミュニケーションに関する議論を参照しよう。

ルーマンは、コミュニケーションが生じるとき、常に「情報」と「伝達」そして「理解」という三つの次元において、それぞれ異なる選択が生じているはずだという（Luhmann 1984=1993: 92-157）。ここでいう「情報」とは、発言の中身やメッセージそのものを指す。それに対して「伝達」とは、伝達をおこなうときにそれ自体が持ってしまう意味やコンテクストのことを指す。そして「理解」とは、「情報」と「伝達」を重ねて当人がどう了解していくかということを指す[7]。

ルーマンは、これら三つを分けることによって、一般的なコミュニケーションは常にズレと誤解を孕むことを示した。「情報」がそのまま相手に伝わるとは限らず、「伝達」がこちらの意図と異なる形で伝わることもあり、そしてそのセットをそれぞれが独自のやり方で「理解」をしていくことでさらにズレが生じる。コミュニケーションには必ずこうしたズレが含まれる。

これを末永の議論の文脈に持ち込んでみよう。「本人に聴いてはいけない」というとき、「情報」は質問内容そのものであり、「伝達」はその質問をする仕方、あるいは質問することによって生まれる文脈、あるいは質問をするということそのものである。そして、「理解」はその質問と質問することで生まれる文脈をどのような意味として受け止めるかということである。

そう踏まえてみると、末永が指摘していることは、次のように言い換えることができる。質問内容（＝「情報」）としては、「あなたは何をしたいのか」だったとしても、「伝達」としては、利用者に回答することを強いることになるというときもある。質問者は「情報」に注意を向けており、字義通り「あなたは何をしたいのか」と聞いただけで、相手の回答もそれに対する答え（＝「私はこれをしたい」）だと思ってしまうかもしれない。だが、質問された側は、「あなたは何をしたいのか」という言葉そのものより、質問者の忙しそうな様子に気を取られたり、

「まだかな」と待っている態度の方に意識が向いたりしているかもしれない。その結果、質問者に「早く答えろ」と言われていると「理解」するかもしれないし、「答えられないおまえが悪い」と言われていると「理解」してしまうかもしれない。

このような「情報」「伝達」「理解」のズレを踏まえると、知的障害や自閉の人たちとの間で生じるトラブルの多くが、それらのズレや行き違いで生じていることが見えてくる。知的障害や自閉の人たちは、こちらの言うことが「わからない」し、自分の言いたいことを「表現できない」としばしばいわれるが、それは単に知的障害や自閉の人たちが一方的に「わからない」「表現できない」というより、知的障害や自閉の人たちとその周囲の人たちとの間のコミュニケーションにおいて、「情報」「伝達」「理解」のズレや行き違いが生じているためであり、いわゆる「健常者」同士のコミュニケーションに比べると修正やごまかしが困難なためなのである[8]。

まず、ごく簡単な言葉遣いで末永の指摘を一般化し、パラフレーズするなら、次の六つのわからなさが、私たちの間にはある。

①情報と伝達のどれがどう私たちからアウトプットされたのかがわからない
②それらを相手がどうピックアップし、インプットしたのかがわからない

③インプットされた情報と伝達を、相手がどう理解しているのかがわからない
④情報と伝達のどれがどう相手からアウトプットされたのかがわからない
⑤私たちがそこからどうピックアップし、インプットしているかがわからない
⑥私たちがインプットされた情報と伝達を、どう理解しているのかがわからない

この六つのわからなさが、常にある。こちら側が「伝えた」と想定しているのは、あくまでもこちら側の想定でしかない。相手に何がどう「伝わって」「理解されて」しまっているのかはわからない。これは相手からこちらへの発信にも当てはまる。いつだって私たちに間には大きなズレがある。

少し例を挙げてみよう。ある人と話していたとき、その人が他の人との間でいかにツライ思いをしているかを話し、私の意見を求めてきた。なので、私なりの考えを話したのだが、その人は私に対して激しい怒りを示し始めた。怒らせたのは私の表現が悪かったからだろうと思った私は、まずは誤解を与えてしまったことについて謝罪し、そのうえでお互いの間の行き違いについて説明を試みた。だが、説明すればするほどその人の怒りは増していくようだった。徐々に私も疲れてきてしまい、面倒になって黙ってしまった。

すると、その人もしばらく黙った後、先ほどまでの激しい怒りがどこに行ったのかと思うほ

ど、いきなり普段の様子に切り替わって話し始めた。それなら私も黙っている必要がないので、会話に参加した。

そこでふいに思ったのは、その人にとって重要だったのは、会話の主導権の実感だったのではないかということだった。私が話した内容は、内容としてはその人に同情的であり、私についても謝罪でしかなく、その内容で怒りを買うとは思わなかった。だが、その人はあまり内容に留意していたわけではなかったのだろう。どちらかというと、どちらが先に話し出すのか、どちらが相手の言葉に自分の声をかぶせるのか、そこに注目していたのだろう。そもそも意見を求められたと思っていたが、そのこと自体が、誰が誰に発言権を与えるかという問題だったのかもしれない。

もうひとつ例を挙げよう。ある知的障害の女性と、その介助を担っていた女性支援者が話してくれたことである。二人が所属する団体で、知的障害の女性はある役割を担っていたのだが、ある日の会議で、資料を家に忘れてきてしまったことに気づいた。家はすぐ近くだったので、他のメンバーたちは「家に帰って持ってきてくれ」と言った。ところが、その女性はどうしても動かない。他のメンバーたちは「なぜ動かないのか」「会議が始められないではないか」と非難したのだが、それでも動けず、会議は延期された。その後、一部始終を見ていた支援者がこっそりと本人に「ここで帰ったら嫌われると思ったの?」と聞いたところ、本人は頷いたのだという。私に支援者が説明しているのを聞きながら、本人はやはり頷いていた。

その知的障害の女性は、言葉も多く使える人である。その場で帰ったら嫌われると思っていたとは、周囲のメンバーたちは想像もしなかったのだろう。むしろ傲慢さや頑固さだけを見て取っていたのではないか（おそらく私もその場にいたら同じように捉えていたと思う）。だがその人は、さまざまな「情報」「伝達」を受け取るなかから、そう「理解」していた。周囲のメンバーの苛立った態度はさらに危機感を強めさせ、なんとしてもその場から動くことができなくなっていたのだろう。周囲のメンバーたちに嫌われたくないから、いわばその人たちのことがとても大切だからやっていたことなのである。

これらのことは、知的障害や発達障害の人が相手だから生じるということではなく、どの人間関係においても生じることである。一般的な会話でも、私たちは「情報」「伝達」「理解」の違いを意識している。たとえば「今日は暑いですね」という挨拶は、「今日は暑い」という情報を伝えると同時に、それを伝えるということによって「挨拶」を成立させている。その重点の置き方やニュアンスについて、ズレが生じることは珍しくない。「挨拶」のつもりが嫌味に受け取られてしまったり、言葉の中身にこだわられてしまったりすることもある。

このような「情報」「伝達」「理解」のズレを、私たちは日常生活のなかで、多くの点でときに「誤解」したり、「正しく理解」したりしながら、やりくりしている。たとえば「大好きだよ」と何度も言うことに、その人の愛情を感じたり、あるいは「過剰だ」とその裏の意図を探ったりなどしている。だから、おそらく、知的障害や自閉の人が相手でなくとも、同じくらい「情報」「伝達」「理解」について、お互いの意識のズレがあることはあるのだろう。決して知的障害や自閉の人たちとのコミュニケーションが特異なわけではない。

ただ、多くの場合、私たちは「情報」「伝達」「理解」のズレに気づき、それゆえ行き違いが生じそうだと思えば、それを修正するし、相手にもそれを期待する。たとえば「今日は暑いですね」という言葉が挨拶程度ではない重みで発せられたと思ったら、「どうしたのですか」と聴き返すだろう。「大好きだよ」と何度も言われて「過剰だ」と感じれば、その裏の意図を探るための言葉を返したり観察したりするだろう（「なんでそんなに何度も言うの」と聞くかもしれない）。相手はそれらの私の反応を見て、ズレが大きくなっていることに気づき、修正を試みるだろう（「大好きって気持ちが溢れてきちゃったんだよ」と言うかもしれない）。そうすることで、お互いのズレは修正され、一致はしないにしても、少なくともトラブルになったり行き違いで誰かが苦しい思いをしたりする機会を減らしている。

知的障害や自閉の人との間では、しばしばその修正やごまかしがうまくいかないのだろう。知的障害や自閉の人は、言葉が思うように使えなかったり、言葉の使い方が独特だったりすることが多い。対していわゆる「健常者」の側は、自分たちの使い方が「正しい」と思い込んでいることが多く、なかなか別様の使い方について思いが及ばない。そのため、お互いの修正のプロセスが円滑に進まなくなってしまうことがある。このように、本来ならどのような人との間でも起きることが、知的障害や自閉の人との間では行き違いや問題として表面化しがちなのだと思われる。

そして、トラブルが多く生じることによって、知的障害や自閉の人たちは徐々に社会のなかから排除されていく。たとえば私としては精いっぱい配慮して慰めていたつもりなのに、その人はどんどん怒りを強めていくばかりだと、「この人は人の心がわからない」「自分のプライドばかりを優先して会話にならない」「まともにコミュニケーションができる相手ではない」といった評価につながるときがあるかもしれない。そこから、知的障害や自閉の人たちに対する一方的な排除までは、あと一歩である。

知的障害や自閉の人の自立生活を支援するというときであっても、身体障害の人たちの介助と同じく、本人の意思を確かめることはすべての中心となる。だがその中心となることそのもののなかに、知的障害や自閉の人と周囲の人たちとの間で生じる困難の多くが含まれている。そのため、「本人に聴いてはいけない」という、一見すると真逆の態度が必要になってくる。意思を確かめるとはどういうことか、私たちは本当にその人の意思を確かめるということができているのか、そのこと自体が問われてくるのである。

（3）支援者の「誘導」性――意思決定過程にはすでに影響が与えられている

こうしたことのため、身体障害の人の自立生活の介助と、知的障害の人の自立生活の支援とは、根本にある理念が同一であるにもかかわらず、具体的なやり方は大きく異なってくる。ここで、①支援者の「誘導」性、②支援者の「いい加減さ」、③全体の管理を誰がするのか、という論点に沿って述べていきたい。

第一に、知的障害の人たちの支援においては、介助者が自分の思いを堂々と口にするように見えるという点が挙げられる。先述した末永は、本人にどうしたいかを聞くときにも、ベテランの介護者たちは往々にして「自分は何がいいと思っているか」を先に言ってしまうと述べている（末永　2008: 202）。表面的に見れば「誘導」的な会話に見えるだろう。

だが、先に挙げた「情報」「伝達」「理解」のズレを思えば、「自分は何がいいと思っているか」を先に言ってしまうのは、正確にいうなら、「誘導」を試みているというより、無意識のうちの「誘導」を避けるためにあえて自らの心情を先に開示しているというべきである。「自分は何がいいと思っているか」は、「伝達」のレベルで、すなわち言い方や雰囲気、姿勢や目線などで、黙っていても案外と伝わってしまうものである。だとしたら、最初から明言しておいた方が、ズレは小さくて済む。

さらにいうなら、「誘導」はすでにずっとなされてきたともいえる。それぞれの人にはそれぞれの歴史があり、ある意思決定には常に文脈がある。知的障害や自閉の人たちは多くの社会的場面から排除されてきた。その「誘導」の結果として、いまがある。そう考えるなら、いまの段階で支援者がときにあからさまな「誘導」をすることは、いわば「逆張り」としての意味を持ちうる。

たとえば、ある支援者が、複数の利用者とヘルパーで公園に行き、ロバとラクダのどちらかに乗れるというときのことを話してくれた。多くの利用者がロバには乗ったことがあるが、ラクダに乗ったことはなかったため、全員がロバを選ぼうとしていた。そこでその支援者はあえて、「ラクダはいいぞ〜」「ラクダはステキだぞ〜」とラクダを推したのだそうである。

これは、一見すると、支援者がしつこく口を出すことによって、本人の決定プロセスに介入し、「誘導」しているようにも見える。そのような口出しをしなくても、本人にとってロバがいいのであれば、ロバでいいはずである。まさにパターナリズムに見える。

ただ、これはいわば、その人のこれまでの経験と、トラブルが起きないことを重視してしまう体制に対する「逆張り」である。一般的に、日常生活のなかで多くトラブルを経験している人たちは、トラブルを回避するために、一度経験していて見通しができていることを選択しがちである。初めてのことにトライしたことによって「失敗」し、責められるという経験を重ねていたり、周囲に止められるという経験を重ねていたりするからである。それに対する「逆張り」として、あえて強力に勧めるということがなされているだけなのである。

知的障害や自閉の人たちの自立生活の支援者は、しばしばあえて「誘導」的にふるまっている。それは、いまここの意思決定過程だけでなく、その人がこれまで置かれてきた環境、そこで与えられてきた影響に思いを馳せるがゆえである。表面上だけを見れば「誘導」的だが、すでになされている、あるいは知らないうちにしてしまっている「誘導」を修正するための「逆張り」であり、本人の意思を表面上だけで捉えないがゆえのやり方なのである。

（4）支援者のいい加減さ――いつ生じるかわからないズレに対処するために

第二に、支援者がときに、妙に適当でいい加減にかかわっているようにも見えることについてである。末永は、知的障害や自閉の人たちの自立生活の支援者について、次のように述べている。

> ベテランの介護者というのは一見ダラダラしていて、適当に介護しているようにも見えますが、実はダラダラと休みながら手抜きをしているのではなく、次に利用者がどういう行動に出るかを慎重に見ているという非常に緊張感のある介護だということの意味を、新しい介護者たちに是非とも伝えていきたいと思います。（末永 2008: 199）

「ダラダラ」「適当」に見える姿勢は、「次の利用者がどういう行動に出るかを慎重に見ている」という状態なのだというのである。

その他にも末永は、「遅刻しない介護者にいい介護者はいない」（末永 2008: 194）とも述べている。遅刻する介護者は、しばしば介護や利用者のことについて考えすぎていたりする。また、遅刻する介護者は、介護時間の延長に対しても柔軟に対処する傾向にある。逆に言うと、時間にリジッドで仕事を的確にこなそうとする介護者は、自分が仕事を的確にこなすことに集中しすぎるあまり、利用者やその周囲の人たちという他者に対して開かれなくなる傾向があるという。

実際、ベテランの支援者たちを見ていると、ときどき妙に適当でいい加減に見えることがある。利用者のなかには自分に対して注目が集まると敏感に反応してしまう人もいるが、そうした利用者についているベテランの支援者は、利用者とともに部屋に入ってきても、入った後はわざと少し離れた席に座っていることもある。また、介助中に携帯をいじっている支援者もいる。電話対応や相談対応など、真剣に聴いているように見えて、案外と適当に流していたり、自分の喋りたいことだけ喋っていたりするように見えることもある。見た目だけ取れば、「ダラダラ」して「適当」に見えるだろう。

だが、これらは実はかなり合理的かつ倫理的なふるまいである。なぜなら、「情報」「伝達」「理解」でズレが生じている可能性を踏まえていれば、いまこちらが想定しているのとは大きく異なる行動を相手が始める可能性に思いを及ばせていなくてはならないからである。また、利用者との間に一定の物理的・心理的距離を置くことで、生じるかもしれない不測の事態に対して準備をすることが可能になる。物理的・心理的にあまりにもそばにいてしまうと、それができなくなる。

たとえば携帯をいじって神経をそらしているくらいの方が、利用者によっては気詰まりでなく、過ごしやすいこともある。また、利用者と他の人との間で起きるズレに気づきやすいし、それに対処するやり方も複数思いつきやすい。近くにいすぎると、利用者と過度に同一化してしまったり、あるいは利用者を過度にコントロールしようとしてしまったりする。電話対応などで適当に流しているように見えるのも、コミュニケーション過程に存在するさまざまなズレを想定し、思わぬところから生じる行き違いやトラブルに対処するための前提となるようなふるまいである。毎回こまめに対応しているのは、いかにも誠実に見えるが、それが実は「対応」になっていなかったとき、つまりは相手が求めていたことをこちらがわかっていなかったときや、こちらが相手に無意識のうちに多くを強制していたときなどには、気づいたときには取り返しのつかないところまで事態が進展してしまっていることになるかもしれない。このように、一見すると手を抜いているように見えるふるまいは、実はかなり合理的かつ倫理的なふるまいでもあるのである。

（5）全体の管理は誰がするのか

第三に、全体をコントロールするのは誰かという点でも、見た目は違ってくる。末永はこの点を、何か起きたときの責任は誰にあるのか、象徴的な形で示している。従来型の福祉なら、福祉職の側がコントロール責任を負うと想定されていた。それに対して、身体障害の人たちの自立生活運動は、利用者本人の側がコントロール責任を負うという形で取り返した。ところが末永は、介護者にも利用者にも「一〇〇％の責任」があるのだと述べる（末永 2008: 206-210）。五〇％と五〇％などという形ではなく、それぞれに一〇〇％となるのは、責任の質が異なるからである。末永は「利用者にはもともと常に人としての責任、生活の主体者としての責任があり、介護者には仕事として介護をする上での責任があるのです。」（末永 2008: 209）と述べている。

この末永の表現は、ただこれだけを見ると、足し算としては成立しないし、禅問答のようにも見えるかもしれない。だが、ここまで踏まえてきた「情報」「伝達」「理解」のズレを踏まえれば、理解しやすい。

まず、ある行為や事態の責任をどこに帰するかは、その行為の意味付けによる。ある行為や事態の責任をAさんに求めるとしたら、その行為や事態がAさんの意志したものであると捉えたということを意味する。従来型福祉は、利用者に行為の責任を求めないという点では優しげに見えるが、実はAさんの意志の存在を否定しており、徹底して主体性を奪っていたのだともいえる。それに対して身体障害の人の自立生活支援は、利用者にフルの主体性を戻そうとしており、そのため利用者にも明確に行為や事態の責任を求めた。

では、知的障害の人の自立生活支援と同じく、本人に意志があるという前提に立っており、ある行為や事態を利用者Aさんが意志したものであると見えるのであれば、Aさんに責任があるということになる。その意味で利用者Aさんに「一〇〇％の責任」は求める。

ただし、「情報」「伝達」「理解」のズレに取り組むことは、支援者の職務であると考えてみよう。そうすると、たとえば金銭管理、健康管理、家庭内の管理、近隣住民とのやり取りなど、すべて利用者本人がすることであり、本人が主体ではあるのだが、どれも支援者のかかわりが必要になる。金銭を管理するにしても、家のなかのことを管理するにしても、あるいは近隣住民との関係にしても、それらを把握し実現していくプロセスは単独でなされるものではなく、常に支援者を含め、周囲とのコミュニケーションのなかでなされる。そのコミュニケーションの過程には、あらかじめ想定されていなかったようなズレがしばしば生じる。そのズレに取り組むことは支援者の責任だというのであれば、どれについても支援者にも「一〇〇％の責任」が求められることになる。

つまりは、そもそも足し算の問題ではないのである。足し算にしたくとも、お互いのコミュニケーションにズレが生じていて、しかもお互いにそれが把握しきれていないという事態がまず先にあるのなら、単純な足し算にはしようがない。比喩的にいえば、この数字表記が十進法か二進法かということについて、お互いに共通了解できているかどうかがわからない状態なのであり、そのなかで単純な足し算は不可能である。

だから、生活の管理をするのは本人なのだが、同時に支援者でもあるということになる。管理の主体は本人だけれども、その管理の過程に他者とのコミュニケーションが含まれ、そこにおけるズレへの対応やサポートが支援者の職務であるとするなら、管理の主体は支援者でもあるということになる。

(6)「支援」という言葉

こうして、知的障害や自閉の人たちの自立生活支援は、解きほぐせば明らかに身体障害の人たちの自立生活介助と本質的には同じことをしているのだが、それでも表面上は大きく異なることをするようになっていった[9]。

そこから、たこの木クラブを中心とした多摩地域のネットワークでは、知的障害や自閉の人たちの自立生活を支える営みについて、従来とは異なる言葉が用いられるようになった。

身体障害の人たちの自立生活を支える活動は、「介護」または「介助」と呼ばれてきた。「介助」という言葉にはどちらかというと本人の明確な自己決定に基づくものだというニュアンスがあり、従来あった「看護」や「介護」という言葉に比べて、本人の意思が中心にあるという意味合いが込められていた（ただ、これはどちらかというとＣＩＬ系の用法らしく、要求者組合系は「介護」を用いることが多いようである）。

それに対して、多摩地域では、知的障害や自閉の人たちの自立生活を支えることは、「支援」と呼ばれるようになっていった[10]。身体障害の人たちの自立生活を支える活動に比べて、少なくとも表面的にはかなり違いがあり、支援者はより能動的にふるまわざるを得なかったからである。そのニュアンスを込めて、あえて「支援」という言葉が用いられるようになった。ただ、現場でそれぞれの支援の枠を担うヘルパーたちには、「支援者」とは名乗らない人が多い。「介護者」「介助者」という呼称の方が、個々のヘルパーには好まれる傾向がある。それは、「支援」という言葉に託されたものの重みに対して、腰が引ける思いがあるからだろう。

逆にいえば、本人と周囲（支援者を含む）との間の情報や伝達のズレについて把握し、そのズレを解消していくという「支援」のモデルは、「達成」可能なものではないということでもある。介助なら、姿勢によってある程度達成可能だったのだろうが、支援はそもそも「達成」されうるようなものではない。「情報」「伝達」「理解」のズレはいつでも残りうるのであり、完全な消去は想定できないからである。

それでも、そこにこそ問題があるのは先に述べた通りである。知的障害や発達障害の人たちが生活していく上で直面する困難の多く、周囲の社会との軋轢の多くがそこに起因している。そのため、本来的に「達成」ができることではないにしても、少しでも努力することが課題とされ、「支援」と名づけられたのである。

こうしたことから、本書でもこれ以降は、知的障害の人たちの自立生活をサポートする人たちを「支援者」と総称することにする。

本書でいう支援者には、実に多くの人たちが含まれている。日々の介助を担うため、介助者派遣事業所から派遣されているヘルパーたちもいる。また、個々のヘルパー業務は担っていなくとも、金銭管理や親とのやり取り、ヘルパー間の調整などを担っているコーディネーターもいる。日々通う場（制度上、そして社会的な意味付けとしてもさまざまな場があるが、働く場であったり、単純に通う場であったりする）の運営を担っていたり、いわばヒラの立場で、障害のある人とともに働くという立場に立つ人もいる。あるいは近所に住んでいて、子どもの頃から知っているため、何かと声をかけたり、支援会議に参加したりするという人もいる。

多くの人は自分のことを必ずしも「支援者」とは呼ばず、「介助者」「同僚」「友達」などさまざまな呼称をその人と相手との関係に応じて用いている。

これらのさまざまなかかわりが総体として個々の人たちの自立生活を支えている。自立生活ということと介助者派遣ばかりが注目されがちだが、日中通う場が安定して確保されており、そこで良い関係が築けていることは、朝や夜の介助を担う側からしても非常に重要な意味を持つ。いわば、日中の場は自立生活のもうひとつの根幹である。また、多摩地域では、日々の暮らしのなかで、ちょっと立ち寄る場所を持っているという知的障害の人も少なからずおり、そうした場が、暮らしがまわっていくための鍵になっていることもある。

この章の次節以降で触れるのは、主に日常の介助場面である。自立生活の支援が始まることが支援者たちにもたらしたものに注目したいからである。ただ、第4章以降では、多様な場での支援者たちを想定している。

4　「生活をまわす」

(1) 親ではない複数主体が担う

さて、このように身体障害の人たちのそれとは少し異なるものとして始まった知的障害や自閉の人たちの自立生活支援だが、それでは自立生活支援が始まることによって、支援者にはどのような変化がもたらされたのだろうか。

それは端的にいえば、それまで親が担っていたものを、複数主体で担うということだった。

就学運動であれば、学齢期だったために、たとえばキャンプなどで親元を離れる機会があったとしても、基本的に子どもは親とともに暮らしている。そのため、生活上の細かい調整や周囲との軋轢の調整なども、実はその多くを親たちが担ってきた。多くの場合は母親が中心的な役割を果たし、その多くをひとりで担っていた。それが、自立生活が始まることによって、支援者「たち」の担うものとなったのである。

支援者は親ではない。その多くは、同居すらしていない。そのため、単独で生活を支えることはできず、常に複数で協力し合っていくしかない。このように一緒に暮らしてもおらず、生育歴を把握しているわけでもない人たちが、複数で、ある人の暮らしと人生をトータルに捉えてサポートしていくことになる。

そうなると、暮らしとは何か、日々の生活を形作っていくとはどういうことかを、支援者たちが皆で意識し、言葉にしていかざるを得ない。身体障害の人であれば、本人や同じ身体障害の仲間たちによって生活のマネジメントがなされるところ、知的障害の人たちであれば、本人に任せればいいとはいえない（本人に能力がないということではないことは、前節で述べた通りである）。そして親のように単独者で同居している人が担うのとは異なり、複数の異なる家庭出身者が協力して担っていかなくてはならないのである。自分の生活であれば特に意識することもなく済ませている数々の事柄を、あえて言葉にし、共有し、解決に向けて協力しなくてはならなくなった。

ここではまず、支援者たちがよく用いる、「生活をまわす」「生活を拡げる」という表現を手がかりに考えてみよう。「生活をまわす」というのは、暮らしや支援関係をマネジメントすることであり、「生活を拡げる」は、ルーティンを超えて、本人の世界を拡げていくことを意味する。

(2) 暮らしのマネジメント

まず、支援者の間でしばしば用いられている表現である「生活をまわす」ということについて説明しよう。これが意味するのは、①暮らしのマネジメント、②全体の連続性を踏まえてそのつどの支援を位置付ける姿勢である。

まず、暮らしのマネジメントについてである。山田昌弘が指摘したように、家事には炊事など個々の作業とはまた水準の違うものとして、家庭のマネジメント（山田 1994: 150-152）が含まれる。たとえば、冷蔵庫のなかに何が残っているのかを把握して、必需品を適宜買いそろえるなどである。洗濯も、洗濯機にかけて干すというだけであれば単純な作業だが、いつどれを洗うかという点ではマネジメントが必要である。炊事も、メニューが決まっていて材料もそろっていればスムーズだが、一般の家庭であれば、前日に何を食べたかなどを踏まえた上で、残り物を見ながらメニューを決めることになる。そして冷蔵庫に何が足りないかを把握して買い物に行き、適切なものを適切な量買って帰って、はじめて料理を始めることができる。その他にも金銭の管理やその日着る服の選び方など、マネジメントとして必要な作業はさまざまである。掃除も、ただ掃除するだけなら比較的難しいことではないかもしれないが、頻度や丁寧さ、あるいは使う人の使い勝手に合わせた形での掃除をするためには、高度なマネジメントが必要である。

知的障害や自閉の人の場合、本人に強いこだわりがあることもある。どんなに寒くなっても半袖しか着ないという人もいるし、暑くても長袖や上着を手放さない人もいる。食事のメニューにしても、偏食のある人も多いし、作り方に工夫がいる場合もある。洗濯についても、細かい人は本当に細かい。お金についても強くこだわりがある人もいる。

そして、支援者の側も、実はさまざまである。ヘルパーであればひととおりの家事くらいはできる人が多いといっても、新人の男性ヘルパーはあまり家事の経験がないこともある。ある程度キャリアのある人であっても、料理や洗濯、掃除が得意な人もいれば、苦手な人もいる。同じように「掃除をしている」といっても、人によってその細やかさは異なる。

また、家事と一言でいっても、自分の家の家事をやるのと、他人の家の家事をやるのとでは大きく意味が異なる。家庭内のことというのは、案外と細かいルールが多々あるもので、しかも他の人の家庭内ルールについてはなかなか知ることができないものである。台布巾と布巾をすぐそばにかける人もいれば、全く別のところに置くのが普通だと思う人もいる。皿や鍋を洗うスポンジと、シンクを洗うスポンジとを分けている人もいれば、同じにしている家庭もあるだろう。バスタオルを毎日洗う家庭もあれば、数日に一回という家庭もある。どれが偉いか、どれが悪いか、という話ではない。私たちの家庭はそれぞれであり、それぞれのルールがある。そして往々にして私たちは、自分の家庭のルールがすべてだと思い込みがちである。

そのため、利用者本人が持つルールと、支援者が当然視してしまっているルールとをそれぞれ意識することが必要になる。もちろん自立生活なのだから、利用者本人のルールが主体になるのであり、支援者は自分のルールを押し付けないように気を付けなくてはならないとされる。それでも、どこまで利用者が特定のルールを本心から好んでいるのかがわからないという声が支援者の一人から上がることもある（他のやり方を知らないだけなのかもしれない）。また、部屋の汚さに閉口した支援者が、利用者に「掃除させてくれ」と頼むというケースもある（が、許されることもあれば拒否されることもある）。いずれにしても、何がその人のルールなのかを把握し、自らが何をルールと思い込んでしまっているかも把握し、そのうえで利用者のルールを主体としていくためには、高度なコミュニケーションが必要になる。

そして、支援者は常に複数出入りしていて、ひとりではない。そうなると、単独者なら自然とできているさまざまなマネジメントが、実はかなり難しくなってくる。

たとえば洗濯のとき、ジーパンなど、毎日洗うわけではないが数日単位では洗う必要のあるものは、いつ誰が洗うのか。匂いを嗅いでみればいいのだろうが、判断の基準も人によって異なるだろう。また、洗濯機のゴミを集める網のなかに、ゴミが集まっているのかを確認して捨てるのは、誰がいつやるのか。フライパンなど、フッ素加工が剥げてきたら買い替え時ではあるのだが、それなりの値段もするため普段使いの財布からは出しにくいような出費でもあり、多くのヘルパーが「そのうち誰かがやるだろう」と思ってそのままにしてしまう。

単独者であるなら、身体感覚のようなもので、「そろそろ時期だろう」と感じるかもしれない。だが、日ごと入れ替わる支援者には、なかなか把握できない。というより、把握できていないということ自体が意識されにくい。このようなマネジメント事項が、生活のなかには数多く存在する。

知的障害や自閉の人たちの自立生活を支援するということは、これら日常生活のなかでのさまざまなマネジメントを意識し、議論の俎上に載せ、話し合い、ひとつずつ決めていかなくてはならないということを意味している。

（3）全体の流れのなかで支援を調整する

そして、自立生活が始まり、複数の支援主体が入ることになると、その支援者たちの連絡調整を行い、全体の流れのなかでの個々の支援の位置づけを考えることなどが必要になってくる。多様な支援者がかかわるようになると、支援者間の調整は欠かせない。たとえば何かちょっとした予定の変更があったとき、次に入るヘルパーや通う先との連絡調整が必要になってくる。それらの調整は、身体障害の人であれば自分でやるだろうが、知的障害や自閉の人の場合、連絡や調整は「情報」「伝達」「理解」のズレが先鋭化する事柄のひとつでもある。支援者同士が勝手に連絡調整しているだけだと本人がかえって混乱することもあり、本人を交えた形で連絡と調整を繰りかえすことが必要になる。

そして、個々の支援の内容についても、全体を見通しながら現在を位置付けていくという作業が必要になってくる。たとえば、自分が訪ねたときに楽しい時間を提供すればいいわけではない。楽しく過ごせたつもりが、他のヘルパーの時間には荒れていた、ということもある。楽しく過ごすということは、ある種の興奮状態や緊張状態でもあり、その後には緩める時間も必要になる。逆に、自分の目の前ではダラダラしていてだらしのない生活を送っていたとしても、その人が他の時間にしっかりとして何かに没頭していたのだとしたら、そのだらしのなさはむしろ気を許している証拠なのかもしれない。このように暮らしをその日だけで見るのではなく、たとえば一週間単位、あるいは一年単位などで捉えていく視点を持つ必要が出てくる。

これらのことから、多くの自立生活支援の現場では、日常的な連絡ノートだけでなく、月に一度程度のヘルパー連絡会議が活用されている。頻度や、どの範囲の人たちが集められるかはさまざまであり、数か月に一回のこともあれば、年に一回程度のこともある。範囲もさまざまで、訪問介護の人だけが集まることもあれば、通う場の人が同席することもあり、また近隣の人が同席することもある。これらの会議には制度上は金銭的対価が払われないのだが、全体を調整していく上では不可欠のことであり、職務の延長線上にあると捉えられていることが多く、事業所によっては持ち出しで手当を出していることもある。

かつ、キイパーソンとなる人が必要だとはしばしばいわれるところである。どうしても、全体の流れを見通している人がひとり、いることが重要だというのである。日常が特に変化なくまわっている場合はさほどでもないが、危機的な事態になったときに、全体を見てサポートする人は必要だといわれる。そして実際問題として、介助に穴が開いたときに、なるべく埋められるような人も必要だという。こうした役割を担う人がコーディネーターと呼ばれていることもある（事業所によってそういう仕組みを持っているところもあるが、持っていないところもある）。

5 「生活を拡げる」

(1) ルーティンをあえて外れることの意味

ところが、「生活をまわす」は、常にもうひとつの課題「生活を拡げる」とセットになっている。ただ「生活をまわせ」ばいいわけではなく、同時に「生活を拡げる」努力も常に必要だと多くの支援者たちが認識している。

なぜこのふたつの課題がセットとなっているのだろうか。まず、どの人にとっても、毎日をルーティンでまわすだけでは、あまりにも生活に潤いがないし、楽しみもない。日々をただまわすだけであっても、嫌なことや哀しいことはどうしても起きる。そうしたとき、小さな楽しみを持つことは非常に重要である。

また、毎日がいかにルーティンでまわっているように見えても、実はそのなかに数多くの変化が起きている。だから、本当に「判で押したように」同じ毎日を過ごすということは、原理的に不可能である。それでもルーティンにこだわりすぎれば、さまざまな場面で歪みが生じる。たとえば、気温の変化や体調の変化もある。近所で道路工事が始まることで騒音が出たり、いつも通りの道を通れなかったりすることもある。季節が変われば売っている商品も変わってくるし、以前は買えた品が買えなくなることもある。もっと長いスパンでいうなら、家族や友人が年老いたり成長したりして変化していくとき、自分だけが変わらなければ、その人との関係が難しくなっていくことがあるだろう。変化というのは、生きていく上で避けられるものではない。だとしたら、積極的に変化を求めたり、あるいは変化の種を捕まえたりすることは、暮らしていく上で実はかなり重要なことである。

ただもちろん、小さな楽しみや変化の種をどの程度求めるかは、人にもよるし、状況にもよる。ガンガン海外に出かけていきたいという人もいる。それに対して、毎日同じ公園のそばを通るだけであっても、小さな楽しみや変化の種は味わえるという人もいる。ときには外食などで贅沢をしたいという人もいれば、むしろストレスを感じるから嫌だという人もいる。外に出たい人もいれば、家で見慣れたコンテンツを見る時間が長い方がいい人もいる。オシャレを積極的に楽しみたいという人もいれば、身体に馴染めば何でもいいという人もいる。頻度や程度に関しては、本当にさまざまである。いずれにしても、私たちは常に小さな楽しみを見つけたり、変化の種を見つけたりしながら、「生活を拡げる」機会を持っているし、日常生活のなかで試みている。

ただ、私たちはあまりそれを意識していない。それに対して知的障害や自閉の人たちの自立生活を支援する人たちは、「生活を拡げる」ことをかなり明確に意識しているように見える。

それは第一に、「生活をまわす」ことが知的障害や自閉の人たちにとって時に過酷なほど困難な課題になっているためだろう。困難な課題は、ときに至上命題のように思われてしまうこともある。だが、先に述べたように、本当の意味で「判で押したような毎日」を過ごせる人はいない。それでもルーティンを守ることだけに周囲が専念すれば、そのうちに降り積もった変化との間で齟齬をきたしてしまう。落ち着いた暮らしを送れているように見えても、数年単位で見てみると、突然（と周囲には見える）さまざまなトラブルが起き始めることは珍しくない。だとしたら、むしろ「生活を拡げる」機会を意識して持った方が、「生活をまわす」上でも合理的である。

第二に、「生活を拡げる」ことが、その人の個性やありようを周囲が知っていく重要な機会となるからである。人は、異なる環境や異なる事物を前にすると、異なる顔を見せることがある。たとえば私はある女性と一緒にピープルファースト大会に行き、懇親会でライブが開かれたとき、その人が音楽に合わせて力の限り踊るのを見て、新たな一面を見る思いだった。同様に、「こんなことが好きだったのか」「そんなことを普段考えていたのか」と驚かされることは多い。本人にとってというだけでなく、周囲にとって、「生活を拡げる」ことは多くを知る重要な機会となるのである。

それだけでなく、その人との関係を続けていく上で、しばしば重要な糧となる。あるとき、私はある女性とひょんなことから横浜を一緒に歩くことになり、海を眺めてはしゃいだり、セルフィーで一緒に写真を撮ったりした。このときのことは私にとってもいまも忘れられない楽しい思い出である。その後、彼女との付き合いが長くなるにつれ、いろいろなことが起きたのだが、そうしたときに何度も、二人で楽しんだ瞬間を思い出したものである。それがあれば、多少のことはなんとかなる。

他にも、ある男性と一緒に企画を立て、当日の朝に天気がどうなのかによって延期するかどうかを決めようと話し合っていたことがある。だが、当日になっても電話が来ないし、こちらからかけても相手が出ない。後からわかったのは、どうやら「決めなくてはならない」というプレッシャーに負けて、電話の電源を落としていたらしいということだった。普段からよく話をする人で、頭の回転も速いように見えていたのだが、思わぬところで苦しくなったりつらくなったりしているのだということがわかった瞬間でもあった。おそらく日常生活でスムーズに済ませているように見えることも、彼にとってはそうではなかったのだろう。そして、朝になって電話が通じず心配し、やっと会えたので話を聴こうとする私と、何を言われるかわからないと逃げる彼とで、バタバタ追いかけっこになってしまった。

これは苦労の話ではあり、トラブルと呼ぶ人もいるだろう。だが、その彼との関係をその後もしばらく続けられた要因でもあったように思う。「生活を拡げる」ことは、単にその人の生活にイレギュラーや娯楽をもたらすというだけでなく、周囲の人との関係を育むことにもつながるのである。

こうしたことから、「生活を拡げる」機会を、自立生活を支援する側はそこここに仕掛けている。本人たちも楽しい機会になるので積極的に採用することが多い。当事者同士が集まる会などでは、飲み会やイベントがしばしば企画される。また、支援者が開く会に、当事者が支援者とともにやってくることもある。

他にも、さまざまなヘルパーが入っていることは、それ自体が「生活を拡げる」上で意義があるようで、ヘルパーの趣味に利用者が付き合っていることもある。たとえば音楽や演劇、映画など芸術的な活動を続けているヘルパーは少なくないが、そうした人の講演やライブなどに利用者が誘われて訪れることもある。

このようないかにもなイベントだけではなく、「生活を拡げる」試みは日常生活のなかで何度も試されている。ちょっとした食べ物（いつも茶色いアイスしか食べていない人が青いアイスを食べてみた）、行く場所（財布と相談しながらのことではあるけれども）、楽しみ方（可愛いキャラものを一緒に眺めて楽しむ）など、多様なヘルパーとのかかわりで、本人の「生活が拡がる」きっかけが生まれることがある。

こういうときの支援者は、本当に楽しそうに見える。「生活を拡げる」こと自体が楽しいというのもあるのだろうが、支援者が最大限に魅力を語ることによってはじめて本人は関心を持つからでもあるだろう。そうすることで、本人が関心を持ち、楽しみとして選ぶ選択肢が増え、暮らしのなかに潤いが増えていく。

（2）どこまで「拡げる」のか／どのレベルで「まわす」のか

ところで、「生活を拡げる」という課題は、「生活をまわす」のと、ときに相反するものとなる。「生活を拡げる」ことは、変化を生み、刺激を与え、暮らしに彩りを与えるが、それはときに、日々のルーティンを壊し、安定を崩し、特別な日以外の日々をつまらないものであるかのように感じさせる。そのため、どこまで「生活を拡げる」か、あるいはどのようなレベルで「生活をまわす」のかは、かなり論争的な問いである[11]。

たとえば、「生活を拡げる」といっても、どの程度を想定するのか。多くの知的障害や自閉の人たちの暮らしは、周囲からの排除ゆえに、社会参加には障壁が高い。そのため、変化の乏しいものとなりがちである。たとえば旅行といっても、年に一回だけ、通う先などの研修旅行で出かけるだけだという人も珍しくない。飲み会など参加したこともないという話も聞く。

多摩地域で私が出会ってきた知的障害や自閉の人たちは、経済的に可能な範囲内ではあるが、個人で支援者を雇って遠方に旅行に行ったり、ディズニーランドなどの娯楽施設に遊びに行ったりする機会が年に一～二回ある人が、少なからずいる。あるいは、そのように遠方に行くことはほとんどなくても、月に一～二回くらいは飲み会に顔を出す、といった人もいる。一般に比べるとかなり出かけている方だろう。

そして、そのことを、「そこまでしなくとも」という人は、支援者のなかにもいる。出かける前後で興奮しすぎて眠れなくなる人もいたり、疲れてしまって体調を崩す人もいたりする。もともと自分自身が家で過ごすのが好きな支援者であれば、何も好き好んで出かけなくてもいいと考えるだろう。

「生活をまわす」のがどのレベルのものを指すのかについても、支援者によってイメージが大きく異なることがある。たとえば外食が多くなったり、レトルト食品が多くなったりすることに危機感を抱く人もいれば抱かない人もいる。家のなかがどの程度片付いているか、洗濯等がどの程度行き届いているかについても、捉え方はさまざまである。一般に、男性の支援者たちの方が「低い」レベルにあることに抵抗感が小さく、女性の支援者たちにはそれを耐え難いと思う人が比較的多いようである。

実際の支援会議を見ていても、人によって「生活を拡げる」をどこまで重視するか、「生活をまわす」をどこまで優先するか、どの程度であればいいと思うのかは、本当にさまざまである。これらの幅のある課題について、複数の主体が利用者を中心に協議しながら進めているのが自立生活の支援なのである。

6　地域とのコンフリクトに向き合う

(1) 地域とのコンフリクト

もうひとつ、就学運動から自立生活の支援へと移行するにあたって、大きな変化として生じるのが、さまざまな第三者との調整を支援者が担うようになることである。知的障害や自閉の人たちと周辺住民や近隣社会との間には、しばしばコンフリクトが生じる。身体障害の人たちのようにただ忌避される対象になるというだけでなく、知的障害や自閉の人は、ときに「トラブルを起こすから」として、加害者と認定されて排除の対象となることがある。

トラブルの内実は実に多様である。女性へのつきまといをするといって非難されることもあれば、物を投げてしまうということで非難されることもある。あるいは、通勤時などに自転車でそばを通りかかるときに、あまりにもスピードが速いので、小さな子どもたちが危険にさらされてしまうという非難も聞いたことがある[12]。こういうとき、多くの住民が、「差別しようっていうんじゃないけどね」という前置きとともに、鍵をかけて本人を閉じ込めるべきだ、遠くの施設に預けるべきだ、と主張してくる。

自立生活が始まると、本人と支援者がこうしたコンフリクトの矢面に立つことになる。本人が子どもの頃であれば、親がこうしたコンフリクトに対応することが主だった。もちろん、就学運動にかかわる人たちもさまざまな形で援護しており、学校とのトラブルや近隣社会とのトラブルで間に入ることはしばしばあったようである。だが、親が果たしていた役割は圧倒的だった。それに対して、自立生活である以上、親を呼ぶのは筋が違うことになる[13]。本人と支援者が地域社会とのコンフリクトに向き合わなくてはならない。

そして、まずは本人が主体なのは当然としても、支援者もまた、無色透明の存在にはなれない。何かしても、何もしなくても、そのこと自体が周囲に影響を与えてしまう。たとえばあるとき、近隣住民が、ある知的障害と自閉の人が乱暴な動きをしていたと苦情を言ってきたが、その近隣住民は、自分が直接その人に注意したのに、そばにいた支援者らしき人が知らん顔をしてタバコを吸っていたといって激怒していた（いま思うと、本人と近隣住民が直接話しているから遠慮していただけかもしれないのだが）。このように、何もしていないこともまた、それ自体として意味を持ってしまう。何をしようとも、何もしなくとも、支援者は嫌でも地域とのコンフリクトにかかわってしまっているのである。

また、支援者のふるまいは、地域の人たちに見られているだけでなく、本人にも見られている。そのふるまいによっては、本人に対する一種のメッセージとなってしまうことがある。たとえば、周囲に迷惑をかけたと思って、支援者が近隣住民に対してただひたすら謝り続けたとしたら、そのことはそばにいる本人に対するある種のメッセージとなりうる。本人が謝りたいと思っている気持ちを汲んで代わりに謝るのであれば、まさに支援となるだろうが、本人が別の思いを持っているにもかかわらず無視して、本人を「野放し」にしたことについて謝るのだとしたら、支援者は近隣住民とともに、本人を排除する側にまわってしまうかもしれない。

このように、本人と地域との間で、支援者のふるまいは両者から見られ、何かしようと何もしまいと、どちらにしてもある種のメッセージを相手に対して発したことになってしまう。こうしたなかで、そのつど支援者はどのようにふるまい、何をするかを問われているのである。

(2) 頭は下げるが引こうとはしない

こうした地域のコンフリクトとの直面は、特に新人の支援者にとってはかなりキツイ場面になりうる。一対一であるなら、利用者のさまざまなふるまいも、「私」が受けとめればいいだけであり、ちょっと驚いたりちょっと嫌だったりしても、その人と向き合って考えていけばいい。だが、近隣住民という第三者が登場したとき、そのような努力はたちまちのうちに叩き壊されてしまう。「〜していく」などという悠長なことは認められず、「私」がどう思うかとは別に、本人と近隣住民というどちらも自分からすれば他者である相手の仲介に入らざるを得ない。多くの支援モデルが一対一を前提としており、介護者研修もそれ以上のことはほとんど学ばないことからすると、いきなり水準の違う応用問題に向き合わされるようなものである。

こうしたとき、知的障害や自閉の人たちの自立生活を長年担ってきたリーダー格あるいはベテランの支援者たちのふるまいは、本当に人それぞれなのだが、私の目から見ると、全体に「腰は低いがとにかく引かない」と言いたくなるようなものであることが多い。

多くのベテランの支援者たちは、近隣住民に対して決して喧嘩腰にはならない。むしろ相手の不安や恐怖感、苛立ちなどに対して共感的な姿勢を示すことが多い。そして、団体等を代表して、きちんと謝罪する姿勢を見せることも多い。

だが同時に、決して譲らないところも多々ある。たとえば、「申し訳ない」と言いつつも、近隣住民側が「そんな人を表に出すな」といった態度を示してきたときには、いっさいそれには答えようとしない。「二度とここには来ないでほしい」と言われれば、礼を尽くして真摯に謝罪していたのだけれども、支援者間での話し合いになれば「この地域に暮らしていれば、そのうちまた違う関係になることもあるよ」と楽天的に見える発言をしていることもある。店の商品を壊してしまったときには、店に対して謝罪をして商品を買い取るのだが、支援者のなかで「申し訳ないからあの店にはもう行けない」と言い出す人がいれば、「お金は払ったでしょう（だから卑屈になる必要はない）」と言う。ある人が通りすがりの人に殴り掛かって怪我をさせてしまったときも、相手の人に謝罪し、医療費を払い、呼ばれた警察に対しても頭を下げていた支援者は、それでも最後まで「もう外に出さない」とは言わなかった。
起きたことに対して、うまく仲介し調停できなかったことについては詫びるが、その利用者を閉じ込めるとは断じて言わない。迷惑を被った近隣住民にはいかに頭を下げても、本人がそこに暮らし続けるということについては全く引こうとしないのである。

こうしたベテラン支援者たちの姿勢は、新人の支援者が地域とのコンフリクトに直面したときにどうしてもひるんでしまいがちなのに対して、はっきりとしたストッパーとなっている。
殴りかかる「可能性がある」から、店の商品を壊す「可能性がある」から、子どもたちに危険が及ぶ「可能性がある」から、というだけで、街から追い出せ、閉じ込めろという人たちは少なからずいる。一度実際にそのようなトラブルが起きたなら、「ほらみろ」と強く主張してくる近隣住民は多い。

下手をすれば、支援者までもがその人が街中から排除されることに同意してしまう危険すらある。支援者の多くも、幼い女の子が性的被害に遭ったと聞けば強い危機感を抱くし、お年寄りや女性を体格のいい男性が殴るのを見れば憤りを感じる。支援者だってひとりの生活史を持つ個人である。人によってはその行為が許せず、それゆえ地域の近隣住民からの排除的態度に対して、同調してしまいそうになることがあってもおかしくはない。特に新人の支援者であれば、そうなりがちである。

それを回避する上で、ベテラン支援者の姿勢は、重要な手がかりとなっている。確かに、被害に遭う人が出るのは避けなくてはならない。それでも、「可能性がある」というだけで、個人の自由を奪っていいわけではないのではないか。ベテラン支援者の姿勢から、周囲の支援者もそのことに気づかされていくのである。

これは「障害者だから守っている」という話ではない。「引かない」支援者たちは、「障害があるから減刑せよ」といったたぐいの主張はほとんどしない。「やったこと」の責任を本人なりの形でとることはむしろ重視しているくらいで、状況によってはごく軽微な犯罪で、警察で少々嫌がられたとしても、わざわざ警察に申告することもある（この点は第4章や第6章で改めて触れる）。

ただそれでも、「やったこと」と「可能性がある」の間には決定的な違いがある。いかに「やったこと」は責任を取らなくてはならなかったとしても、もう一度やる「可能性がある」というだけで、必要以上の自由を奪うことには徹底して抵抗する。その決定的違いを、起きた事柄、あるいは起きるかもしれない事柄の深刻さのために、多くの人たちが見過ごしてしまいそうになるときに、ベテラン支援者は、しつこく主張し続けているのである。

ときに極論として、「なぜ多くの人は、通りすがりの人がいきなり殴りかかってくる可能性について何も考えないのだろう」「自分は駅でもいつも警戒して歩いている」と言うベテラン支援者もいる。こうして書くと警戒していない人が悪いとでも言っているように読めてしまうかもしれないが、おそらくその支援者が言いたかったのは、「通りすがりの人にいきなり殴りかかる」人であっても、自分たちの社会の一員であり、自由に行動する権利がある、ということだったのだろう。

ただ、「引かない」といっても、その立ち位置の取り方、姿勢などは、本当に人それぞれである。おそらくは、対峙しなくてはならない相手によっても異なる（一般に、行政など公的機関に対しては強く出るが、隣人などにはそうではない）。そして、支援者の個性によってもかなり異なり、共感的姿勢を多く示しつつ「引かない」人もいれば、ほとんど無言で頭を下げながら「引かない」人もいる。いずれにせよ、徹底して「引かない」人たちがおり、それゆえに地域とのコンフリクトに対して新人の支援者がひるんでしまいがちなところ、自立生活が継続できている。

近隣住民と本人との間に入るような役回りは、実は子ども会活動の延長線上でもあり、ベテランの支援者たちが長らくやってきたことでもある。たこの木クラブの子ども会活動には、似たような場面が繰りかえし登場している。たこの木クラブのスタッフは、自分を無色透明にするのではなく、自ら能動的にかかわったり、子どもたちの思いを受け止める側にまわったりしながら、実にさまざまな対応をしてきた。知的障害や自閉の子どもを排除するのではなく、かといって排除的な態度を示す子どもたちを否定するのでもなく、その間で何が起きているのかを解きほぐし、見守っていると示したり、放置していると示したりしながら、両者の間で何が起きるのかを少し離れたところから見守っていた。ときには積極的に介入して、子どもたちがトラブルのことをどうでもよく思ってしまうほど遊びに引きずり込んだりもしていたようである。その意味では、子ども会活動を長年やってきたような人たちは、近隣住民とのやり取りについても、一定の蓄積があったとみてもいいだろう。

ただ、いまは本人も大人であり、近隣住民も大人である。子ども会活動のときのように、支援者が魅力のある大人になって子どもたちを惹きつけ、そこから子どもたち同士の関係に働きかけていくというのは、なかなか難しい。それに、本人が大人であるため、近隣住民が「被害」を「見逃してやる」ことも減る。そうしたなかで、それぞれの支援者が、自らの個性や立場に見合ったやり方をそのつど編み出し、近隣住民のケアもしながら、それでもその人が地域で暮らすこと自体については担保するよう試みている。

7 生活や日常の意識化と「待ったなし」

こうして、自立生活支援に足を踏み入れるなかで、支援者たちは「生活をまわす」「生活を拡げる」という、ときに相反する課題の双方を追いかけつつ、ときに地域とのコンフリクトに対峙していくことになる。では、自立生活支援に足を踏みいれることによって、支援者たちによって新たに切りひらかれたのは、どのようなことだったのか。この章で見出してきたことをまとめよう。ここでは特に、従来からある二つの議論に対して、新たな視点が示されていることを確認したい。

(1) 生活や日常の意識化

ひとつには、生活や日常、日々の暮らしといったものを、意識化することである。自立生活支援が複数主体による協働でなされなくてはならなかったため、あたりまえのことをあえて言葉にして意識し、共有する必要があった。

ここまでで述べてきた「生活を拡げる」「生活をまわす」などは、言ってみれば誰にとっても経験のある、あたりまえのことである。私たちは、自分の生活を日々まわしているし、ときどき生活を拡げるような営みもやっている。その両者が私たちの生活を成り立たせていることは知っているし、両者がときに相反するものとなることも知っている。

だが、私たちは普段、そのようなことを意識しない。「言われてみれば確かにそう」なのだが、「言われてみないと気づかない」というタイプの事柄である。少なくとも、数時間で区切られた介護のなかでは、なかなか意識に上りにくい。

自立生活を複数の主体が支援するという形になることで、これらをあえて意識する必要が生じてきた。親という単独主体であれば、言葉にする必要もなかっただろう。多くの親が、言葉にせずとも、そして意識せずとも、子どもたちの暮らしがまわっていくようにさまざまな調整と再調整を繰りかえしており、また同時に子どもたちの世界が広がるように、さまざまな工夫を施している。やってはいるのだが、意識に上ることはあまりない。それに対して自立生活の支援では、複数の支援者が協働で担うため、お互いに言葉にしていかないとやっていけない。ヘルパーは二人や三人という単位ではないのが一般的で、特に多い場合には二〇人近くになることもある。それだけの人たちが一定の認識を共有するためには、言葉にして伝えあっていかなくてはならない。

それは、自分の「普通」や「普段」、「あたりまえ」を振り返り、言葉にしていくという作業だった。自分たちがあたりまえに思ってしまっていることを、なぜかどこかで忘れてしまっているというときに、あえて思い出し、言葉にして、共有していく。そのようなプロセスが繰りかえし行われるようになった。

特に、地域とのコンフリクトに際してなど、社会規範とされるものと本人の行動との間に生じているズレについては、詳細に言葉にしていかなくてはならなかった。そうしなければ、近隣住民からの要望と本人のふるまいとの間で、とにかく間に立たされるばかりになってしまう。往々にして妥協点など見つからないのだが、それでもそこで何が起きているのか、何がトラブルになっているのかを、どちらかを悪役にして終わらせるのではないやり方で、解きほぐしていかなくてはならなかった。

こうしたなかから浮かび上がってくるのは、従来「支援者」として想定されてきたのとは異なる支援者像である。従来、社会福祉や支援・ケアの領域において、支援者やケア提供者として想定されてきたのは、一定の訓練を積み、専門的技能を有した、専門家だった。専門家たちは、それぞれのクライアントの暮らしを踏まえながら、その人のニーズを明らかにし、それに対して応えていく。たとえば第2章で取り上げた発達保障論が想定していた支援者たちも、専門家であることが前提だった。

それに対して、自立生活の支援者たちは、専門家たちとは異なるアプローチを蓄積させてきた。自立生活の支援者たちは特に、暮らしや生活ということについて意識化し、言葉にしていくことによって、その違いを示し、ときに行政や医療者などの専門家たちと交渉し、専門家たちとは異なる視点を提示してきた。専門家と目指すところや試みていることが根本から異なるわけではないのだが、暮らしや生活に密着する自立生活の支援者たちは、専門家とはどうしても異なる発想を持つときがある。どちらが上でどちらが下かという話ではなく、観点や思考法がどうしても違ってくるのである。この点については第5章でもう一度立ち戻ることにしたい。

(2) 問題に対する取り組み方

もうひとつは、先述のことと密接にかかわることだが、問題に対する独特の取り組み方が育まれてきたことである。支援者たちが「暮らしは『待ったなし』だからね」と口にしているのを何度か見たことがある。この表現のなかには、地域とのトラブルや支援者とのトラブル、あるいは支援者間のトラブルなど、さまざまなトラブルが起きるなか、それらの問題に対する独特の取り組み方が育まれていることが示されている。

第一に、問題に対して常に切羽詰まっており、解決を迫られるという意味で「待ったなし」の状況が連続するということである。自立生活において生じる多くのトラブルや行き違いについて、ただ放置しておくことはできない。親元にいるときであれば、親にある程度「生活をまわす」ことや地域とのトラブルについては任せておいて、支援者はもっと自由に「生活を拡げる」試みに専念できたかもしれない。だが、自立生活支援では、親には頼れない。支援者たち自身が、二つのときに相反する課題に同時に取り組みながら、地域社会とのトラブルに際しても矢面に立たなくてはならない。それも常に、本人が中心だということを踏まえながら。

第二に、それと同時に、解決しなくても日々を過ごしていかなくてはならないという意味でも「待ったなし」が連続する。地域とのトラブルがいかにあったとしても、今日の晩御飯は食べなくてはならないだろう（本人が要らないというのなら別だが）。風呂にだって何日も入らないというわけにはいかないだろうし、そうなれば着替えを用意するための洗濯も必要である。トイレにも行かなくてはならないし、できることならぜひ寝なくてはならない。問題に対して向き合っているといっても、日々のことはやっていかなくてはならない。生活は常に「まわして」いかなくてはならないのである。

そう、暮らしは待ってはくれないのだ。いつか誰かがなんとかしてくれるのを待つのではなく、自分たちの手でなんとかしていかなくてはならない。けれども、解決するまで待つということもできない。何が起きても暮らしはまわさなくてはならない。

ここには、第2章の最後で触れた、従来の他者論や共生論とは異なるフェーズがあることが示されている。こうした「待ったなし」という条件について、従来の他者論や共生論ではあまり踏まえられてこなかった。従来の議論では、異なる他者を同化するのではなく、それでもともにあろうとすることについては多様に論じられてはきたが、「ではいまどうするのか」がごっそりと抜け落ちていた。もちろん、簡単に「ではどうするのか」が議論できるはずはない。それが簡単に議論できるのであれば、そもそも他者とは何かについて議論を重ねる必要がない。それでも、自立生活を支援している側からすれば、暮らしは「待ったなし」である。従来の他者論が描いてきたように、他者と出会うということの衝撃、受けとめるしかない受動性や一貫性のなさを、ただ感じていればいいわけではない。それでも近隣住民はこちらを見てそれなりの判断をしていたり、排斥のために動き始めたりする。そして、問題が解決していなくて、トラブルがずっと続いていたとしても、ごはんは何らかの形で食べて睡眠時間も可能なら確保していかなければ、暮らしがまわらない。「ではどうするのか」の議論がいかに困難であっても、なんらかの形で「次の手を打つ」くらいのことはできなければ、自立生活の支援はやりようがない。

このように、問題やトラブルに対する姿勢として、「ではどうするのか」「次の手を打つ」ということは常に考えていかなくてはならないのが、自立生活支援のなかで見出され、育まれていったもうひとつの姿勢だった。問題の解決を図らなくてはならないという意味においても、解決ができていなくても日々をまわしていかなくてはならないという意味においても。

では、「次の手を打つ」のは、いかにして試みられているのか。この点は、本来的には支援のありとあらゆる場面に及ぶことであり、自立生活と呼ばれる一人暮らしの支援に限られることではない。それでは次章で、この点に対して、どのような対処がなされているのかを検討しよう。具体的には、第1章で述べた、ダブル・コンティンジェンシーとしての捉えかえしという論点に立ち戻ることになる。

註

1　言い換えれば、本書が問題にしたいのは、あくまでも自立生活の「支援」である。親と知的障害や自閉の人にとって、自立生活と呼ばれる形態（入所施設ではなく、生まれ育った地域などで、アパートなどに介助派遣を受けながら暮らす、あるはグループホームなどで他の人とともに暮らす）が持っていた意味や意義などについては、森口（2015）などが参考になる。また、個々の自立生活の内実や介助者派遣の仕組みなどについては、ピープルファースト東久留米（2007）、寺本・岡部・末永・岩橋（2008）、寺本・岡部・岩橋・末永（2015）や佐々木・廣川（2021）などを参照してほしい。

2　私の知る限りでは、多摩地域では一人、大学に進学した人もいる。通信課程に入学し、通学もしていた。ただ、大学という場はあまり集合的に過ごす場がなく、本人もあまり楽しそうには見えなかったようである。なお、私の知る、高校を卒業した人のうち複数の人が、高校生活（その多くは定時制）については肯定的に語っていた。

3　このような呼び方がなされるようになった経緯は定かではないが、一九七〇年代頃から、政策用語というより、誰ともなく言われるようになった表現で、小規模作業所の数が増えるにともなって、その存在を無視できなくなり、新たに生まれた言葉ではないかと推測されている（藤井 1980: 874）。

4　天畠大輔は、介助者と本人との関係の取り結び方について、障害者運動の中にも多様性があると捉え、①青い芝の会モデル、②公的介護要求モデル、③ＣＩＬモデル、④たこの木クラブモデル、⑤自動の手足モデルの五つを挙げている。「介助者の介入」でいくと、他はすべて非介入型で、④だけ介入型（提案型介助）だという。なお、「介助者との関係性」では、①は「脱パターナリズム関係」、②は「いのちを看あう関係」、③は「契約関係」、④は「個別関係」、⑤は身体を同期させる関係と位置付けられた（天畠 2022）。確かに、知的障害の人の自立生活支援は、見た目だけでいえば、個別の関係の中で積極的に介入していくように見えるかもしれない。身体障害の人たちの運動にかかわる人たちが、パターナリスティックだと批判するのを何度か見たことがある。ただそれは、あくまでも表面的な違いである。

5 身体障害の人たちの自立生活運動は、当時からいまに至るまで、知的障害や自閉の人たちを意図的・意識的に排除したことはない。障害者の生が問題になっているのであって、身体障害の人だけに限られたことではないといつも位置付けられていた。実際、多くのＣＩＬが知的障害や自閉の人たちの支援にも乗り出している。だが、それでは知的障害や自閉の人たちの自立生活が身体障害の人たちのそれと同じように多く始められていたかといえば、決してそうではなかった。少なくとも一九九〇年代半ば、たこの木クラブが重度知的障害と自閉の人たちの自立生活の支援に乗り出したとき、先例となっていたのは数えるほどの例だけだった。そして、知的障害や自閉の人の自立生活支援をＣＩＬに相談したが、断られてしまった、という話はあちこちで耳にする。つまり、身体障害の人の自立生活運動は、決して意図的に知的障害の人を排除していないのだが、自立生活運動の果実が知的障害の人たちにスムーズに届いたとはとても言い難いのである。

6 ここから連なる議論を読めばわかるように、これは字義通りに「当事者」の声に耳を傾けないという意味ではない。むしろ、東久留米でも多摩でも、ピープルファースト活動と呼ばれる当事者によるセルフ・アドボケイト活動が行われ、自立生活の支援者たちもセルフ・アドボケイト活動の支援にかかわっている。ピープルファースト活動とは、「私をまず人間として扱ってほしい」という知的障害の人の言葉をきっかけにして全世界に広がったセルフ・アドボケイト活動で、スウェーデンやイギリスで盛んにおこなわれている（People First of California 1984=2006, 河東田監修 2006, 津田英二 2006 等）。日本でも毎年ピープルファースト大会が開かれており、多摩地域の知的障害や自閉の人たちの多くが毎年参加している。

7 馬場靖雄によれば、「情報」は、自分以外の何かについて述べる、その発言の中身やメッセージそのものを指す。「伝達」は、伝達をおこなう他者が、遂行的行為として送り出すことを指しており、発言することそれ自体が持ってしまう意味やコンテクストのことを意味する。そして、「理解」とは、「情報」と「伝達」の重なり合いとして観察されたできごとを、さらなるコミュニケーションへと移送するための前提として把握することだという。「情報」と「伝達」の間には常に差異（＝ズレ）があるが、それが観察され引き受けられるときに常に「理解」が生じているのだから、「理解」にも常に差異（＝ズレ）が生じる。ここでいう「理解」は、「私」の側で一方的に行っているようなものとして想定されている（馬場 2001: 50-64）。ルーマンは安易に相手との相互了解や共通理解といったものを想定しないという姿勢を、徹底して貫いていた。

8 同様のことは、社会言語学における言語権という概念の乗り越えをめぐる議論で、すでに論じられている。かどやひでのりは、知的障害や自閉の人たちとのコミュニケーションを言語だけに注目する視点で切り取ることの問題性を指摘し、「言語権からコミュニケーション権へ」と論じており（かどや 2006）、あべやすしはかどやの議論にさらに、知的障害や自閉の人たちをみる側の「主観の問題」も視野に入れる必要があることを指摘し、本人たちだけでなく周囲の側の問題も多々あるとして、村瀬学の自閉症論を引用しつつ（村瀬 1986）、コミュニケーションという「現実」の「驚くべき多様性」に気づかないままに「言語問題」（ひいてはコミュニケーション全般）について語ることの狭量さを指摘している（あべ 2015: 44）。

9 岡部耕典は、身体障害の人たちの自立生活支援とは異なる要素について、本人たちの「自立」だけではなく「自律」を支援すると表現している（岡部 2006）。内容としては、後述するような「生活をまわす」「生活を拡げる」に近い。

10 「支援」をあえて用いるのは、どちらかというと、たこの木クラブをはじめとした南多摩地域である。北多摩に位置する東久留米で活動してきた末永は、むしろ「介護」という言葉を多く用いているようである。関東一帯には他にも知的障害や自閉の人たちの自立生活を支えている団体はあるが、「介助」という言葉を用いているところもある。

11 そもそも、生活はいったん形が整えば、環境変化に対して抵抗する傾向にある（中鉢 1961, 青井 1971）。

特に生活パターンが定まるまで時間と労力が必要だった場合、そのパターンを大きく変えることには、支援者にも抵抗が生じることがある.

12 実は、近隣住民たちのクレームを聴くと、その人が原因でないケースが多々含まれているのが一般的である。たとえば、ある男性が乱暴な自転車の乗り方をするというので非難されているとき、その人がその辺にゴミもポイ捨てしているのではないか、物が壊されていたのもその人のせいなのではないか、という話が出たことがある。だが、その人は、確かに自転車の乗り方は独特で速いようだが、妙に几帳面なところがあるので、ゴミのポイ捨てをするとはとても思えなかった。もちろん、その人がやっていないという証拠もなかったのだが、その人がやったという証拠もなかった。

13 ただ、近隣住民や公共機関など、地域生活でかかわる多様なアクターは、しばしば「親」が出てくるよう要求してくる。アパートの大家は契約時に親が保証人になることを求めるし、警察に通報されれば警察は親が出てくることを求める。こうしたこともあって、同じく介助者付きでアパートでの一人暮らしを支援するといっても、ここはかなりグラデーションのあるところではある。名目上「ひとり暮らし」をしていても、何か地域とのトラブルがあるとすぐに親に連絡が行くという形で進めているところもある。多摩地域では、原則として親へは事後連絡のみであり、具体的な対応はほぼ支援者たちが担っているようである（それはそれで不安に思う親もいるし、親としての経験が有用なこともあるので、このやり方だけが正しいと主張したいわけではない）。

第4章

やりとりを通して折り合いを探る

これまでの議論を簡単に整理しよう。第2章では、多摩地域の支援ネットワークの原点である就学運動に立ち戻ることで、多摩地域の支援ネットワークの活動は、排除に対して抵抗する上で、システム包摂という手段とは異なる道を模索するものだったことを明らかにした。第3章では、自立生活の支援が始まり、「情報」「伝達」「理解」にズレがあることを前提とし、生活のマネジメントにかかわらざるを得ないなかで、たとえ問題の解決の糸口が見えなくても「次の手を打つ」くらいのことはできないととてもまわらないことを確認した。

知的障害や自閉の人たちは、しばしば地域社会との間のコンフリクトに直面し、排除の圧力に晒される。そうしたなかで、システム包摂とは異なる形で、しかも他者性を前にたたずむだけでなく、「次の手を打つ」ために支援者たちは何をしているのか。この章では、自立生活を含め、地域で暮らす知的障害や自閉の人たちの支援活動において、支援者たちが何をしているのかを考察する。

その際に注目したいのは、第1章で触れたような、トラブルに直面した際になされる、ダブル・コンティンジェンシーとしての捉えかえしである。支援者たちはさまざまな場面で支援会議を開き、本人と周囲とのかかわりをあれこれと捉えかえしている。それらが持っている意味とは何か、そしてそれが地域の排除の圧力（と支援者自身も排除を始めてしまいそうになる瞬間）を前に、どのような意義を持つのか。本章ではこの点に踏み込んで考えていきたい。

そこから、排除という問題に、第2章で述べたサブシステム生成による包摂とは異なるところで、どのように取り組めるのかが見えてくるだろう。

1　支援会議では何がなされているのか

（1）そこかしこで開かれる支援会議

多摩地域の支援者たちは、実にしばしば、あちこちで会議を開いている。

ひとつには、自立生活する人や支援を要する人ごとに集まる連絡会議である。第3章で述べたように、自立生活支援は一人で担われるものではなく、常に複数の人たちによって担われるものである。入れ替わり立ち代わり訪れる支援者たちが、本人の二四時間三六五日の暮らしをサポートしていくためには、細かい連絡調整が不可欠である。連絡会議はまずはそのために開かれる（多くの場合は本人も参加している）。これらは、事務的な連絡調整だけに費やされているわけではなく、その人についての支援者たちの思いや、その人が何を望んでいるのかといった事柄についての話も多く繰り広げられている。

また、他地域との情報交換を主たる目的とした会議が開かれることも多い。多摩地域の支援ネットワーク全体ではそう頻繁ではないのだが、たこの木クラブはかなり積極的にこうした会議を開いていた。私が参加していたものに限っても、三多摩地域で移動支援を担う事業所が数多く参加していた「ガイヘル情報交換会」、移動支援の制度的なことより内容に踏み込んで話し合う「おもしろガイヘル情報交換会」、たこの木クラブが開催する「たこの木連続講座」、知的障害や自閉の人の自立生活の支援について話し合う「自立生活支援を考える会」などが挙げられる。これらは数年単位で継続されていた（「連続講座」は一年ごとだが、数年連続して開かれていた）。

そして、こうしたフォーマルな会議だけでなく、たこの木クラブの近辺では、さまざまな機会にインフォーマルな「話し合い」が繰り返されている。たこの木クラブでは毎週水曜日に「すいいち企画」といって、出入り自由の会が開かれているのだが、そこに参加する知的障害や自閉の人は往々にしてヘルパーを伴って登場するので、ヘルパー同士の情報交換や知り合う場ともなっていた。それ以外にも、道端での立ち話に始まり、電話での長話、メールのやりとり、交替時の簡単なおしゃべりなど、実に多くの場面で、ちょっとした情報交換からかなり踏み込んだ支援内容の話までさまざまになされている。その内容は、利用者についてのこともあれば、支援者自身のこともある。

たまに、重大で緊急の案件について、多くの人が集まるフォーマルな会議が開かれることもある。たとえば利用者がアパートの立ち退きを迫られていて、あまり時間がないといった場合もある。あるいは、近隣とのトラブルが起きたため、その人の今後をどうしたらいいのかを話し合う会議が開かれることもある。

これは多摩地域だけの特徴ではなく、他の地域で知的障害や自閉の人たちの自立生活を支援している団体の多くが、同様にこまめに会議を開いている。ただ、多摩地域は、小さな事業所が連携して自立生活の支援を担っていることが多いこと、たこの木クラブが他地域との交流に積極的なこともあって、比較的会議が多いとはいえるかもしれない。

支援会議については、二つ付言しておきたい。一つは、通常の組織における会議とは少し異なり、たとえフォーマルな会議であっても、結論が全く出ないまま終わることが珍しくないことである。ひとつの議題について長い時間をかけることが多く、たとえばあしたや共働企画が定年制を取り入れたときは、数年単位で議論し続けたという。

もう一つは、ときにかなり個人的な話に話が飛ぶことである。あるグループホームの人間関係トラブルについての話し合いでは、それぞれの当事者が若い頃に直面した苦難や言われて傷ついてきたことなど、いまのトラブルには関係なく見えるようなことも話し合われていた。普通はそこまで昔の話を掘り下げはしないが、それでもプライベートな話がふと飛び出す頻度は、一般の組織における話し合いよりも高いように思われる。

支援者たちの多くが時間給で働いており、時間に余裕がある日々とは言い難いことを踏まえると、この会議の数は驚くに値する。こうした会議は、事業所にもよるが、給料が出ないことも珍しくない。個々の利用者についてのヘルパー同士の連絡会ならばまだしも、他の地域との交流会はほぼ給料は出ず、自発的な参加によって支えられている。会議が終わった後の飲み会なども、重要な情報交換の場であり、言ってみれば会議の延長戦だが、もちろん報酬は出ない。

では、これらの支援会議（フォーマルなものもインフォーマルなものも含め）で、支援者たちは何をしているのだろうか。

(2) トラブルの「芽」に際して

これだけ頻繁に開かれる会議では、トラブルそのものだけでなく、なんらかのトラブルの「芽」のようなものについても、あれこれと話し合いがなされる。たとえば、障害のある本人がある種の「問題」になりそうなことをすると見えているときに、では本当はその人は何がしたかったのかについて、様々な推論が出される。

ある男性のヘルパー会議で、その人が靴下をコンロの上に載せて火をつけようとしたという話が出たときがある。その場にいたヘルパーは慌てて止めたが、本人は抵抗して火をつけようとし、その後もしばらく「荒れて」いたそうである。その話題が会議で出されたとき、他のべテランの支援者が、それは乾きの悪かった靴下を乾かそうとしていただけなのではないかと言い出した。その後しばらくして、その人はたこの木ひろばにやってきて、またコンロに靴下を載せて火をつけようとした。支援会議に出ていたヘルパーの一人は、それを見て、「乾かしたいならここにかけたらいいよ」と椅子の背を指差した。その人はすぐに靴下を持ってきて椅子の背にかけた。それから「荒れる」こともなく、穏やかに部屋の隅でひとり過ごしていた。

また、ある女性が、移動支援を利用しながら絵の教室に通っていたのだが、一時期から、直前になって行かないと言い出し、移動支援をキャンセルすることが続いた。行かないのは本人の勝手だが、毎回キャンセルされるのでは、ヘルパーとして頼まれた側もいささか迷惑ではある（キャンセル時の給料の扱いについては事業所によってルールが異なる）。なぜ直前になって行かないと言い出したのか、本人に聞くのだが、本人は話せない人ではないのにもかかわらず、何も言おうとしない。

そこで、これまで絵画教室に付き添っていたヘルパーや、暮らしているグループホームの世話人、そして移動支援を担う事業所の代表とで話し合った。徐々に見えてきたのは、絵画教室の講師が油絵を提案したことがきっかけになっているのではないかということだった。その女性は独特の色彩センスでステキな絵を描くのだが、主にクレヨンを使うことが多かった。絵画教室の講師は、表現に幅を持てるようにと、水彩絵の具も同時に使うようにしてみるなど工夫してきており、そこまでは本人もとても楽しんでいた。だが、次の段階として講師が油絵を提案したところで、ドタキャンが始まったらしい。本人は油絵を始めることには抵抗感があったようなのだが、好意で言ってくれている講師に対して、どう伝えたらいいのかわからなかったのだろう。支援者からすれば問題は主に移動支援のドタキャンだったのだが、話し合いから見えてきたのは、その女性が講師の配慮に対して自分の思いを言葉にできず続けていた訴えだった。

付け加えておきたいのは、ここではどうしても「本当はこうだった」という書き方になっているのだが、ほとんどの場合はこんなにきれいに「答え」が見えてこないということである。靴下の例でいうなら、次のときに椅子にかけることを勧めることで確認できたともいえるが、また次に同様のことが起きたときには別の事態になるかもしれない。絵画教室の例は、本人の目の前で「こういうことなの?」と話をしたら、ホッとした顔で頷いたそうなので、これもほぼ確実だと思われるが、いつもそういう回答がなされるわけではない。多摩地域の支援者たちは、そのことは前提としている。支援会議では、支援者の多くが、先述のような推論を出しながら繰りかえし「本当のところはわからない」と付け加え、推論を重ねていく。

イギリスのセルフ・アドボケイト活動団体を複数調査したD・グッドレイは、支援者たちが本人の言動について言説の書き換えchanging of discourseを行っていると指摘している。たとえば知的障害や自閉の人たちの言動について、受動的な存在として言及されたり、あるいは一方的にネガティブな言明がなされたりしたときに、さりげなく支援者たちがその表現を言い換えるときがあるという。それは、言葉の上だけのことではなく、その場にいる人たちの姿勢にも影響し、少なからぬ影響力を持つ（Goodley 1998）。

多摩の支援会議でなされているのも、言説の書き換えである。ただ、その内実は、知的障害や自閉の人たちの言動について、主体的で能動的な存在として位置付けるというだけにとどまるものではない。その内実は何なのか。

（3）ダブル・コンティンジェンシーとしての捉えかえし

第1章で、ある知的障害者と自閉の人とのかかわりを捉えかえした経験を取り上げ、これはダブル・コンティンジェンシーとしての捉えかえしだったと述べた。ここで挙げた支援者たちの営みもまた、本人と周囲とのやりとりを、ダブル・コンティンジェンシーとして捉えかえしているといえるだろう。

このような捉えかえしには、三つの前提がある。第一に、本人と周囲の人との行為が接続しているという前提である。ここでいう接続とは、本人（周囲）が周囲（本人）とまったく関係なく行動しているのではなく、常にかかわっており、何らかの意味を込めてあるふるまいをしているという意味である。これが前提となっているから、どう接続しているのかという問いが立てられ、その内容がさまざまに推測されている。相手はこちらが何をどう認識して行為しているのかをわかっておらず、全く違うふうに捉えて、それに応じたふるまいをしているのかもしれない。こちらもまた、相手が何をどう認識して行為しているのかがわかっておらず、別様に捉えてしまっているのかもしれない。行為が接続しているという前提を立てるがゆえに、こうした問いが成立し、その問いが執拗なくらいに問われ続けている

第二に、「わからない」ことには変わりない、という前提である。先に挙げた二つの例（靴下の例と絵画教室の例）は、どちらもかなり明確に確認できた例だが、他の例ではここまではっきりと「答え」が見えた感がないことが多い。それだけに、支援者たちはしばしば、自分の見解や意見を述べつつも、「本当のところはわからないけどね」と一言添える。

第三に、話し合いのなかから、トラブルやその「芽」が再解釈され、双方にとってトラブルや問題とはならない道が探られている。靴下の例でいうなら、靴下を乾かしたいなら椅子の背にかければいいと示すことで、お互いに問題となるようなことは起きなくなった。絵画教室の例でいうなら、油絵に抵抗感があるなら、それを講師に伝えるための手伝いを支援者が担うことによって、講師も了解し、油絵を勧めることはなくなった。トラブルになることなく、お互いに納得できる（であろう）落としどころが見つかったのである。

つまりは、ルーマンのいうダブル・コンティンジェンシーからシステムが生成するというプ

ロセスがここでは実現している。ダブル・コンティンジェンシーは、第1章でも述べたように、ふたつのブラックボックスがお互いに定位しているという状態である。ルーマンの議論では、相手がどう考えているのかについて安易な推測を持ち込まない議論となっており、ブラックボックスはとことんブラックボックスのままである。ただそれでも、わからないからこそお互いに時間をかけてやり取りしていくことになり、そのなかからシステムが生成していくことがある。まさにお互いがブラックボックスであるからこそシステムが成立するのだというのが、ルーマンの議論だった（Luhmann 1984=1993: 164-170）[1]。

このように、知的障害や自閉の人とのかかわりを、ダブル・コンティンジェンシーとして捉えかえし、相手は何を考えていたのか、こちらは何をしてしまっているのか、多様に掘り下げて考え、相手に働きかけてみて、さらに相手の反応を見てもう一度考えて……というプロセスを繰り返すことで、ときに落としどころや安定的なやり方が見つけられていっているのである。

ここでいうシステム生成は、第1章で持ち込んだシステムAとシステムBの区別からすると、システムAの方である。本書では、教育システムや法システムなど、マクロなレベルでのシステムをシステムBと呼び、ミクロなレベルでのシステムをシステムAと呼んでいるが、ここでいうシステムAは、個別具体的な人たちの間で成立するようなものである。

多摩地域の支援者たちや本人たちの間では、「折り合いをつける」「付き合い方」といった表現も用いられている。ある種のやり方が共有され、了解され、承認されている。お互いの間に生まれる小さなルールのようなものであり、創発的秩序（奥村 2013: 161）と呼んでもいいだろう。もちろん、いつでも安定的な秩序が見つかるとは限らないし、いったん安定的な秩序が生成したとしても、それが長期的な安定となるかもわからない。そもそも、わからない部分が消えるわけではなく、ルーマンがブラックボックスは残り続けると言った通り、わからないことは残る。

それでも、何らかの秩序が生まれる可能性はある。多摩地域の支援者たちは、繰り返される話し合いを通して、ここで何がどう起きているのかを捉えかえし、お互いの間で了解可能なやり方を探っている。かかわっているはずだという前提に立ち、わからなさにシビアに向き合いつつ、あれこれ捉えかえしたり試したりしながら、「折り合い」「付き合い方」を探り続けているのである。

（4）システムA（「付き合い方」や「折り合い」）の具体的な様相

さて、こうして生まれるシステムA、言い換えればお互いの間での了解、あるいは創発的な秩序、また現場では「付き合い方」や「折り合い」とも呼ばれるようなものについて、もう少し具体的に例を挙げながらイメージを作っていこう。

たとえば、ある知的障害と自閉の女性が、よくカレンダーや書類を破っていた。自宅のカレンダーくらいならまだいいとしても、公共機関のカレンダーを破ったり、重要な書類を破ったりすると、周囲も困ってしまう。

そうしたなか、ある支援者が、その人がカレンダーや書類の角を破っていることに気が付いた。見ていると、落ち着いているときは、破るのではなく折り曲げている。これは角が気になるのではないかと、たこの木クラブの事務所兼たまり場のカレンダーの角を切ってまわった。そうしたところ、その人はほとんどこれらのカレンダーには関心を持たなくなった。書類についても角を切ればあまり気にならないようであり、それなら支援者が切るより本人が切った方がいいだろうということで、本人にハサミを渡して切ってもらうようになったという。

これなどは、典型的に「付き合い方」や「折り合い」が見つかった例だといえるだろう。角を切ったところで、重要書類もカレンダーも、周囲からすれば用足りる。本人からすれば角こそが肝要なのであり、角が切れているならこだわる必要もない（おそらく）。本人に切ってもらうのなら、「この書類は本人がチェックしたという印だ」とすれば、さらに双方の折り合いがつく。

もうひとつ例を挙げてみよう。たとえばある知的障害と自閉の男性は、人に対して「はい！」と声をかけることがある。そのとき相手が「はい！」と返すと、その人は納得でき、落ち着けるようだが、相手が返さないと落ち着かなくなるようで、何度も何度も「はい！」と言う。それでも返事がないと、ときに不安定になったあまり、物を壊してしまうこともある。支援者たちはその人とのやり取りを重ねたなかで、「はい！」と言われたら「はい！」と返せばいいという「付き合い方」を見出してきた。

といっても、初対面の人にはなかなかわからないので、戸惑ってしまうことが多い。すると支援者は、このようなシステムAが存在することをさまざまな形で伝えようとする。初対面の人の方に対して、「『はい！』と返すと安心するみたいなんですよ」と解説することもある。また、本人に「『はい！』と返してほしいんだよね」と語りかけることで、間接的に伝えようとすることもある。あるいは、自分が「はい」と答える姿を見せることで伝えようとすることもある（それだけで伝わる人もいる）。

ただ実は、「はい！」には「はい！」と返せばいい、というほど単純ではない。「はい！」にもさまざまなパターンがあるようで、単に「はい！」と返すのが「正解」でないように見えることもないわけではない。このように、「付き合い方」として何かを見出したとしても、いまここでそれを適用するのが本当に適切なのかは、よく状況を見極めないといけないこともある。

それでも、こうした了解がいっとき生まれることの価値は測り知れない。カレンダーの例でいうなら、紙を破ってしまう「困った人」が、お互いにあまり問題を感じず一緒にいられる人に変わるのであり、こちらもまた、相手を止めてまわる「管理的な嫌な人」ではなく、お互いの了解を踏まえて一緒にいられる人に変わるのである。トラブルはトラブルではなくなり、「困った人」はいなくなり、「管理的な嫌な人」もいなくなる。ただ普通に、一緒の時間を過ごせるようになるのである。

(5) すぐに作り替えられる

この折り合いは、必ずしも安定的なものではない。むしろ、またすぐに作り直され、やり直されていくことの方が多い。

たとえば、ある女性が疾患の悪化に伴い、トイレに間に合わないことが増えてきたと、支援会議で話題になったことがある。もともとはきちんとトイレで用を足していた人であり、古くからの付き合いのある人たちは、とにかくトイレで無事に用を足せるように、早めに声掛けするように心がけていた。

ただ、古くからの付き合いがある人に声掛けされるのであれば、素直に早めにトイレに行くが、年齢が近くて最近かかわり始めたようなヘルパーや私が相手だと、多少声掛けされても、うるさそうにするだけでなかなかトイレに行かない。

その結果、やはり間に合わないということが何度も起きるようになった。パンツが汚れていれば本人も不快である。もっと長く他の人たちと一緒にいたくても、たとえば飲み会に行きたくても、帰るしか選択肢がなくなる。それでは暮らしのなかの楽しみが減ってしまう。

そこで、尿漏れパッドや紙パンツを使うという提案がなされた。だが、あたりまえだが、多くの女性（本人も支援者も）はそれに難色を示した。

ところがある日、これから飲み会に行こうというときに、またパンツが汚れてしまった。このまま帰るというその人に、だったらと帰り道にあった薬局のオムツ売り場に行き、紙パンツを見せ、一緒に買ってトイレで着替えてもらった。すると快適になったので、そのまま飲み会に行くという。なぜそのときはさほど抵抗感を抱いていないようだったのかはよくわからない。すでに支援会議で話が出ていたため、他の支援者たちが丁寧に話をしていたのかもしれない。あるいは、それだけそのときの飲み会に行きたかったのかもしれない。いずれにしても、オムツを使用すればいいという了解あるいは創発的秩序がここで成立したといえるだろう。それからは、本人も周囲の支援者たちも、オムツを使うという選択肢をわがものとして、うまく生活のなかに活かすようになった。

だが、病状が悪化するに伴い、それまでの「ちょっと漏れてしまった」というような状態ではなくなり、尿だけでなく便までそれなりの量が出てしまうようになっていった。そうなると、オムツひとつではなかなか受けとめきれない。そのため、結局その人は下着の替えを持ち歩くことになった。荷物が重くなってしまうのだが、本人が出かけることに積極的になっていたので、それを止めようという話にはならなかった。そのうち、ズボンまで着替えなければならないほど汚れることも頻繁に起きるようになり、もっと大きな荷物を持ち歩くようになった。それでも本人の暮らしと希望を中心に考え、誰も出かけることを控えさせようとはしなかった。さらには病状の悪化によって、歩行も困難になり、常時大きなオムツをつけて過ごすようになっていったが、頻度は下がったとはいえ、それでも車椅子で外出を続けた。

このように、病状の悪化という要因もあり、了解の具体的なありようは次から次へと変化している。いったん生まれたように見えるシステムAも、すぐまた作り替えられなくてはならなかった。

だが、そのための話し合いを支援者たちが続けていたなかで、別のレベルで生まれていたものがあったように私は思う。その女性が体調を崩していくこと、そこに本人も周囲もさまざまな思いがあること、そのなかで何に重点を置いていけばいいのかということ、これらのことについて、下着が汚れてしまうという事態をどうするか、みんなで模索するなかで、ある種の共通了解が生まれていったと思うのである。オムツを含めて、使えるものは使えばいい。本人の気持ちに沿わない形は避けよう。それでも汚せば本人もつらいのだから、汚したものを替えられて、少しでも楽しく外で過ごせる状況を作ろう。多少大変でも、出かけたいという思いがある限り、出かけることをサポートしよう。そういった全体の方針について、言葉にされることはなかったが、いつのまにか共有されていたと思う。これもまた、メタレベルでのシステムAだったといってもいいかもしれない。

（6）わからなくても希望になる

そして、こうしたシステムAは、生成されることそのものがゴールというより、生成されるという希望があることが日々を支える。いつかそれが見出されるようになるかもしれないという希望だけで、十分大きな意味を持つのである。いまはトラブル続きであっても、いつかはなんとかなるかもしれないと思えるなら、それだけで明日もまたかかわることができるようになる。

ひとつ例を挙げよう。私は、ある知的障害の女性が友人たちとディズニーシーに行くのに付き合ったことがある。もともとお土産を買いたい気持ちが強かったその人は、お昼ご飯が終わるなり、いてもたってもいられない様子で土産物屋に入り、両手で抱えられるギリギリくらいの量のお土産を買った。あまり言葉が流暢には使えないその人は、久しぶりに会うといつも、「ここへ行った」「あそこに行った」と、そこで買ったお土産を見せてくれる。彼女にとっては重要なコミュニケーション手段なのだろう。

だが、もともと腰痛持ちでもあり、そんな量のお土産を抱えたままディズニーシーを回るのない。

はやはり無理があったようである。途中で「腰が痛い」と動けなくなってしまった。仕方がないので私も少し持ったのだが、私も当時は腰痛持ちで、とてもではないがある程度以上は持てない。

雨も降って来たので早めに切り上げようという話になったが、痛みに弱い彼女は「痛い」というなり動けなくなることが繰り返された。動けるようになるまで待つしかないが、なかなか移動できず、帰宅には多大な時間と労力がかかった。

それなのに、乗り換えの新宿駅でキオスクを通りかかったときには、『TVブロス』を買いたい」と雑誌は買いに行く。好きなものなら頑張れるというのはよくわかるのだが、大量の荷物を持つこちらからすれば、「それは持てるんかい！」と言いたくもなる。

最後は最寄り駅からタクシーに乗ることにした。費用はかかるが、それは本人も納得して払うこととなった。

いざ彼女の住むグループホームに着いたとき、私は疲れのあまり、「次に行くときは、お土産は郵送して」と言った。とにかく、このような事態が繰り返されるのであれば、とても彼女とは外出できないと思ったからである。私も身体は資本である。出かけるたびに腰痛がひどくなるのでは、たまらない。ただ、確か彼女は、自分が責められていると感じたのだろか、「うん」とは言わなかったような気がする。

帰り道、一人になってから、宅急便で送ってもらうことができないなら、どうしようかと考えた。それなら、もしまた動けないという事態になったら、都内でホテルに泊まることにしようと思った。お金はかかるわけだが、そこは本人の問題でもあり、払ってもらうしかない。そしてそんなことをしたら私は大幅な支援時間の延長となり、泊まりになってしまうわけだが（一人で宿泊できる人とは思えなかったので付き添いは必要である）、それも込みで考えよう。そこまですれば、また次の手段を彼女も考えてくれるだろうし、それに応じて私も、また別の手を考えよう。付き合い続けるためにはそれしかないし、逆にいえばそうやっていくなら付き合い続けることはできる。そう決心したのを覚えている。

その後、私自身は彼女のサポートという形で出かけたことはない。だが、そのとき一緒だった別の女性ヘルパーが、数か月後に彼女が北海道に旅行に行くのをサポートしたらしい。あとで、「そのときはお土産を全部宅急便で送っていたんですよ！」とうれしそうに教えてくれた。ディズニーシーのときは「うん」とは言わなかったが（疲れてもいたし、とても言える気分ではなかったのかもしれない）、彼女なりに受け止めて、宅急便という手段を選んだようである。

私もその女性ヘルパーも、このときとてもうれしかった。何がうれしかったのかを後から考えてみると、もちろんこれから出かけたときにまた腰痛に苦しまなくてもいいだろうという予測が立てられたからでもあるが、おそらくはそれだけではない。私たちは、私たちなりに彼女に投げかけた。それを彼女は彼女なりに受け止めた。そのこと自体が、私たちにとってみれば、とても大きなことだったのである。宅急便で送るという手段でなくても私たちはうれしかっただろうし、あまりうまい手段でなかったとしても、「じゃあ次を考えよう」と思えただろう。彼女が彼女なりに考えていると感じられたから、そのこと自体が一番うれしかったのではないかと思う。

いま振り返れば、ディズニーシーの当日は、私たちはどこか、私たちなどどうでもいいのだと感じてしまっていたのだろう。実は、『ＴＶブロス』の件は、帰り道にその女性ヘルパーとの間で「あれはないよね……」と話に出たことでもあった。もちろん、『ＴＶブロス』を買って悪いわけではなく、そこに「私たちのことはどうでもいいのだ」という心情を勝手に読み込んでしまうから、傷つくのである。

だが、考えてくれたのであれば、「どうでもいい」わけではないのだ。ただ、噛み合わなかっただけなのである。こうした噛み合わなさも、すべて笑い話として解消されていく。相手が受けとめてくれて、いつかお互いの間に了解や創発的秩序としてのシステムＡが生まれるかもしれないという希望は、こうして暮らしのなかに多くの余裕を生み出し、物事の見え方を大きく塗り替えていく。

(7) 就学運動から自立生活の支援まで

たこの木クラブの支援者たちが試みているのは、まさにこれである。「どうにもならない」と感じられたケースについて、ダブル・コンティンジェンシーとして捉えかえす。お互いに「情報」や「伝達」をどうやり取りしているのか、どう「理解」しているのかがわからないままでも、「これだろうか」「あれだろうか」と探って試していく。そうすることで「付き合い方」や「折り合い」が生まれることがある。それがまたうまくいかなくなれば、もう一度捉えかえし、そこから「これだろうか」「あれだろうか」と探っていく。そうすることで、また「付き合い方」や「折り合い」が見つかることがある。いや、見つからなければダメだということではない。見つからなくても、探り続けることならできるのであり、希望があるだけでも続けられる。

そのようにして、多摩地域の支援者たちは、子どもたち(知的障害であろうとなかろうと)と付き合い続けてきた。お互いの間に生じる小さなトラブル、行き違いなどに際して、そのつど、絶対にお互いはかかわっているのだという前提のもと、お互いの「情報」「伝達」「理解」がどう行き違っているのか、さまざまに想定を繰りかえし、その後「これだろうか」「あれだろうか」と試し、新たな「付き合い方」「折り合い」を探ってきたのである。

自立生活の支援が始まってからも、なされてきたことの基本は同じなのだが、切迫感が大きく異なる。親元を離れることで、親が担っていた多くのものが支援者たちにゆだねられることになり、複数の支援者たちが連携しながら担わなくてはならなくなった。そのため、親という単独主体であれば一人で自然にこなしていただろう、暮らしのなかでのクリティカル・ポイントを、支援者たちは集合的に担うようになった。それゆえ、支援者たちはより具体的に、そして自覚的に、本人と周囲とのかかわりを捉えかえす必要が出てきた。さまざまな支援会議の場で、繰りかえし本人とのかかわりを捉えかえす。そこで出てきた「これだろうか」「あれだろうか」という案を、その後の支援のなかで実際に試してみる。そのなかから、複数の支援者たちと本人との間で、「付き合い方」や「折り合い」が生み出されてきたのである。

春日淳一がルーマンのダブル・コンティンジェンシーの議論を再考するなかで、彼のいう生成されるシステムを「分からないから成り立つシステム」（春日 2005: 17）と呼んだことを思い出そう。そう考えるなら、「わからない」ことは必ずしも障壁ではないし、がけっぷちでもない。「わからない」ことは、創発的秩序の源泉でもある。わからなくても、探っていけばいいのだ。かかわっているのだという前提を置き、「情報」「伝達」「理解」におけるズレをあれこれ想像し、「これだろうか」「あれだろうか」と探って試してみることはできる。そして、そこから何らかの「付き合い方」「折り合い」を見出していくことができるかもしれないのだ——たとえいまは絶望的に思えていても。

2 「人」とみなしたとしても

(1) ダブルとしてのかかわり／コンティンジェントであることの幅

さて、ダブル・コンティンジェンシーとして捉えかえして、そこからシステムAを生成するという希望が持てることが重要だと述べてきたが、ここで考えておかなくてはならないのは、「捉えかえす」の意味である。

これまで挙げてきた例は、正確にいうなら、「ダブル・コンティンジェンシーだと思っていなかったもの」をダブル・コンティンジェンシーとして捉えかえしたというわけではない。むしろ、ダブル・コンティンジェンシーと捉えてはいたけれども、あまりにもそのかかわりと幅を狭く捉えてしまっていたのに対して、より多様な可能性に開かれて捉えかえすといった方が正確である。

私たちは、トラブルのさなかであっても、相手を人間と思っていないわけではない。知的障害や発達障害の人たちを地域から排除しようとしているときであっても、必ずしも、その人に意思や想いが全くないと思っているわけではない。そこに「別様でありうること」というコンティンジェンシーが存在していることは認めていることの方が多い。

ただ、第一に、二つのコンティンジェンシーがどの程度かかわっているという前提を置くかで違いは出てくる。第1章で挙げた、冷蔵庫の胡瓜にハサミという件についても、当時の私ですら、その人が自律的にふるまっていることは理解していたし、「人間でない」と思っていたわけではない（「絶対的な他者」というフレーズを思い浮かべていたことからしても）。私に見えなくなっていたのは主に、コンティンジェンシーが相互にかかわっている（シングルではなくダブルである）ということである。私が何をどうしようと、目の前にいるこの人には何の関係もないような気がしてしまっていた。そのとき私はその女性との間で、他の人との関係であれば普通に想起し前提しそうな程度のかかわりも、想定できなくなってしまっていたのである。

第二に、それよりもう少し、お互いにかかわっているという前提を置いたにしても、それでも後から振り返れば「別様でありうること（コンティンジェンシー）」の幅がひどく狭くなってしまっていることがある。

たとえば、ある知的障害の人が入所施設に入ったと聞いて、会いに行ったときのことを述べよう。それが私にとってはほとんど最初で最後の入所施設訪問で、強い印象を残した経験でもある。なぜなら、入所施設で会う人たちが、やけに同じように見えたからである。もちろん、姿形はさまざまだったし、障害のある人は個性的であることが多いので、その意味では「同じ」に見えたわけではない。ただ、どの人も私に対してとても親切で、好意的な関心を持ち、歓迎する姿勢を見せてくれた。かなり一様に。

それが奇妙に感じられたのは、私がそれまで多くの人たちとたこの木クラブの活動のなかで出会っていたからだろう。多摩市で出会った人たちは、初対面からそんなに親切ではなかったし、歓迎してもくれなかった。グループホームなど居住の場に行っても、一人くらいは必ず警戒心を丸出しにする人がいたし、興味を持っても近づき方はさまざまだった。その入所施設のように、全体としてひどく似たような姿勢を示されているように感じることはなかった。

そしてそれは、そこにいる人の特性やその人たちが選んだことではない。場の特性によるところが大きい。入所施設で暮らしていれば、施設職員以外の人たちと会うことはほとんどなく、面会という形で訪れる人くらいしか会わない。そして、面会で訪れる人は、利用者の親がほとんどだろう。そこに、明らかに「誰かの親」という立場ではない人が訪れたから、珍しく、そして面会という形で来ている以上は害を与える存在ではないことが明確だったために、親切で好意的に歓迎する姿勢を見せてくれただけなのではないだろうか。

誤解を招かないよう付け加えておきたいのは、ここで述べたいのは、入所施設だからダメで地域生活だからいいといった話ではないことである。その人たちと私の出会い方、そこに働いている条件、そしてその条件を視野からすぐ外してしまうことについて、述べている。場の特性以外にも、その人たちが私に親切で好意的だった理由はいくつか考えられる。その人たちはほとんど四〇代から年配の男性たちで、私は当時まだ三〇代終わり頃の女性で、珍しかったということもあるだろう。また、私は施設職員としてその場に行ったわけではなく、長く付き合うわけではないという前提もあった。さまざまな条件がそこにはかかわっている。

問題は、にもかかわらず、それらの条件に思いが及ばないことがあるだろうと簡単に推測できたことだった。多摩地域での経験がなければ、私もそれらの条件について考えることなく、「知的障害や自閉の人たち」は「温かい」と思ってしまっただろうと、やけにリアルに感じ取ってしまった。

よく、研修等で入所施設を訪れて、そこにいる知的障害や自閉の人と「温かい」交流ができたと喜ぶ学生がいるが、そこにある「温かさ」とは何かと考えると、ぞっとする思いだった。場の設定として、あるいはその他の条件から、その人たちには他のふるまいをする余地がほとんど残されていない。そうしたなかで出会い、それでもって「障害者の方たちは温かい」「優しい」と満足して帰る人たちとの間には、確かにダブル・コンティンジェンシーがあるといえばあるのだが、そのコンティンジェンシーの程度や幅は、一般的な人間関係のそれとはかけ離れたものである。これは現代の日本社会ではよく見られることだろう。

つまりは、「人」であるとは思っていても、その「人」と自分とのかかわり、あるいは相手の「人」としての内実などについて、ひどく狭く限られたイメージを抱いてしまっているというケースが多々あるのである。知的障害や自閉の人たちについて、私たちの社会の多くの人たちにおいて、コンティンジェンシーがあるということは認識されていても、どの程度他とかかわっているのか、あるいは「別様でありうること」にどのような幅や程度があるかについて、想定がかなり狭くなってしまっている。加えて、往々にしてそのことに当事者たちも気づいておらず、「障害者の方たちは温かい」というイメージで語って、そのことに何の問題も感じない。そうした瞬間が、私たちの日常のあちこちに存在しているのである。

そして、ダブル・コンティンジェンシーのかかわり方と幅が狭く解釈されているとき、そこで生成される了解や創発的秩序、あるいは折り合いは、非常に一方的なものとなりうる。

たとえば、精神病院で発達障害の人が長らく拘束を受けているという事例は、多摩での支援活動で何度か遭遇した。ある男性は、退院支援の一環として、たこの木クラブの事務所兼たまり場に昼間だけ遊びに来ていたのだが、夕方になるとベッドに拘束されていた。何が問題となって始まった拘束なのか、なぜ継続されているのかはよくわからなかった。確かに、その人はこちらが思いもつかないことをやることが何度かあったが、原則としては、普通に話せばわかる人だという印象もあり、たこの木クラブで毎週会っている側からすると、拘束が「必要」とはとても思えなかった。本人なりに納得する形を探るのに時間はかかるけれども、時間をかけて本人の考え方に合わせながら説明していけば、十分対話の成立する人だと私たちには思えていた。おそらく、何らかの行き違いがあり、病院職員に対して従わず、病院職員が力ずくで従わせようとしたときに抵抗したそのふるまいが、「暴力的」と判断されたのだろう。

病院職員が拘束すると決めたとき、病院職員たちがその男性を自律的な存在と見ていなかったわけではないだろう。自律的な存在でないなら、「拘束」する必要もない。だから、病院職員がその男性とのかかわりをダブル・コンティンジェンシーとして捉えていなかったとは言えない。ただ、そこで想定されていたかかわりや幅はとても小さなものだったのではないか。職員の行動に対する反応でしかなかったもの（別様にかかわれば生じなかったもの）を一方的な「暴力」とみなすようなものだったのかもしれない。それが結果的には拘束という結果となっている。

そして、拘束もまた、システムAであり、了解であり、創発的秩序かもしれない。少なくともダブル・コンティンジェンシーからシステム生成へという流れは、「拘束」に至る過程でも読み取れるはずである。男性からすれば、とても了解しきれるものではなく、「折り合い」とはとても言い難いものだったかもしれないのだが。ダブル・コンティンジェンシーとしてのかかわり方や幅がひどく狭いものしか想定されていなかったときには、生成されるシステムAは、非常に一方的で、ときに排除的かつ暴力的なものとなってしまう。

（2）主題が「人格」から「身体」へ移るとき

ここで、精神病院などでの拘束が、はたからみるといささか早急になされてしまっているように見えるのはなぜか、もう少し踏み込んで考えておきたい。

ルーマンは、数々のシステムから同時に排除されている人たちに対しては、コミュニケーションの主題が「人格」ではなく「身体」に移っていく（Luhmann 1995=2007: 237）ことを指摘している。

> 注意の対象とコミュニケーションの主題が人格から身体に移ったからといって、社会性がなくなったというわけではない。ただ、社会性が別の形態をとるのである。コミュニケーションにとって重要な、情報と伝達の区別は切り詰められて、きわめて縮減された情報関心だけが残るが、知覚と、何よりもスピードが、物を言うようになる。（Luhmann 1995=2007: 237-238）

病院職員が「拘束」を傍目から見るとごく簡単に決めているように見えるとき、病院職員がその患者を人間とみなしていなかったというわけではない。ただ、主題が「人格」から「身体」に移っている。「身体」に注目するのなら、とにかく暴力なり拘束なり投薬なりで、コントロールするしかない。

では、相手がこのように「身体」として立ち現われてくるのは、どのような局面なのか。ルーマンはこれを、複数のシステムから排除されているときだと捉えた。私たちは現代社会のなかで、多様なシステム（AであれBであれ）にかかわって生きている。システムはその内部で包摂と排除の論理を有している。そして、第2章でも述べた通り、このようなシステムは、それぞれ自律的に機能しているが、無関係なわけではない。ひとつのシステムから排除されたことが他のシステムからの排除を招くことがある。その結果、一部の人たちは、複数のシステムから同時に排除されている状態になってしまう。相対的に自律的な複数のシステムが、それぞれの論理に基づいて、だが結果的に、一部の人たちに排除を累積させ、暮らしの幅を大きく狭めさせ、ライフチャンスを失わせるのである。そうした人たちは、人というより「身体」として立ち現われてくる。

知的障害や自閉の人たち、特に重度の人たちは、往々にして雇用や学校からも排除されがちであり、地域社会からも排除されがちである。そのためどうしても、人びとがその人たちとコミュニケーションする際に、注目が「人格」から「身体」に移ってしまいがちである。

たとえば、声をかけたのに相手が動かないとき、自分の声のかけ方に問題があったのかもしれないといった発想が失われる。相手には相手なりの事情があったのにこちらがわからなかっただけだろうかという発想も失われる。そうすることによって、とにかく抑え込むべき対象として相手が浮かび上がってくるのである。

（3）排除の始まりは日常のなかにある

こうしたことから、ダブル・コンティンジェンシーとして想定されるかかわりや幅の狭さこそが、排除の始まりであるといえるだろう。第2章で、ある人の別様でありうる可能性が極度に狭く見積もられてしまっているときこそ、排除の経験となると述べたが、そのことと根本において同じである。

そのように考えると、冷蔵庫で胡瓜にハサミを突き刺す姿を見て「絶対的他者」と思った瞬間、あるいは入所施設のなかで見せられる「知的障害の人」の「温かさ」を何の疑問も抱かずに受け取る瞬間、私たちはすでに排除の入り口にいることになる。相手を人間であり「人」であると思えば十分なわけではない。かかわっていると思えば十分なわけでもない。そのかかわり方や別様でありうること（コンティンジェンシー）の幅において、私たちは限りなく排除に近づきうる。いかに、自分では相手を「人」と思っているつもりであっても。

その意味で、私たちの日常のなかに、排除の契機は潜んでいる。全面的に社会生活を制限すれば排除で、そうでなければ排除ではない、ということではない。言い換えれば、入所施設にいれば排除で、自立生活をしていれば排除ではない、ということでもない。排除は常に幅と程度の問題であり、すぐそこで始まりかねないものである。

そうであるなら、ダブル・コンティンジェンシーとしての捉えかえしは、単に「そうでない」ものをダブル・コンティンジェンシーとして捉えかえしたのではない。問題になるのは、そのかかわり方（ダブルとしてのかかわり）であり、コンティンジェンシーの幅である。

どこまで「別様でありうること」を想定できるのか、その人の「別様でありうること」が自分自身のふるまいと関連していると想定できるのか。支援会議でなされているのは、そうでなかったものがダブル・コンティンジェンシーとして捉えかえされるというよりも、ダブル・コンティンジェンシーのかかわりや幅が変えられていく過程なのである。

（4）本人も支援者も「人間」となる

ここで付け加えておきたいのは、かかわりや幅が重要だということに注目するなら、ダブル・コンティンジェンシーとして捉えかえすことの意味もまた広がってくるということである。それは、単にシステムAが生成される、あるいはその希望が生まれる、というだけにとどまらない。

ひとつには、本人を「身体」から「人間」へと変えていくという意味を持つ。ただしこれは、道徳的な配慮によってなされることではない。その人を「身体」ではなく「人間」として見よう、と努力するような話ではないからである。むしろもっと個別具体的な、気づいたら生じているといった、事実認識のレベルでなされてしまうものである。

その意味では、ダブル・コンティンジェンシーとしての捉えかえしは、徹底して具体的な事例のなかで行われるからこそ意味があるともいえる。努力して「人間」と見ようとしても、すでに「身体」に見えてしまっていたら、意思の力で変えられるものではない。個別具体的に、「あのときこう見えていたのはこのためだったのか」と自分の捉え方を変えられて初めて、相手が「人間」に見えてくる。これら個別具体的な事実の見え方の変化が相手に対する視点を変えていくのであり、その逆ではない。

もうひとつには、支援者もまた、「人間」になれるという意味を持っている。第1章で述べたように、私はかかわり始めた当初、ある女性とのやり取りで、その人が実は私とかかわっていたのだという視点を得ることによって、彼女ともっとかかわりたいという思いが身体のなかから突き上げてくるのを感じた。これはいま振り返ると、自分が「身体」ではなくなるのを感じた瞬間でもあるのだと思う。私にもできることがあると感じたことも大きかったが、何ができるかということそのものはさほど大きな問題ではなかったろう。むしろ大きかったのは、私自身が「人間」に戻されていく感覚だったのではないかと思う。

先に、ディズニーシーの例を挙げながら、システムAが生成されるという希望が生まれること自体が、とてもうれしい体験になると述べた。あのとき女性ヘルパーと私が喜んだのは、単に将来的に腰痛にならずに済むという希望が抱けただけではなかった。利用者が私たちのことなど「どうでもいい」わけではないのだと感じたから、喜んだのである。その利用者は、次の手を考えることで、結果的に私たちを「人間」にした。

だから、ダブル・コンティンジェンシーの幅とかかわりを捉えかえすことは、支援者にとっても非常に大きな意味を持つ。本人を排除させない入口に立てるという、きわめて実践的な意味もあるのだが、同時に支援者たちを「人間」として浮かび上がらせるという点において、支援者たちを「救う」可能性も有している。

3 ダブル・コンティンジェンシーのかかわりと幅を広げる

(1) 結論よりも

そのため、多摩地域での支援会議では、繰りかえしダブル・コンティンジェンシーのかかわりと幅が、塗り替えられるほど拡げられ、捉えかえされる。まるで想定していなかったような水準まで、コミュニケーションがなされていたのではないかと捉えかえされ、私たちの受け取り方の問題も見直され、そのうえで相手が何をどう見ていたのかも問い直される。

実は、支援会議では、生成されるシステムAについてはあまり議論されない。多くの支援会議で、「こうしていけばいい」「次から方針はこうしよう」といった結論が、ほとんど出ないことは先述した。私も支援会議に出始めてしばらくした頃にそのことに気づき、ひどく戸惑った。一回の話し合いでは見極められないことが多いからでもあるだろうが、おそらくはそれだけではない。知的障害と自閉の人たちの自立生活支援という文脈においては、ダブル・コンティンジェンシーの幅やかかわりが徹底的に議論されることこそが、重要だからである。

たとえばある男性がアパートから立ち退きを迫られてひっ迫した事態となっていたときは、二時間近い会議が何度も開かれていた。私も一～二回出席したのだが、話し合いの内容は、その男性がなぜ立ち退きを迫られているのか（何が周囲にとって「迷惑」と認識されているのか）、なぜ男性はそのような行動をするのか、そこに支援者はどのようにかかわってしまっているのか、ということがほとんどだった。立ち退きを迫られているのなら、それでもそこに居させてもらえるように交渉するか、新しいアパートを探すしかないわけだが、実際にはなかなか交渉が困難なところまで来てしまったから事態はひっ迫しているのであり、重度の知的障害や自閉の人に新たにアパートを貸してくれる大家や紹介してくれる不動産屋は決して多くはなく、すでに使えるコマは使い切った状態だった。だから、何度も話し合うのだけれども、何かこれといった方法が見つかるわけではない。

それでも何度も支援会議は開かれていた。それは、私の目から見れば、結論を導き出すことを目的としているものではないように見えた。むしろ重要だったのは、そこで何度も何度も同じようなことを話し合うなかで、繰りかえし問題の仕組みや構造を整理し、つい陥りそうになる構図を避け続けることだったように思う。事態がひっ迫していながら膠着状態に陥っているなか、どうしても、多くの支援者が、時間に構わず大きな声をあげたり物音を立てたりする本人が「悪い」と思いそうになる。それに対して、確かに周囲にとって「迷惑」ではあるが、本人もやりたくてやっているわけではないことが繰りかえし確認される。そしてときどき、支援者たちは、自分たちが周囲からの立ち退き要求を気にしてしまうことで、かえって本人を追いつめてしまっているのではないかと自戒の言葉を口にする。

言い換えれば、ダブル・コンティンジェンシーがひどく狭く捉えられてしまいそうなところ（どんなに言っても音を立てる本人と、それに対して何もできない周囲という構図）を、本人にもさまざまな思いがあり、また決して支援者たちのことを無視してふるまっているわけではなく、むしろ支援者たちのふるまいゆえにまた落ち着かなくなっている可能性があること、そして隣人たちが本人をただ全否定しているわけではなく、耐えがたいタイプの騒音があるのであり、そこだけでもなんとかすれば可能性はあるということなど、ダブル・コンティンジェンシーとしての幅やかかわりを拡げていこうとしていた。狭めてしまいそうなところを、話し合いという形で繰りかえし拡げる努力を続けていたのである。それなくして生まれるシステムAは、排除の確立にすぎない可能性が高い。重要なのは、ダブル・コンティンジェンシーの幅やかかわりを可能な限り拡げ、お互いのやり取りを捉えかえすことなのである[2]。

単に何らかの了解や秩序が成立すればいいというわけではない。それが相手と自らのかかわりをどの程度まで捉えかえしたものとなっているか、一面的で狭い理解になっていないか、そのことこそが問われている。

では以下で、それを端的に示すような例をいくつか挙げていきたい。

(2) コミュニケーションの多層性

ひとつには、私たちはどのレベルでコミュニケーションをしているのかという問題がある。ある夏、たこの木クラブにかかわる人たちと旅行に行った先で、同行していた知的障害で自閉の男性が、突然に私の後頭部に拳骨を入れたことがある。その場では、なぜ彼がそうしたのか、支援者たちにはわからなかった。

その数週間前から、その男性は急に人に「暴力」をふるうようになっていた。なぜなのかはわからなかった。そのため、支援者が相互に批判し合う状況すら生まれていた。最近通い始めた作業所で覚えたのではないか、親元にいるストレスなのではないか、あるいはたこの木クラブの支援者が十分に止めないからではないか。そのような議論がなされているなかでのことだった。

ところが旅先から戻った後、ベテランの支援者が、その男性が私を「殴った」(一般的にみればそう表現するだろう)場面について、全く異なる見解を出した。ベテラン支援者は、なぜ「殴った」かはわからないと前置きをしながら、「一般論として、何かが起きるのはヘルパーが注意を他に向けるときだよね」というようなことを言った。

確かに、その男性が私を「殴った」のは、目的地近くの駅を降りたときだった。男性についていたヘルパーは、目的地への道筋を、地図等を見ながら考えていた。その瞬間、ヘルパーの注意が彼からそれた。男性はそれを感じ取り、たまたまそばにいた私の後頭部に拳骨を入れたのかもしれない。

特にその男性は、背景とともに人を把握するようなところがあり、知り合いと一緒であっても場所が変われば相手をよく把握できないようである。だとすれば、旅先でヘルパーが注意をそらすことは、私たちの想像を超えた不安と恐怖を感じることだったのかもしれない。

もちろん、そのときヘルパーは、道筋を考えただけであって、その男性に対してメッセージを発したつもりはない。一般的に考えて、道筋を考えて地図を眺めることそれ自体がコミュニケーションになるとは思わないだろう。だが、その男性はヘルパーのわずかなふるまいにメッセージを読み取ってしまい、そこである種のコミュニケーションが成立していたのかもしれない。

翻って考えれば、私たちも、言語内／言語外あわせて多層的にコミュニケーションしており、そのことを日常知として知っている。ただ、通常想定されるものは、たとえばそれまで支援者間で議論されていた内容にとどまり、このレベルにまで立ち入って考えることは少ない。だが、私たちはお互いに、もっと即時的で瞬間的・無意識的なレベルでも、かかわってしまっているのである。

（3）同じ価値を共有していても

もうひとつには、社会規範や価値の共有のありようについてである。たこの木クラブには年に何度もさまざまな地域の支援者が訪れ、多摩地域の支援活動について話を聴いたり、自らの話をして相談したりする。あるとき、そのうちの一人が、少し前に自らの地域で起きた事例を話していった。

ある四〇代の知的障害で自閉の男性が、支援の場に来ていた女子大学生ボランティアの膝の上に、何度も乗ろうとしたのだそうである。その場にいた主婦ボランティアたちは「社会的に許されない」と激怒した。「社会的に許されない」という表現には、この男性がまさに「社会」の一員ではない外部へと位置付けられようとしていたことが示されている。

それを話してくれた人は、「僕だって若い女性の膝の上に乗りたいよ」と言ったそうである。すると主婦ボランティアたちに軽蔑のまなざしを向けられ、大変だったらしい。

もちろん、その言葉はあえて発されたものである。「若い女性の膝の上に乗りたい」という欲望は、いまの日本社会の状況のなかで社会的に作り出されたものである（実際には座り心地も悪く、快適ではないかもしれないけれども、それが性的欲望を満たす手段として成立すると捉えられている）。言ってみれば、まさに「社会的に許されている」。実際、性的サービス業ではそうしたことが「許されている」こともあるだろう。その意味では、膝の上に乗ろうとしていた知的障害や自閉の男性は、この社会と価値を共有している。共有しているからこそ抱かれる「欲望」である。「僕だって」と言ったその人は、このことを示したかったのだろう。本人がわかっていなかったのは、「社会的に許されている」といっても、「いまここで」許されているかどうかは別の問題だということだけだったのかもしれない。

こうした例は他にいくつも挙げられる。一般に、知的障害や自閉の人が他人に暴力をふるうとき、その対象は、子ども、女性、高齢者など、いわゆる「弱者」であることが多い。いかにも卑怯な行為にみえるのだが、この点についても多摩地域の支援者たちは、それはその人たちが社会の価値に従っているだけなのではないかという。現に私たちの社会は「弱者」をそのように扱っているではないか、というのである。

では、なぜ知的障害や自閉の人の行為がときに「社会的に許されない」ものとして浮上してくるのか。それらの行為を、いわゆる「健常者」は、「ごまかし」ながらやる。たとえば女性に触りたいと思うのなら、その事前や事後に好意を示してみたり、相手が嫌がっていないかを探ったり、金と権力を誇示したり、金と権力があればやって良いといわれそうな場を適切に選んだり、あるいは実際にやってみて嫌がられたら笑って取り繕ったりなど、様々な技術を駆使して「ごまかす」。だが、知的障害や自閉の人の多くは、その「ごまかし」の技術を用いることができない。それゆえ、しばしばそのふるまいが露骨で暴力的なものに見えてしまう。そういうことなのではないか。

ここで問い直されているのは、当事者がなぜそれをするのかということであると同時に、私たちがなぜそれを非難するのかということなのである。

(4) 何とかかわっているか

さらにいうなら、そこで何が起きているのかという判断自体が、私たちの思い込みや前提によって大きく左右されている。

たとえば、ある知的障害と自閉の男性が人に暴力をふるうようになっていたとき、その人が別の知的障害の女性を軽く殴ったことがある。私はあわてて二人を引きはがした。おそらく同席していた男性支援者を非難の目で見ることすらしたと思う。実際、女性は怯えた顔をしていた。私は、彼女がやはりその男性を怖がっているのだと思った。

だが、別の男性支援者には、「三井さんの顔が怖かったんじゃないの」と言われた。確かに言われてみれば、その二人は子どもの頃からの知り合いである。それに、「殴った」といっても、男性は手足に麻痺があり、打ちどころが悪くなければ、おそらくあまり痛みは感じなかっただろう。私はそれまでにその男性が他の人に暴力をふるうのではないかと警戒しており、実際にそれが起きたと思ったので、緊張と怒りが顔ににじみ出ていただろう。そう考えると、その女性が怖がっていたのは私の感情のようにも思えてきた。

このように、私たちがそこで「〇〇が起きた」と認識しているその認識自体が、私たちのさまざまな前提によって大きく左右されている。ちょっと視点を変えれば別様に見ることも可能なのであり、落ち着いて考えてみれば案外と違って見えてくる。

そうやって視点を変えてみたり、落ち着いて考えてみたりすると、その場で何が起きたのか、その像が細かい要素に分解されていくのを感じる。たとえば、私は何からその人の意思を読んだのだろうか。相手のしぐさ、声、表情、それをどう読み込んだのだろうか。本当は違うふうに見ることだってできたのに。あるいは、自分のしぐさ、声、表情は、相手にどう伝わったのだろうか。自分で思っているのとは違う伝わり方をしているのではないか。さらにいうなら、お互いが持つ前提、場におけるコード、そのコードの読み方、第三者の存在、物の配置など、コミュニケーションはさまざまな要素によって成立している。これらを解体して洗いなおしてみると、その場で何が「起きた」のか、全く別様に見えてくることもある。

このように、多摩地域の支援ネットワークにおけるダブル・コンティンジェンシーとしての幅やかかわりの捉えかえしは、一般に想定されるようなレベルをはるかに超えて、自分自身の捉えかえしに踏み込んでいく。単にふるまいを見直すというだけでなく、無意識のうちに有している規範意識や価値意識、あるいは認知の仕方や捉え方までも含んでいる。そこで何が起きているのか、誰が何をして、他の人は何をしていたのか。それぞれのふるまいの意味について、そのつど読み替えられる。思ってもみなかったようなレベルでのコミュニケーションがなされていた可能性について、繰り返し想起させられる。

これは何も多摩地域だけのことではない。私が出会ってきた、首都圏内、あるいは他の地域で長らく知的障害や自閉の人たちの自立生活支援にかかわってきた人たちの多くが、こうした話になるとどこまでもついてくるし、面白そうに自分の知る事例について話してくれる。

この点を、次節でさらに踏み込んで考えてみたい。私たちは、相手を人間とみなすとき、その人の「人格」や意思をどう読み込んでいるのだろうか。

4　目に見える「人格」や意思のむこうがわ

こうした捉えかえしの営みは、何度も述べてきているように、相手を人間だと思えばゴールなわけではない。しばしば、知的障害や自閉の人たちを受動的で世話をされるだけの客体として捉えることが非難され、意思を持つ主体として捉えることが必要だと言われる。だが、意思を持つ主体として捉えればそれでいいというほど、話は単純ではない。

第2章最後で、「障害児」というレッテルを外せばいいというわけではないと述べた。特に知的障害が軽度な人は、しばしば周囲から勝手に「人格」を読み込まれ、その結果として排除されていくことがある。重度障害の人であっても、勝手に「人格」を読み込まれたときこそ、厳しい非難を向けられ、排除の対象となることが多い。

だから、問題は、私たちがどう意思を読み、どう相手の主体性をいまここで立ち上がらせてしまっているかということにもある。支援会議でなされているダブル・コンティンジェンシーとしてのかかわりや幅の捉えかえしは、相手をたとえ人間だと思っていたとしても、私たちが相手を「どういう形で」人間として認知してしまっているのかということを捉えかえすことにも踏み込んでいる。

言い換えれば、私たちは本当にしばしば、相手の意思や「人格」を勝手に読み込んでしまっている。そのことを解きほぐすことが重要なのである。

(1) 金に細かいのか、仲直りの第一歩なのか

あるとき、私はある二〇代の男性と喧嘩になった。きっかけは些細なことだったのだが、言い合いになったときに向こうに軽くぶたれたので、私もカッとなり、強く言いかえしたし、手も振り払った。そこまで人前で怒りを表明したのは久しぶりで、帰りの電車では「なぜこんな年齢になって、二〇歳も年下の人を相手に、こんなことをしているのか」と泣けてきた。それくらい感情的になっていたのだと思う。

翌週、その男性からメールがあり、皆が集まる場に行く前に二人で話したいと、喫茶店に呼び出された。そのときはあまり意識せず、了解した旨を返信したが、いま振り返ると、私は「当然、仲直りしようという話だろう」と思っていたのだろう。それ用に気持ちを整えてその場に向かった。

ところが、開口一番に言われたのは、「(喧嘩をした)翌々日、三井さんとのことがフラッシュバックし、仕事に行けず、時給を損した」ということだった。私は思わずまた感情的になった。その言い方が、私にその分の時給を請求しているように感じられ、「私の知ったこと

ではない」と言い放ってしまった。いま振り返ると、どれだけ金に執着しているのか、私との仲直りなど考えていないのか（私は気持ちを整理していったのに）、と思ったのだろう。

ただ、そのように感情的になっているときに、不思議と相手がよく見えることもある。そのときは、怒りを抑えられなくなっていながら同時に、「ああこの人はこういう形でしか言えないのだろう」とも思った。

その男性は、気持ちや感情について言葉にするのが苦手である。よく喋る人なので、そうした苦手を抱えていることを、つい周囲も忘れてしまうのだが、言葉の多さに比べて、自分の気持ちや感情を言葉にしたり、相手の気持ちや感情をくみ取ったりするのは難しいようである。ただ、数字ならわかりやすいようで、その分、お金にはうるさい。他の知的障害や自閉の人にもときどきあることなのだが、お金を出したり、人にモノを買ってやったりすることで、自分の立ち位置や想いを示そうとする。

おそらく、その人はいかに自分がつらかったかを言いたかったのではないかと思う。ただ、そのための言葉がよくわからない。時給という数字でなら、示しやすい。だから、「時給を損した」と言ったのだろう。「あなたと喧嘩したことで私はとてもつらかった」と言えれば苦労はしないのだろうが、それができないからあのような言い方をしたのかもしれない。言い換えれば、その人なりの謝罪の入り口であり、仲直りの入り口だったのだろうと思う。ただそれは、私が想定していた仲直りの形とは、著しく異なっていたのだが。

(2) 嫌われているのか、チェックしているだけなのか

また、ある女性の支援会議が終わったときのことである。その女性は、そのころ体重が増えていて、食事を減らす必要があり、皆で声掛けをしようという話になっていた。

その日の会議が終わった後、その女性の姉が私に「最近はあの子に嫌われた気がする。注意をしすぎているのかな」ともらした。姉によると、食事をするときに本人が姉の方をちらちら盗み見るのだそうである。姉は妹を心配して、小まめに「食べ過ぎじゃない?」と声をかけるようにしていたのだが、「それがそんなに嫌だったのかと思う」と姉はいう。

ただ、そのとき私には、とてもそうは思えなかった。私に感じられたのは、おそらくその女性は「適量」がわからないだけなのだろうということだった。「食べ過ぎ」かそうでないかは、なかなか自分だけではわからない。だから、姉の表情をチェックしていたのではないか。姉が表情を曇らせれば、そこで止めた方がいいと判断していたのかもしれない。そのように姉には伝えた。

いま思うと、そのとき姉には、さまざまな思いがあったのだろう。とても責任感の強い人なので、そもそも支援者たちにこれほど託していていいのか、自分がすべてをやらなくてはなら

ないのではないかという思いもあっただろう。また、食べるのが好きな妹に、しょっちゅう「食べ過ぎじゃない？」と水を差してしまうことへの罪悪感もあっただろう。それらが相まって、自分が「嫌われている」という思いになったのではないかと思う。逆に言えば、私はそのような背景を背負う必要がなかったから、別様に事態を見たのだろう。

いずれにしても、ちょっとした表情やふるまいに、私たちはその人の感情を読み込んでいる。その読み込み方には、私たちの側の思い（罪悪感など）が強く反映されてしまうこともある。その人がそう感じているのではなく、私たちの側が「その人がそう感じている」と読み込んでいるのだということを意識しなければ、本人の思いとは関係のないところで物事が進められかねない。

（3）性的な暴力なのか、ごまかしが足りないだけなのか

たこの木クラブにかかわり始めてからまだ一年ほどしか経っていない頃、私は複数の知的障害で自閉の男性に、他の男性支援者やベテランの女性支援者が席を外したときに、妙に近寄られたり、突然触られたりすることがあった。具体的には、肩に腕をまわしてきたり、膝をくっつけてきたりという程度なのだが、向こうは明らかに態度が変わるし、こちらもビックリはする。

特に、他の支援者が席を外したときにばかり起きるので、「機会をうかがっていたのだろう

か」と感じて、少し気味が悪かった。嫌だと思うことをされたときにはそのつど伝えるようにはしていたが、急に触られるのでは、なかなか避けようがない。一般的な言い方でいうなら、性的な暴力に近いことをされているのだろうか、とも思った。

ただ、徐々に時間が経つにつれて、他の支援者が席を外したときに起きるのは、「機会をうかがっていた」というよりも、雨が降ったから傘を差した、などのように、単に状況の変化に反応しただけなのではないかと思えてきた。「機会をうかがっていた」という表現と「状況の変化に反応しただけ」という表現とでは、ずいぶんニュアンスが違う。前者だと感じていたのは、私の側の読み込みが入っているのではないかと感じ始めたのである。

また、そもそも「妙に」近寄られた、あるいは突然触られたことを、「セクシュアルなこと」とどこまで捉えていいのかについても、定かではないように思い始めた。おそらく、「セクシュアルな意味」はあったのだろうと思う（やけににやけていたから）。けれども、それはたとえば、相手が抵抗しにくい状況に追い込んで性的なかかわりを持とうとしているというようなニュアンスのものだったのだろうか。そう疑問を抱き始めたのである。

おそらくその複数の知的障害や自閉の男性は、まだ慣れない同世代の女性と席を同じくして、その相手に対して年齢にふさわしい好意じみたものを抱いたとき、それをどう示すのか、その駆け引きのようなものがほとんどできなかったのではないか。先にも述べたように、ごまかしが足りないのである。一般には、相手に性的な意味も含めて興味津々だったとしても、多くの人はその関心をそのまま相手に示さないし、いきなり相手を触ることはしない。チラチラと視線を向けるなどして、いわば、自分の好意をごまかしながら示す。それに対してその男性たちは、そのようなごまかしの技術がなかったため、いきなり触ってしまったのかもしれない。

現代社会の文化コードからすれば、成人男性が成人女性にいきなり触るのはかなり無礼で、そして性的な暴力に近い意味合いを持ってしまう。けれども、本人は必ずしもそこまでしたかったわけではなく、もっと手前で止めるという駆け引きができなかっただけなのではないか。

(4) 立ち現われる「人格」はどう構成されているか

これらの事例は、見方によっては「金に細かい」「嫌っている」「性的な衝動を抑えられない/性的加害者」とも見える事例である。だが、これらの「人格」像は、かなりの部分が、こちら側の持っている前提によって生まれた判断・主体像でもある。

もちろん、一方では、ここに挙げた人たちの身体的・知能的な特徴も影響している。知的障害や自閉があるからこそ、これらのふるまいになっていることは否定できないだろう(ごまかしが足りないことなど)。ただ、ある医学的な特徴があるからといってこのようなふるまいになるというよりは、医学的な特徴に加え、その人の個性とその場における社会的・心理的ダイナミズムのなかで生じているふるまいではある。気持ちを表現するのが苦手だからといってお金にこだわるようになるかどうかは、周囲の人たちとの関係や、本人の個性によっても違うだろう。いずれにしても、相手の特徴的なふるまいは、確かにこの「人格」像に影響している。

それでもやはり、相手だけの問題ではないことも確かである。たとえば、第一の例でいうなら、「仲直りのはず」「お金のことをいま言うはずがない」といった私の側が置いていた前提が、彼のふるまいを異様なものとして際立たせたのは確かだろう。第二の例でいうなら、本人の姉が「いつも注意ばかりしてしまっている」という罪悪感を抱いていたことが深くかかわっている。もっというなら、おそらく姉は普段から「もっと自分が介護しなくてはならないのではないか」「こんなふうに他の人に託してしまっていていいのか」という思いも抱いていた。それらの罪悪感が姉の解釈の背景にはある。そして、第三の例でいうなら、「そんなふうに普通は触らない」という前提があるから、その男性のふるまいが暴力的なものに見えた。肩に手をまわす／膝をくっつけるというふるまい自体が持つ意味は、本当は多様にありうる。ただ、そのときの文脈から明らかにそうとしか私には取れなかった。その文脈の読み取り方は、私の側の事情である。

誤解のないよう付け加えておきたいが、これらの事例で私（あるいは本人の姉）が「悪かった」と言っているのではない。第一の例で相手を「お金にうるさい」と認識したこと自体を

「間違えだった」と思っているわけではないし、第三の例で「性的な暴力に近い」と感じたことを「私のせいだった」と言いたいわけでもない。そういう話ではない。ただ、お互いのそれぞれの事情と背景のなかで、そのような認識が生まれていたのだということを、あとから捉えかえし、了解したというだけのことである。このレベルのことについて、すべて私が（あるいは誰か特定の主体が）「悪かった」「間違えていた」などと言っていては話が進まない。これらすべてをあらかじめ把握しコントロールできるようなパーフェクトな人間など、存在しないだろう。

このように、相手を単に主体だと思えばいいわけではない。そして、相手の医学的な特徴とそれがもたらす傾向について把握しているだけでも十分ではない。自分がそのときどきに、どのような前提でその人の主体像を描いているかを繰りかえし検証する必要がある。

そして、このような「人格」の読み替えは、実はあまり小さなことではない。その人の側には私の想定していなかった事情があったのだ、そして同時に私の側の事情もあったのだと捉えかえすことは、すぐに排除的な手段をとることを踏みとどまらせる。第一と第三の例についていえば、私は特に何もアクションを起こしていない。アクションを起こさなかったということ自体が、ひとつのアクションではあったのだろうと思う。その男性たちを非難する気はなくなったし、また同じ場で会えばそれまでと同じように話をしたし、二人きりになることを特に避けようともしなかった（ただ、実際にはその後あまり二人きりになることはなかった）。変わらなかった（少なくとも私の主観では）ということ自体が、ひとつの応答である。

（5）「同じ」と安易に考えない

最後に付け加えておきたいのは、こうしたとき、いわゆる「共感」などの感情移入や同情は、むしろ障壁になることが多いということである。「相手の立場に立って考える」ことは、配慮や理解の原点とみなされることが多いが、それが意味を持つのは、「情報」「伝達」「理解」のズレがあまり大きくないと想定でき、ズレがあったときに修正が容易なときである。そもそもお互いに「情報」「伝達」がどのように伝わってしまっており、またどのように「理解」がなされてしまっているのかがわからないなかでは、「相手の立場に立って考えた」つもりでも、実際にはこちらの意図や思いを押し付けているだけになってしまうことが多い。

たとえば、前節で挙げた、男性が女性を「殴った」ので私が引きはがしたという例でいうなら、私はまさしく感情移入をしていたのだと思う。私は男性の暴力が怖かった（当時は自分の気持ちに蓋をしていたが）。その感情を彼女も抱いたのだと咄嗟に思ったのだろう。本当にそうだったのかはわからないのに。

このように、自分自身の感情の持ちようによって、相手の主体像を大きく異なる形に描いてしまうことは、何度も何度も起きる。「気持ち」や「感情」は他者を理解する上で重要な手がかりだが、「情報」「伝達」のインプットとアウトプットや「理解」に謎が多く存在するときには、変に感情移入することは、大いに事態をはき違えることにつながりかねない。

そのため、自身と相手が「同じ」であるとは安易に考えない方がいい。最初の時点でコンティンジェンシーの幅やかかわりを過度に小さくしてしまっているのは、「同じ」だという想定に基づいているがゆえである。「同じ」などではないと考え、全く違う見方もあるのだという前提を置くことが必要なのである。

そうしたなかから逆に、はじめて共通性が見えることもある。ここまで述べてきたことのなかには、共通性が見出されている瞬間が多々含まれている。たとえば、姉が「嫌われているのではないか」と思ってしまった女性の例でいうなら、どこまでが許容範囲かよくわからないときに周囲の表情をチェックするのは、私やあなたもよくやることなのではないか。ごはんの適量を考えるときにはあまりやらないというだけのことである。

皮肉なくらい冷静に、自分自身のことも半ば笑いながら見つめることで、はじめてコミュニケーションの過程が別様に描けるようになることがある。私自身がどのような損得をそこで計算してしまっていたのか。どのような裏の目的を持ってしまっていたのか。いささか露悪的なくらい、ドライにそれらを分析した方が、事態を新たに捉えかえす上で有意義である。

5　捉えかえす訓練と経験知の生成

（1）訓練としての支援会議

さて、そのように考えると、たこの木クラブ等で支援会議が繰りかえし開かれていたことの意味についても別様に捉えることが可能になる。

あれは、ひとつの訓練の形だったといえるのではないか。いわば、オン・ザ・ジョブ・トレーニング On the Job Training（日常業務に就きながらの職業教育・訓練）のひとつの形式なのである。ダブル・コンティンジェンシーとして捉えかえすというプロセスを、さまざまな支援者と利用者について集合的に繰りかえすことによって、捉えかえしの疑似体験を重ねることになる。それは、利用者との関係で悩む支援者にとって重要なアドバイスにもなるだろうし、それ以前に、それぞれの支援者が自分自身と利用者とのかかわりを捉えかえす練習になる。

このように訓練として捉えかえしたとき、この訓練は三つの特徴を持っていることが見えてくる。

第一に、繰り返さなくては意味がない訓練だということである。こうした訓練は、たとえば座学のように知識として知ればいいわけではない。具体的にどう捉えかえせるのか、そのことによってどう世界や関係が違って見えてくるのか、それを実地で体験し続けることが重要である。

先に述べたように、たこの木クラブやその周辺で繰り返される支援会議は、とにかく延々と続き、あまり結論が出ないことが多い。支援者のなかにはこうした会議を非合理的だと嫌う人もいる。はたから見ればお喋りを繰りかえしているだけで、時間の無駄にすら見えるかもしれない。だが、この繰りかえしていることそのものに、おそらく大きな意味がある。

なぜなら、個々の捉えかえしは、高度に文脈依存的だからである。ひとつには、そこで捉え返されるのは、単に利用者のふるまいの意味だけでなく、自分自身がどう受け取ってしまったのか、何を投げかけてしまっていることに気づかなかったのか、という点である。これは、そのつどの自分の認知や体験を要素に解きほぐし、外から眺めなおすという作業であり、確たる「やり方」を学べばいいというものではない。何度も繰りかえし、やってみるしかないタイプの事柄である。自分の側の認知や体験がどう受け止め方に影響してしまっているのかは、そのつどの文脈に大きく左右されるからであり、一般論で理解できることではない。

そしてもうひとつには、問題になるのが言説だからである。ある言説がある文脈でどのような意味を持ってしまうのか、そして別様の言説に書き換えるとしたら当該の文脈でどのようなやり方がありうるのか、これもかなり文脈依存的である。「機会をうかがっていた」というのと「状況の変化に反応しただけ」というのとの違いは、当該の文脈に位置付けたときにわかるのであって、一般論では論じられない。

そのため、とにかく時間をかけて話を続けることが不可欠となる。一を知れば十がわかる、という話ではなく、何度も繰りかえしてこそ意味が出てくるような訓練なのである。

第二に、言説の書き換えの訓練は主に、ダブル・コンティンジェンシーとしてのかかわりや幅を捉えかえすところまでが主だということである。それにつらなる創発的秩序の生成までは、言説の書き換えの訓練のなかにはあまり含まれていない。それで十分なのであり、そうであることに意味があるのだと思われる。

なぜなら、ダブル・コンティンジェンシーとして捉え返せば、おのずと何らかのやり方が見えてくる可能性は生まれるからである。「これはどうだろう」「あれはどうだろう」という働きかけにつながるし、もし何もしなかったとしても、しなかったこと自体が、すでに働きかけでもある。その後、相手がどう出るかを見ていれば、そのこと自体にひとつの意味が生まれうる。

逆に言えば、捉えかえしている段階では、何が可能になるかは常にわからない。お互いにブラックボックスの段階なのだから、わかっているはずがない。ダブル・コンティンジェンシーとして捉えかえすことで得られるのは、近いうちにわかるかもしれないという可能性だけであって、必ずそうなるということではない[3]。むしろ、了解や創発的秩序の生成という「目的」を下手に仮定してしまったとしたら、訓練としては意味が半減するだろう。創発特性は、あらかじめ何かを想定してしまっていては損なわれてしまうものだからである。真に新しいものを模索するとき、私たちは安易に先を想定してしまわず、想定を超えたものに開かれなくてはならない。

第三に、慣れ親しんだ人たちとの相互扶助的な関係の構築と不可分である必要がある。このような捉えかえしを集合的に行うのは、見方によっては自らの「失敗」をさらけ出すようなものので、ときに支援者にとっては心理的負荷の高いものである。

だから、自分と利用者の関係を捉えかえすときには、ある種のユーモアと、発見の楽しさを盛り込むことが重要なのだろう。支援会議では、やけに笑いが起きることがある。一見すると不真面目に見えるかもしれないが、そうした楽しさが伴わなければ、捉えかえしの作業は滞るし、忌避の対象にすらなりかねない。「次はこう試してみよう」と考えられるような余裕をつくるためには、笑ったり愚痴ったりも同時にできなくてはとても無理である。その意味では、このような訓練は、ある程度の共同性、お互い様の感覚を持ちあえるような関係性が、支援者間に築かれていることを必要としているのである。

（2）経験知（システムB）の生成

さて、このような訓練は、経験知（システムB）の生成にもつながっている。捉えかえす経験を積めば、新しい人と出会ったときに「付き合い方」が早く見つかりやすいように見えるし、捉えかえすまでの時間も短くなり、捉えかえす際の幅やかかわりも広くできているように見える。少なくとも、ベテランの支援者が新人の支援者よりも早く、利用者とのかかわりにおいて何がお互いのズレの原因となっているのかを見抜く傾向にあるのは確かである。

この場合、個々の人たちの関係だけで成立するシステムAを超えて、非人称的に適用可能なシステムBが生成されているとみることができる。まずは個々人のなかで、個々の利用者だけでなく、多くの利用者に一般化しうるような経験知が蓄積されたという意味で、そして支援者たちがある程度共有するものとして経験知が蓄積されたという意味でも、システムBと呼ぶべきものが生成されている。いわば、「付き合い方」「折り合い」がシステムAだとしたら、その「探し方」「基本姿勢」のような経験知がシステムBとして形成されるのだともいえよう。

多摩地域でも、こうしたものは存在しているように見える。言葉の上ではあまりこうしたものの存在は強調されず、個々の利用者の個別性や、その人との「付き合い方」が支援者によって異なること、あるいはそれが一時的なものに過ぎないことの方が強調される傾向にある。だが、それではシステムBに相当するものが存在しないのかといえば、そんなことはないように見えた。

あるとき、初対面の知的障害で自閉の女性と、居酒屋で同席したことがあるが、どうも落ち着かないようで声を出したり床を叩いたりしており、私は私なりに落ち着かせようと、声をかけたり座布団を用意したりしていた。それを見ていたベテランの支援者が、「余計なことしないの」「あなたが余計なことするから（その人は）困っているんでしょ」と言った。顔を上げると、別の支援者たちもうなずいていた。おそらくあのとき、あの場にいたベテランの支援者たちには、私とその女性とのやり取りが、私が彼女を落ち着かせるつもりで、むしろ落ち着けなくさせているという事態として、同じように見えていたのだろう。同じように事態を捉えていたという点で、ここには一定の共有された「探し方」「基本姿勢」のようなものがあることを示している。

おそらく、経験を重ねれば、第一に、知的障害や自閉の人たちがしばしば採用しがちな行動様式や適応の仕方が見えてくるようになるのだろう。知的障害や自閉の人たちと一言でいっても本当に多様で、「超」がつくほど個性的なのだが、それでもやはり、知的障害や自閉の人たちに共通して多く見られるふるまいや、事態に対する向き合い方のようなものはある。ヴァージョンは大きく異なっても、ある種の傾向として似ているものはあり、長らくいろいろな人と付き合ってくることで、そうした傾向について把握できるようになるというのはあるだろう。

第二に、自分自身の関与の仕方について振り返りやすくなるのだろう。いわゆる「健常者」の勘違いや思い込みにも、一定のパターンはある。たとえば、先に挙げた例のように、ある人が荒れているように見えるとき、その人が自分の何かに反応している可能性について想像しやすくなる。「余計なこと」をしているかもしれないと気づき、それを止めることが少し容易になる。

このようなシステムBが、訓練を通して生成されている。ベテランとは、こうしたシステムBを身に着けた人たちなのである。そして日々の訓練は、古くから活動している人たちが、新しく入った人たちに教育を施すためのものという意味もあるが、おそらくベテランたち自身にとっても必要な訓練なのだろう。先に述べたように、続けていなければあまり意味がないタイプの訓練である。長らく活動してきた人であっても、他の支援者との話し合いのなかで、多くのことを改めて学び、見出しているように見える。

そう考えると、自立生活の支援者たちのふるまいは、専門家のそれと近しいもののようにも思えてくる。専門家は専門知というシステムBに基づいているが、その職務の目的は実はシステムAの生成である。自立生活の支援者たちは、システムAの生成を目指しているが、その際に経験知というシステムBを参照している。だとしたら。同じことをしていると言えるのではないか。だが現状としてふるまいが違って見えるのも否定できない。この点については、第5章で改めて取り上げることにしたい。

6　やりとりに引き戻す

(1)　システムと日常

このようなダブル・コンティンジェンシーとしての幅とかかわりの捉えかえしが持つ意味について、さらに一歩踏み込んで考えてみよう。具体的には、第2章の問いについてである。第3章で提起された問いである、「待ったなし」のなかでどう取り組んでいくかということについては、ここまでに述べてきた。だが、第2章で提起されていた、システム包摂とは異なる形で排除に抵抗するために何が必要かという問いに対して、これがどのような意味で答えとなるのかは、まだほとんど説明できていない。この節では第2章で提起された問いに対して、なぜ本章で捉えてきたような営みが答えとなりうるのかについて、考えていこう。

ここで翻って考えてみたいのは、システムとは何かということである。システムと本書で呼んできたのは、ある種の物の味方や考え方、捉え方や発想の「型」のようなものだった。たとえば教育システムであるなら、だれかに「教える」という発想であり、そこで当然視されるさまざまな考え方や捉え方のことだった。具体的な諸制度と不可分ではあるが、それだけに還元されるものではない。先述したように、イギリスと日本では障害児教育をめぐる制度は大きく異なるが、障害児への教育（あるいは日本流にいうなら「療育」）とは何かという発想や考え方そのものは、ある程度共通しているだろう。そのような発想や考え方のレベルのものをシステムと呼んでいる。

これはどこかに手に取って掴むことができる実在として存在しているわけではない。教育という発想を具現化したように見える学校であっても、それ自体は単なる建物である。特別支援学級もモノのレベルでみるなら単なる教室でしかない。教育あるいは療育という発想や考え方は、言ってみれば、私たちの心のなかにある。

心のなかにあるから非実在物なのかというと、そういうことでもない。現に私たちはそれを共有しており、実在を信じていて、なかったかのようにして過ごすことは困難である。多くの人が子どもを学校に通わせるし、学校という建物に通わなくても、教育すべきだという発想を持つ人が多いだろう。少なくともそうした発想が存在することは多くの人たちが了解しており、それを前提にふるまっているため、私たちはこれらシステムの存在を「想像の産物」と切り捨てることもできない（盛山（1995）はこれを「理念的実在」と呼ぶ）。

私たちの日常生活には、さまざまなシステムが入り混じっており、私たちは常に複数のシステムとかかわりあいながら生きている。逆に言えば、システムが存在しない世界を想定するのも困難である。どこかにシステムから自由なユートピアや自然空間が存在するわけではない。私たちの暮らしにはあちらにもこちらにもシステムが入り込んでおり、それから完全に自由な時空間などは存在しない。

だが、システムによって暮らしのすべてが規定されているとみなすのも乱暴である。私たちの日常やコミュニケーションのなかには、システムでは捉えきれない要素、あるいはその境界領域（ボーダーランド[4]）に当たるような部分が多く含まれている。

むしろシステムというのは、日常のなかで、ふと突然に、「これは教育の問題だ」という実感とともに浮上するものである。少なくとも、この社会を生きている当事者である私たちが、システムの存在を感じ取る瞬間は、そうしたときである。

このようなシステムの境界を私たちに強烈に感じさせる機会のひとつとして、触法障害者の問題を取り上げることにしよう。

（2）触法障害者というボーダーランド

触法障害者は、一方で司法の、他方で福祉の領域とされる、二つのシステムのボーダーランドに存するイシューである。それゆえ、この問題に触れたとき、多くの人たちが、システムの境界を実感する。たとえば、支援していた利用者が法を犯すことによって、「これはもう司法の問題だ」と思う。あるいは、罪を犯したりトラブルを起こしたりした人と話し合おうとして、その人と一般的な形でのコミュニケーションが取れないことに驚き、「これはもう福祉の問題だ」と思う。これらがまさにシステムを実感する瞬間である。

ただ、触法障害者というと、あまりにも多くの誤解が跋扈しているので、いくつか最初に整理しておこう。

第一に、偏見との距離についてである。福祉「業界」においては、知的障害や自閉の人、あるいは精神障害の人などで、法を犯す人たちについては、長らくタブー視されてきた。なぜなら、一般社会の側に、これらの人たちは危険で他人や事物に危害を与えやすいという偏見の目が強く存在するからである。

それら偏見の目は、「正しく」はない。知的障害や自閉の人、精神障害の人のなかには、むしろ「被害者」となりがちな人が多く含まれる。罪を犯す側というより、そのターゲットとなっていることの方が圧倒的に多いというのが、支援活動で私が得てきた実感である。また、後述するように、そもそも「罪を犯す」ということをどう捉えるのかという問題もある。

だが、実際に他人や事物に危害を加える人がいることは否定できない。健常者と呼ばれる人たちのなかにもそういう例があるように、知的障害や自閉の人のなかにもそうした例はある。

その内実がどうであるかは別として、そうした例がないとは言えない。

第二に、触法障害者について、①障害があるのだから許すべきだ、②障害があっても同じように罰するべきだ、という二つの考え方があるが、このどちらもほとんど意味のない議論である。①は福祉的な発想であるとされ、障害ゆえの苦しみで犯罪に至っているのだから、十分で適切な支援がなされればよい、という発想である。②は司法の発想だとされ、悪いことをしたのなら相応の罰が与えられることがフェアだという発想である。しかし、この二つの発想はどちらも、福祉についても司法についても浅薄な理解にとどまった見方である。

①についていうなら、支援者の試みが奏功し、本人が更生して二度と罪を犯さなくなればいいだろう。だが、支援というのはいつでも「成功」するとは限らないものである。もし再犯を繰りかえしそうに見えるのであればどうか。その場合、実質的に①の立場の人たちが採用するしかなくなるのは、本人が社会との接点を持つこと自体を阻むことである。刑に服すより長期にわたる隔離となりかねない。それのどこが「許している」ことになるのか。

また、②についていうなら、健常者と同じように罰を与えるというが、実際には私たちは知的障害や自閉と無関係に刑罰を与えることなどできないことが多い。たとえば、発達障害の人には、「反省」の意思をうまく示せない人もいる。そして、「反省」の意が示せるかどうかは、実質的に私たちの処罰感情に大きな影響を与える[5]。司法は単純にある行為に対してある処分を与えるものではなく、さまざまな状況を視野に入れて総合的に判断するのであり、「反省」の意を示せるかどうかが、裁判を含め司法のプロセスの要所で影響を与えている可能性はある。だとしたら、「障害があっても同じように」というのは非常な難題である。

第三に、福祉関係者は触法障害者に甘いかのような捉え方がなされることもあるが、それもおそらく誤解である。私の知る限り、そんなことはない。むしろ、触法障害者のことには単純に「触れられない」福祉関係者の方が多いように見える。

支援していた障害者が法を犯したというとき、支援者の間にはかなり強い衝撃が走る。「福祉」においては、原則として、利用者が支援者の裏をかいて何かをするということや、嘘をついて悪事を意図的に行うといった前提が置かれない。奥山敏雄は、医療システムを基本的に「善意」に基づくシステムと述べたが（奥山 2000）、福祉システムにもそれは当てはまるだろう。「善意」に基づいた行動が前提となっている場において、「悪事を意図的になす」存在は、かなり強い違和感をもたらす存在となる。

そのため、かかわっていた障害者が法を犯したと聞くと、多くの福祉関係者が支援から撤退することを選ぶ。それは、個々の福祉関係者が努力不足だったり薄情だったりという問題ではおそらくない。その本人の存在が、福祉システムから司法システムへと転換されてしまい、とうてい手の届かないものと感じられるからである。支援を続けるなら、システムを超えることをあえて決断しなくてはならなくなる。

このように、触法障害者というイシューはシステムのボーダーランドに位置しており、一般に考えられるほど単純な話ではない。このことを踏まえた上で、次に整理しておきたいのは、司法というシステムや福祉というシステムが、それぞれいつ立ち上がってくるのかという点である。まず、福祉関係者からして司法の問題として立ち現われてくる瞬間とはいつかを踏まえ、次に司法関係者からして福祉の問題となってくるのはいつかを整理してみよう。

(3)「触法行為」と日常との連続性

まず踏まえておきたいのは、「触法行為」といっても、それは日常と連続したものだということである。

そもそも、「触法行為」とは何だろうか。もちろんまずは刑法等の違反が問題になるわけだが、法律に違反したかどうかということだけが厳密に問題にされるかというと、現実社会のなかでは必ずしもそうではない。そこで生じたトラブルの質や大きさによっても、あるいはかかわる人たちの特性によっても、何が最終的に警察で調書を取られるような問題になるのかは違ってくる。

たとえばコンビニエンスストアの傘立てに置かれた傘を勝手に持ってきてしまう人がいたと

き、それをどの程度刑法にかかわる行為として捉えるかはさまざまだろう。窃盗は窃盗なのだが、見つけたからといって警察を呼ぶかというと、そこまではしない人が多いのではないか。あるいは、知的障害や自閉の人と見える人が、コンビニエンスストアのガラス張りの壁を割ったとき、その人が見知った人か、あるいはその人のそばに支援者とおぼしき人がいるか、たったひとりだったかによって、店側は通報するかしないかを決めるかもしれない。

支援者側の観点からしても、たとえば万引きを頻繁に繰りかえす人が、そのことを犯罪と理解しているのか、それともそもそも金銭と商品を交換するということ自体が理解できていないかによって対応は変わってくる。後者であればあえて警察に突き出すことが重要だとみなされるかもしれないし、前者の場合にはただ責めるのとは違う対応を考えるかもしれない（同時に警察にも突き出すかもしれないが）。

このように、何が「触法行為」になるかということは、さまざまな社会的な要素によって大きく左右される。これがいいか悪いかという議論をしているのではない。私たちは実際に、法に触れるかどうかだけで判断するのではなく、さまざまな諸条件を勘案しながら、通報して警察沙汰にするのかしないのかを判断していると言いたいのである。

逆にいえば、「触法行為」は日常的に生じるトラブルと連続性を多く有している。もちろん、実際の現場では、警察に通報されたり逮捕されたりするような事態になるかならないかは、かなり大きな違いである。それでもそのことはやはり本質的ではなく、日常的にみられる小さな「迷惑行為」「目立ちすぎる行為」と常に地続きである。たとえば、電車のなかで他の人よりちょっと大きな声を一人で出していたり、他の人ならもう少し距離を置いて座るところをすぐ近くに座ったりといった行為と、「触法行為」はつながっている。こうしたことがさまざまな社会的諸条件からあるラインを超えたとみなされたときに、「触法行為」にされていくのである。

そして、知的障害や自閉の人が直面するしんどさやつらさの大半は、こうしたことのなかに含まれており、これらの人への支援において問題となるのもしばしば、こうした「迷惑行為」である。身体障害の人たちであればあまり問題にならないことが、知的障害や自閉の人たちであれば、避けがたい主題としてしばしばクローズアップされてしまう。

その意味では、知的障害や自閉の人を支援するということと、触法障害者を支援するということとは、本来なら地続きの問題である。

もっというなら、日常的な「迷惑行為」もまた、社会的に構成されるものであり、私たちが他者と時空間を共有するということのなかに生じるひとつのヴァージョンでしかないとも言える。ある行為が「迷惑行為」となるのは、それを「迷惑」と受けとめる人がいるからだとも言えるからである。暴力的なふるまいは一般的に「迷惑」だが、「拳で語り合う」ような文化のなかではあまり「迷惑」とは受け止められないだろう。一方的に自分のことばかり話し続けるとしても、その人の話を聴くことで得られるものがあると周囲が思うのであれば、延々と聴き続けてくれるだろう。金と権力がある人の自分語りには多くの人が耳を傾け、知的障害や自閉の人の自分語りにはあまり耳を傾けようとしない。あくまでも、周囲との関係のなかで「迷惑」行為はそれとして成立する。

つまり、知的障害や自閉の人を支援するということが触法障害者を支援するということと地続きなのと同じように、他者とともにいるということと触法障害者を支援するということとは地続きの問題なのである（三井 2020b）。

もちろん、主観的にはそうではない。身近な人が触法障害者になるということは、確かに日常生活のなかでは大きな衝撃であり、断絶である。また、たとえば自分がその犯罪の被害に遭うとしたら、非常な恐怖であり、ときにこれまであたりまえに思ってきた日常性を奪われてしまうような体験ではある。

だがそれでも、その身近な人はもともと特殊な怪物だったわけではない。あくまでも、他の人と同じひとりの人間である。その他者とともにいるということのひとつのヴァージョンが、加害と被害なのである。

ることとも共通している。

（4）「障害」と日常との連続性

このことは、誰かを「障害者」と捉え、その人にかかわることを「福祉の問題」として捉える契機とも共通している。

日本では、更生支援の現場において、軽度の知的障害の人が受刑者に含まれていることがクローズアップされ、多くの人たちにとって「問題」として捉えられるようになったのは、二〇〇三年に山本譲司による『獄窓記』が出たことがきっかけとなっている。このころから、刑務所の受刑者のなかに知的障害や自閉の人が多く含まれていることが指摘されるようになり、その人たちには刑罰よりも支援が必要なのではないかと訴えられるようになった[6]。

ただ、刑罰よりも支援が必要なのではないかという声が挙がったのは、更生支援全体に言えることでもある。近年、更生支援には新たな考え方の二つの潮流がある。ひとつは、科学的データに基づいて、再犯のリスクが高く、ニードを有しており、応答可能性も高い人たちに集中的に再犯防止プログラムを提供しようとする、リスク・ニード・応答性原則（Andrew & Bonta 2010）の発想である。もうひとつは、それへの批判として生まれてきた、善い人生モデル（Maruna 2001=2003, Laws & Ward 2011-2014）で、これは再犯をストップさせるという発想ではなく、再犯しなくても生きていけるようにするという、「犯罪からの離脱」を目的とするアプローチである[7]。力点は違うにしても、どちらのアプローチも、単に刑罰を与えればいいという発想ではない。再犯から遠ざけるという点で、医療的あるいは福祉的アプローチを重視する姿勢である。刑務所などの社会外処遇は、その後の再犯防止や社会復帰においてハンデとなる危険が高いことはくりかえし指摘されてきている（Sim 2009, Scott 2020）。つまりは誰にとっても、刑罰よりも支援が必要なのかもしれないのである。

ところで、本書では、知的障害や自閉の人たちと周囲との間で起きるトラブルについて、「情報」「伝達」「理解」のズレとして捉えてきた。第3章や第4章で繰りかえし述べているように、これらのズレが生じるのは、どの人たちの間であっても避けられない。他者とのコミュニケーションでは必ず起きることである。そのごまかし方が知的障害や自閉の人たちは結果的に上手くないことが多く、周囲も気づきにくいため、問題は問題として表面化し、それも知的障害や自閉の人たちに一方的に起因しているように見えてしまう。

これはおそらく、罪を犯したとされる受刑者たちの多くと、その周囲の「罪を犯していない」とされる人たちとの間でも起きていることである。多くの国々で言えることだが、受刑者の多くが経験してきたことや育ってきた環境は、一般的に厳しいものであることが多い。社会的排除や貧困、差別などの問題が、犯罪の向こうには横たわっている。ある環境のなかで身に着いた姿勢や発想が、そうではない人たちとの間で、「情報」「伝達」「理解」のズレとなって出現することは少なくないだろう。

といっても、ズレが同質だとまで言いたいわけではない。実際、善い人生モデルの現状の手法や具体的なアプローチを、知的障害や自閉の人たちに当てはめようとして、そのままうまくいくとは思えない。坂上香がアメリカのアミティ（坂上 2004）あるいは日本の島根あさひ社会復帰促進センター（坂上 2019）で行われているプログラムを紹介しているが、映像を見る限り、言葉などのツールを介して行われるものが主であり、知的障害や自閉の人たちにこれで通じるかというと、なかなか難しいように思われた。出所後をどう生きたいかのビジョンを作るにしても、やってもいないことについてイメージする力は、人によってさまざまである。「健常者」の受刑者と周囲の間に生じているズレと、知的障害や自閉の受刑者たちと周囲との間に生じているズレとが、質的に異なるものである可能性はある。

ただ少なくとも、知的障害や自閉の人であるということと、その他の社会的に力を奪われた立場であるということとは、連続性のなかにあるということはいえるだろう。それぞれの特性はあるにしても、「障害者」だからといって本質的に話が変わるということではない。

（5）システムが立ち現われる瞬間

このように、本来であれば「触法」も「障害」も連続的である。そして、それを断絶させるかのように感じ取らせるのが、システムなのである。日常のなかに、「〇〇の問題だ」という整理の仕方や物事の切り取り方が大きく入り込むとき、私たちはシステムの存在を感じ取る。ルーマンは、それまでの社会学者の多くが社会の基礎単位を「行為」と捉えたのに対して、そのような原子のようなものは存在せず、コミュニケーションしかないというところから議論を始めている（佐藤俊樹 2008: 90-102）。

こうしたルーマンの立脚点は、「触法行為」や「障害」と他者とともにあることとの連続性を踏まえると、わかりやすい。要は、ある行為を切り取ったとしても、その行為が持っている意味は、その前後や周囲のさまざまな状況によって、変化しうるということだからである。ある人がコンビニエンスストアの傘立てから傘を持って帰って来たとき、あるいはガラス張りの壁を叩き割ったとき、それがどのような「行為」と周囲に認識されるかは、本当にいろいろなことによって決まってくる。

もちろん、傘を取ったこと、ガラスを割ったことには変わりはないので、「何でもあり」というほど変化するわけではない。だが、すぐさま警察に通報しなくてはならない案件だと受けとめられるか、それ以前に別のところに連絡を入れるべき案件だと受けとめられるか、それともまずは本人やそれ以外の人と話し合うべき案件だと受けとめられるかは、さまざまな条件や前後に起きたことによって変わりうる。そしてその人とやりとりするなかから、一部の案件については「障害者」のこととして扱われるようになるわけだが、それもさまざまな条件や前後に起きたことによって変わりうる。

この、「どの案件か」ということが判断される瞬間が、すなわちシステムが立ち現われる瞬間である。福祉の問題とされるか、司法の問題とされるか。それは傘を取った瞬間やガラスを割った瞬間だけでなく、そこで通報されたとして、警察が来たときに、改めて警察によっても判断されるだろうし、その後のやり取りのなかでも改めて判断されることがあるだろう。

そして、ボーダーランドにあるような問題群については、どのシステムの問題と同定するかについて、論争的になりがちである。そのため、当事者たちには、システムが切り替えられる瞬間がかなり強く意識される。

その瞬間は、ときに大きな痛みを当事者たちに残す。たとえば、福祉システムで働く支援者からすれば、利用者と呼ばれる人が「危険な人」「暴力をふるう人」つまりは「犯罪者予備軍」になってしまった瞬間は、ときとして実に複雑な思いを抱かせるものである。あの人がこんなことをするなんて。いつどこで何がいけなかったのか。福祉関係者として自分を捉えるなら、支援者としての能力が否定される思いになることもあるだろう。

即座に切り替えられる人と、そうでない人とがいるだろう。そして、切り替えればそれで問題が解決するかというと、そうでないところもある。先に述べたように、多くの福祉関係者は、かかわっていた人が「触法行為」をしたとき、支援から手を引く。そうせざるを得ないと感じるからだろうし、そこにも痛みはある。だが、家族や古くからの付き合いの人たちのなかには、手を引くということができない人たちもおり、「触法行為」をしたからといって別扱いにされてしまうことに、強い疎外感と痛みを抱くだろう。どちらにしても、痛みは残る。

また、司法システムで働く人たちからしてみれば、心を尽くして働きかけても、自分の思ったように言葉が通じていると感じられず、断絶があるように感じたとき、「障害者」という言葉が召喚されるのだろう。そのときも、同様の痛みが感じ取られているのではないか。特に近年、更生支援の現場で発達障害への対応が必要だと強くいわれている背景には、このような痛みが存在しているように思われる。

福祉システムも司法システムも、それぞれが本来持っていたかもしれない多様性や豊饒さを縮減してしまう。それ自体が悪いわけではない。だが、多様性や豊饒さを縮減してしまうことは確かで、それによって失われるものがあり、当事者たちに痛みを残すこともまた、否定できないように思われる。

(6) システムからやりとりへ

さて、このようにシステムという概念を捉えかえしてみると、この章の前節までで詳述してきたような、ダブル・コンティンジェンシーとしてのかかわりや幅を捉えかえしていく作業が、単なる個々人の営みを超えた意味を持っていることが見えてくるだろう。

私たちの日常には、多様なシステムが同時に存在し、相互にときに相反する定義をもたらすなどしているが、その接続の仕方はさまざまである。多様なシステムが存在すると同時に、それらに還元されないような、意味が多様に変わりうるようなコミュニケーションもある。佐藤俊樹は、そのひとつとして「おしゃべり」を挙げている（佐藤俊樹 2008: 44-63）。「おしゃべり」はシステムから自由に存在するユートピアやアジールではないが、隣接するあらゆる行為やふるまいに接続されるため、ひとつのシステムに還元されるものではない[7]。

ある人とのかかわりを、ダブル・コンティンジェンシーとしてのかかわりや幅を拡げながら捉えかえすというのは、ある人とのかかわりをひとつのシステムBに還元して捉えてしまうのをいったん止めて、多種多様な別のシステムBに紐づけてみたり、それらとはまた別のものとして捉えかえしてみたりすることである。いわば、「おしゃべり」にあえて引き戻してみるのだといってもいい。「障害者との会話」から「おしゃべり」へ、「犯罪者予備軍とのかかわり」から「おしゃべり」へ。それは、この「おしゃべり」がどのような「おしゃべり」なのかを問い直すことでもある。ある種の考え方や物の見方で塗りつぶすのではなく、他の見方はできないか、他のレベルで捉えられないか、それを試してみることである。

「これは教育の問題だ」「これは司法の問題だ」「これはもう福祉の問題だ」と定義づけてし

まうのではなく、そもそもここで何が起きていて、誰がどう問題に感じているのかを解きほぐしてみる。それも、「○○の問題」と捉えているときには制限されてしまっていて視野に入ってこないような可能性を、繰りかえし想起し、引き入れていく。ダブル・コンティンジェンシーとして捉えかえすとは、ひとつのシステムに還元してしまわず、コミュニケーションそのものに引き戻して考える姿勢なのである。

ただし、ここでいうコミュニケーションは、日常言語でいうところのコミュニケーション（ルーマンの言葉を用いるなら「相互作用システム」）とはかなり意味合いが異なる。私たちのコミュニケーションなるものについて抱く想定や前提が、いかに多様な可能性を制限してしまっているものか、繰りかえし問い直してはじめて見えてくるようなものである。言葉のレベルや意識上のレベルでなされているものにとどまらず、無意識のうちの表情やしぐさで相手に伝えてしまっているものがある。相手の表情やしぐさから、こちらが無意識のうちに読み取り、読み込んでしまっているものがある。あるいは、私たちが自分たちであればごまかせるところを相手がごまかせないからといって、そこに悪意を読み込んだり、過度な粗暴さを読み取ったりすることもある。本書で繰りかえし述べてきたような、多様な水準において、ダブル・コンティンジェンシーの幅とかかわりを問い直されていくようなコミュニケーションである。日常的に想定されるコミュニケーションの型を問い直してこそ見えるものであり、「わからない」

がゆえのものだということは強調しておきたい。

そしてこれは、システム包摂――療育という領域を作ることで学校教育システムに包摂し、福祉的就労という領域を作ることで雇用システムに包摂するといったもの――とは大きく異なる試みである。システム包摂は、既存のシステムの論理にのっとりながら（もちろん批判はしつつのことだが）、サブシステムを作り出し、そこに既存のシステムでは排除されてしまう人たちを包摂していく。第2章で述べたように、発達保障論はまさにそれを試みていた。このことに一定の意義があることは確かだが、他方で新たな排除を生むことはすでに指摘した通りである。

それに対して、自立生活の支援などで試みられているのは、ひとつのシステムに還元するのを止めて捉えかえしてみるという作業であり、システムに包摂するのとは根本において異なる営みである。あるシステム（たとえば福祉システム）に回収されてしまうことによって、極度に制限されてしまうであろう、その人の多様な可能性を、そしてその人と向き合う側（＝支援者や周囲の人たち）が本来持っているはずである多様な可能性を、繰りかえし取り戻そうとするのだと言ってもいい。そのなかで、問題を整理し、そのつどの「付き合い方」「折り合い」を探そうとするのである。

こうして生成される「付き合い方」「折り合い」は、学校教育システムや福祉システムにのっとって求められる「付き合い方」「折り合い」とは、ときにおのずと異なるものとなってくる。たとえ同じ「付き合い方」「折り合い」のように見えたとしても、別様の可能性を疑いもせず、最初から規定路線通りに決められたことと、いったんは他の可能性が模索された後、さまざまな条件を勘案してそこに落ち着いていくのとでは、当事者にとって持つ意味は大きく異なってくるはずである。

その意味で、第4章で明らかにしてきた、ダブル・コンティンジェンシーとしての幅とかかわりの捉えかえしは、第2章でいうシステム包摂が持ってしまう排除という側面に対して、抵抗し続ける方法なのである。ダブル・コンティンジェンシーとしての幅とかかわりの捉えかえしは、ときにシステムAを生成する。システムAもシステムではある。だが、既存の意味付けに塗りこめてしまうのとは異なり、いまここに立ち会う人たちとの間で創発的に生み出される「折り合い」である（もちろん、程度問題ではあるのだが）。既存のシステムへの包摂とは異なり、ある人の多様性を極端に制限してしまわない可能性を有している。その多様性に立ち返りつつ、その場で必要なことを探る、そうした形での排除への抵抗なのである。

7 「最終ライン」の存在があってこそ

ただ、ここで慌てて付け加えなくてはならないことがある。それは、現実の日本社会においては、このようにダブル・コンティンジェンシーとしての幅やかかわりを捉えかえすという作業は、それ自体では排除に抗するものとなることを保障してはくれないということである。支援者たちが会議であれこれと考え、話し合い、苦悩することは、排除に抗することに確実につながっているが、それ単独で排除に抵抗できるかといえば、必ずしもそうではない。ダブル・コンティンジェンシーとして想定されるかかわりや幅が拡げられているとは限らないからであり、拡げられたとしてもごく限られたものにとどまっているかもしれないからである。もしそうだとしたら、話し合って本人とやりとりを重ねながら創出されてくる「付き合い方」が、拘束であったり虐待であったり、入所施設・精神病院あるいは自宅への封じ込めであったりするかもしれない。そうだとするなら、排除への抵抗とは言い難いだろう。

多摩地域の「ともに生きる」運動の営みが排除に抗するものとなってきたのは、やはり、支援者のなかの一部の人たちが、断固として「付き合い方」が排除につながるものへとならないよう、強く主張し続けてきたからである。ある支援者が、こうした役割を「最終ライン」[8]と呼んだことがあるので、ここでもその表現を用いることにしよう。

たとえば、たこの木クラブの代表である岩橋は、自立生活を送る知的障害や自閉の人が、夏休みに親元に帰省するというとき、当初の予定が五日間だったとすると「五日も親元にいるなんて！」と大騒ぎするという（横田・三井 2020）。他の支援者たちからすれば、本人も親も長い滞在を望んでいるのであり、支援者たちもヘルパーを派遣しなくていいのだから、長く親元に滞在することは誰にとっても望ましい事態である。まして、五日間と提案してきたのは親なのだったら、喜んで従えばいいように思える。ところが岩橋はそうしたときにいちいち「騒ぐ」。そうすることによって、五日間という期間は当然視されず、親元にいることも当然視できないという空気を支援者たちに持ち込んでくる。

こうした場面は他のケースでも多々見られる。たとえばある支援者は、ある知的障害で自閉の人が職場で暴力沙汰と見える事件を起こしたとき、「あの人を辞めさせるなら私も辞める！」と叫んだらしい。実際には説得されて支援者は辞めず本人も仕事だけを減らすということになったようだが、このように無理やり口出しをする人というのが、支援者のなかにはちらほらといる。

その他にも、支援者たちがああでもないこうでもないと議論を重ねた挙句、もう本人に我慢してもらうしかないのではないかと言い出したときに、「僕らには人に対してああしろこうしろって言う権利はないよね」と静かにある支援者が口にして、すべて白紙に戻されたという話を聞いたこともある。

特に、地域社会から強く排除されそうになったときにこそ、こういう「最終ライン」の存在が際立ってくる。ある知的障害で自閉の人が、モノを壊し人がけがをするなどのトラブルになってしまったため、いくつかの場所から「出禁」となってしまったとき、そこで無理強いしてそれらの場所に出入りすることはなかなか難しい。かといって、あちこちで「出禁」になってしまうということは、その人が自立生活を続けることの困難さを支援者たちに突きつけることにもなるため、多くの支援者たちがその「出禁」にこだわってしまうことも多い。そうしたときにどうするかという話になったとき、ある支援者が「でもいつかは変わるかもしれないよね」と言い出したことがある。この一言は、空気と視点を大きく変える。なぜならこの表現の背景にあるのは、「その人がこの地域に暮らすということには変わりがない」という前提だからである。

このように、どれだけのトラブルがあり、多くの支援者が「もう入所施設や精神病院でなければ無理なのではないか」と思い始めたタイミングでも、「この人が地域に暮らすということには変わりはない」と言い切る人がいることで保たれているものがある。こうした「最終ライン」を担う人がいなければ、議論だけでは心もとないだろう。

だが、といってももちろん、こうした「最終ライン」だけで自立生活の支援が成り立つわけではない。こんなに強い意志を持つ人たちは限られており、その人たちだけで日々の介助は担いきれるものではない。そのためやはり、支援会議によって、ある知的障害や自閉の人と周囲とのかかわりをあれこれと考えることは、大きな意義を持っている。そうすることで、「最終ライン」ほどの強い思いや意思を持たない人たちであっても、ともに支援に取り組んでいくことが可能になっている。

言い換えれば、支援者のなかにもある種のグラデーションがある。それはあたりまえのことであり、また支援が継続的になされるために必須のことでもあるのだろう。「最終ライン」がいるからこそ、他の支援者たちも排除に抗することができている。そして、「最終ライン」の人たちもまた、他の支援者たちと率直に議論しなければ、自分たちが目指すものに向かうことはできない。いわば、他の支援者たちとも「ともに生きる」ことを考えなければ、知的障害や自閉の人と「ともに生きる」という理念自体が意味をなくしていきかねないのである。

これらグラデーションを抱えているがゆえに、複数主体によって「生活をまわす」「生活を拡げる」という営みが、ときに地域社会とのコンフリクトに直面しつつも、維持され続けている。日常の暮らしを支える、それも排除されがちな人たちの暮らしを地域で支えるということは、このような複数性のなかで成立しているのである。

8 「ともに生きる」試みの軌跡

ここまで述べてきたことをまとめよう。第2章と第3章で、多摩地域において「ともに生きる」運動にかかわってきた人たちが、就学運動でどのような問題意識を持っていたか、そこからなぜ自立生活支援に移行していったのか、そこで何が新たに課題になったのかを探ってきた。就学運動が持っていた問題意識は、ごく簡単にまとめるなら、「障害児」と名前を付けて別扱いにすることは、「障害児」とされる人たちへの想像力や想定を極度に狭めてしまい、お互いのかかわりの豊饒さを失わせてしまう、つまりは実質的な排除になってしまうというものだった。本書ではそれを、発達保障論のシステム包摂による排除への抵抗と対比して、システム包摂とは異なる排除への抵抗を目指す営みだったのだと位置づけた。

そして、子どもたちの成長にともなって自立生活支援に移行していくのだが、知的障害や自閉の人に対して、本人の意思を確認するときに字義通り本人に聞けばいいとみなしてしまえば、実質的な排除になりうるという認識から、支援者たちは本人に意思決定を任せるというより、自らも主体的に生活をまわしたり拡げたりすることにかかわるようになり、近隣住民とのコンフリクトにも向き合うようになった。こうした支援を複数主体で担うのはそう容易なことではなく、日々トラブルや混乱が生じてくる。だが同時に、トラブルや混乱があるからといって生活を止めることもできない。そうした「待ったなし」の状況に自立生活の支援者たちは日々取り組んでいる。

そのうえで、第４章ではそうした条件のもと、支援者たちが何をしているのかを明らかにした。第４章で明らかにしたのは、本人と周囲の間で生じていることを、私たちがしてしまいがちな想定の狭さを超えて、実際にはこうだったのではないか、ああだったのではないかと、捉えかえしているということだった。支援者たちは他の支援者との会議や立ち話で、あるいは自分の頭のなかで、さまざまな観点から捉えかえそうとしている。

排除に向かおうとしている瞬間であっても、私たちはその相手とのかかわりを全くダブル・コンティンジェンシーとして捉えていない、というわけではない。ある程度の主体性を見出してはいるし、かかわっているとも思っている。ただ、そのかかわりと幅については、しばしば極度に狭く捉えてしまっている。もともと知的障害や自閉の人たちと出会う機会が少ないということもあるだろうが、どうしても私たちは自分の想定を押し付けてものを見てしまいがちだからでもあるだろう。それに対して、通常の想定を超えて大きく拡げ、別様に捉えかえしているのである。ときにそれは、一般的に想定される「コミュニケーション」とは水準の違うものにまで及び、また一般的に想定する「人格」概念も解体し、いわゆる共感や同情の範疇も超えていく。

このような捉えかえしは、単に捉えかえしているだけというより、その先にいつかトラブルや混乱が落ち着く可能性が生まれるかもしれないという期待に基づいて行われており、それゆえになされているのだが、必ずしもトラブルや混乱が落ち着くところまでいかなくとも、捉えかえしているということ自体が期待を生み、支援者たちの取り組みを続けさせる力となる。また、これを繰りかえすことが、一定の経験知となって支援者たちを支えていく。

そして、こうした営みがなぜ、第2章で述べたシステム包摂と違う意味で、排除に対する抵抗となりうるのかについても述べた。ルーマンのいうシステムは、「○○の話だ」と切り離されて意識されるようなものを指す。それに対してダブル・コンティンジェンシーとしての幅とかかわりを捉えかえすのは、システムの網の目のなかで生きる私たちにとって、すでに結びついているように見えたあるシステムからいったん離し、他のシステムに接続する可能性などが探られることを意味する。いわば、ひとつのシステムに還元するのを止め、「障害者の話」「犯罪者の話」の前に、別様のコミュニケーションの可能性を浮かび上がらせようとするものである。

ただし、それが排除への抵抗として機能しうるのは「最終ライン」を守る人たちがいてこそのことではある。状況によってダブル・コンティンジェンシーとしての幅やかかわりには大きな差が出てくること、そしてそこから生み出されるシステムAの形にも大きな違いが出てくることを考えると、基底的な状況設定がどうなっているかは肝要である。何かトラブルが起きても「この人はこの地域で自分たちとともに生きるのだ」という強い意志を示し続ける人がいるのといないのとでは、大きな違いがある。そのため、「最終ライン」を守る人たちの存在は、やはり重要である。

では、こうした分析から見えることは何か。次章以降では、多摩地域の支援活動の分析が有する射程について述べることにしたい。まず、第5章では、ケアや支援の仕組みづくりという点から述べていこう。

註

1　ここで、私が社会学の古典的な議論の仕方のひとつである、「相互作用」「相互行為」などの議論をあえて避けている理由についても述べておきたい。複数の主体が相互作用を繰り返すなかから、その場における秩序を利用したり、転じたり、作り出したりするという議論は、シカゴ学派から連なる相互作用論では形を変えながらさまざまに論じられており、基本的な議論でもある（たとえばH・ブルーマー（Blumer 1969=1991）、E・C・ヒューズ（Hughes 1971）、A・ストラウスの「交渉された秩序 negotiated order」（Strauss 1978）、A・ゴッフマン（Goffman 1967=2002）など）。ただ、これらの議論が想定するのはほとんどがいわゆる「健常者」の間でのことであり、私が第1章で述べたように、一瞬「絶対的他者」と思ってしまうような（先にも述べた通り私の偏見でしかないわけだが）相手とのかかわりが想定されていない。ある程度「同じ」だと想定できる相手が前提となっており、そうでない場面に当てはめにくい理論構成になっている。それでは多摩地域の活動を捉えるうえで適切とは言いがたい。また、少なくとも多摩地域での活動にかかわってきて、本章で述べるように、安易な共感や同情はむしろ邪魔になると私は強く感じており、相互作用論の理論枠組みに載せることはむしろ混乱の原因や弊害にもなりうる。そのため、私自身は相互作用論に多くを学んできたのだが、本書ではどうしても採用できなかった。

2　この件については、結果的にはひょんなことから一軒家の安価な貸し家（その分、とても古い）が見つかり、そこに引っ越すことで、ほとんど問題は解決してしまった。本人が驚くほど落ち着いたのである。振り返ってみれば、確かに、支援者たちもまた落ち着いたことが大きかったのかもしれないし、そのころちょうどヘルパーの入れ替わりが激しかったのが収まったこともあったのかもしれない。最終的に事態は落ち着いたのだが、意図してうまく落ち着かせたというより、限りなく結果論に近かった。

3　馬場は次のように述べている。「DK（ダブル・コンティンジェンシー：筆者注）の解決すなわち社会秩序の立ち上がりを、任意のところから、恣意的な決断に基づいて始めうるということを意味しているわけではない。むしろ解決は意識的な操作可能性を受け付けないかたちで、常に始まってしまうというべきだろう。というのはコミュニケーションの前提となる〈情報／伝達〉の区別のゆえに、相手のあらゆる挙動が手がかりとなってしまうからだ。――時間が経過しているにもかかわらず何もしない、ということをも含めて、である。」（馬場 2001: 74-75）ここに示されているように、社会秩序の立ち上がりは、意識のうえで目指されるという形ではなく、ダブル・コンティンジェンシーとしての幅とかかわりを捉えかえしたときにすでに始まっているのだともいえる。

4　S・ティンマーマンとJ・ゲイブは、NHS（イギリスの国民保健サービス）で問題になっていた一般医らへの暴力という問題や、薬物依存症者に対するハーム・リダクションなどを、医療と司法との間に存するボーダーランド（borderland）に属する問題と位置付けている（Timmerman and Gabe 2002）。ここでは彼らの議論を念頭に置いている。なお、保健医療ケアにおける暴力は、患者による暴力だけではなく、制度的・管理的暴力など、視点を変えればいくつも発見できるため（Holmes, Rudge & Perron 2012）、そもそもこれらがボーダーランドとして浮かび上がってくること自体が、あるシステムから捉えたことの結果であるともいえる。

5　自閉や発達障害の人たちの一部は、罰を受けやすい人たちと言ってもいいかもしれない。社会学の古典的な議論のひとつにラベリング論があるが、ラベリング論の主な構成要素は、①セレクティブ・サンクションと、②逸脱的アイデンティティ形成とに分けられる（教科書的記述では②ばかりが強調されることが多いが）（徳岡 1987）。セレクティブ・サンクションとは、賞罰が恣意的に与えられていることを指摘する議論で、徳岡秀雄はそのひとつの例として、一九七〇年代に日本で実際にいわれていた「欠損家庭の子が非行に走りやすい」という言説を分析している。確かに少年院等で刑に服している少年たちには、当時の表現である「欠損家庭」の子どもが比較的多いとしても、それは少年院に至るまでのプロセスの中で、「欠損家庭」ではないとみなされた子どもたちは更生可能性があるとされて家に帰されているからだというのである（徳岡 1987: 93-130）。言い換えれば、刑罰を受けている人たちだけを見て、「罪を犯す可能性が高い人たちの特性は○○である」と捉えることは、こうしたセレクティブ・サンクションの効果を無視した議論である。発達障害の人が受刑者に多く含まれているという指摘は近年さまざまな形でなされているが（井出 2014, 宮口 2019 他）、それはもしかしたら発達障害の人たちが刑罰を受けやすいということを示しているだけなのかもしれないことには注意が必要だろう。

6　こうした状況に対して、新たに触法障害者支援に必要なスキルを整理しようという試みも生まれている（加藤・水藤編 2013, 東京ＴＳネット編 2016, 生島編 2017, 藤川・井出 2011）。高齢者の犯罪については細井・辰野編（2021）など。知的障害や自閉の人たちをどう司法のなかに位置付けるかは、なかなか容易な問題ではない。たとえば発達障害の人たちの責任能力をどう考えるかについては、一部の医師を除いてはその影響を認めない傾向が強いが、発達障害であることやそれに伴う成育歴が影響を与えていると思えることも多い。この点については佐藤幹夫が多くのルポルタージュや取材を重ねてきている（佐藤幹夫 2005, 2007, 2013, 2022）。長崎県の社会福祉法人南高愛隣会は、触法障害者の問題に先進的に取り組んでおり（日本弁護士連合会　刑事拘禁制度改革実現本部 2011）、今日では多くの入所施設やグループホームでも取り組みが始められている。興味深いことだが、これらの新たな試みについて、多摩地域の支援者たちのひとりが一度ポツリと「刑務所のなかに特別支援学級をつくろうとしているみたいだ」とつぶやくのを聞いたことがある。「触法障害者」への支援という形で議論を進めていくと、どうしてもサブシステム生成によるシステム包摂という形になっていくが、そのことが感じ取られていたのだろう。その人はおそらく、知的障害や自閉の人であれ、そうでない人であれ、それぞれにやり取りを重ねていくことの方を重視したいのだろうが、「触法障害者」と名づけたアプローチのほとんどはそういう方向には向かわない。なお、これはあくまでもその個人の思いであり、多摩地域の支援者たちに共有された感覚だと言いたいわけではない。特に「触法行為」については、多摩地域の支援者たちの間でも考え方は本当にさまざまである。

7　ただし、ルーマンの用語法に従うなら、「おしゃべり」もまた「相互作用システム」であり、これ自体が型を持つ。その視点からいうなら、支援者たちの捉えかえしは、「相互作用システム」がどのようなものとして成立している／いたかを、再考し、捉えかえそうとするものである。なお、本書では、「相互作用システム」と経済システムなどとは、「システムがある」あり方が異なるという佐藤俊樹の見解（佐藤俊樹 2008: 108）に基づき、「相互作用システム」はシステムと呼んでいない。システムAも相互作用場面で生成し活用されるものだが、システムの同定のされ方は、「相互作用システム」のように行為が隣接するからというより、当事者によるシステムの同定に基づくものであり、別のものであると捉えている。

8
その場にいた人間（私を含め）がフットボール好きな人たちだったため、サッカーのディフェンスラインを比喩として用いた言葉である。日々の介助を担う人たちや同僚として働く人たちがフォワードとみなされ、個々のコーディネーターはミッドフィルダー、そのさらに後ろにいる人たちというイメージで私は聞いていた。なぜかそのとき、ゴールキーパーは比喩としては用いられなかった。なぜなのかは特に聞いていない。ただ私は、この人たちが事務所にただ座っているわけではないからだろうと思っている。現場にガンガン足を運ぶし、「難しい」ケースにはむしろ積極的に介助に入っている。それを見ていると、ゴール前に立っているキーパーと重ねる気にはあまりならず、やはりディフェンスラインの方がふさわしいように思える。

第5章

生活モデルの時代に

1　生活モデルへの転換

ではここで、いまの時代において、多摩地域の「ともに生きる」運動がなしてきたことから何が学べるのか、本書が明らかにしてきたことが持つ射程について、述べていこう。

まず、第1章でも簡単に触れたことだが、現在私たちが、ケアや支援の制度の大きな転換期にいることを確認したい。二一世紀に入る少し前から、多くの国々で、医療や福祉などの制度が大きく変容しはじめた。それまでは、医療では病院での治療が重視されており、福祉では入所施設などが中心だったのに対して、地域で社会生活を送りながら医療や福祉的援助を包括的に受ける仕組みが目指されるようになってきた。その形はそれぞれの国が抱える歴史的背景や社会的制度によってさまざまであり、進度もさまざまではあるが、世界的に生じてきている変化である。猪飼周平はこれを、「地域包括ケア化」と呼んだ（猪飼 2010: 205-232）[1]。

猪飼は地域包括ケア化が生じた背景にあるものを、私たちの価値の変化だと捉えた。二〇世紀の病院が中心の医療提供がなされていたときは、「疾患の治癒」に私たちの価値は置かれていた。それに対して一九七〇年代頃から徐々に、「生活の質 Quality of Life」という新たな価値が生まれ、育まれていった。「生活の質」においては、疾患が治癒するかどうかというより、暮らしの内容がその人にとってより良いものとなるかどうかが重視される。「疾患の治癒」から「生活の質」へと価値が変化することによって、求められる仕組みも大きく変わってくる。生活の質を高めようとするなら、病院や入所施設よりは地域で暮らす方が一般的にはいいとみなされるだろう。そのため、入院に際して職業や学校などの社会生活を中断するよりも、社会生活を継続しながら治療を受けられるような体制が求められるようになる。また、暮らしのなかで受けるサービスであるなら、疾患の治療に特化したものというより、暮らし全体に配慮が行き届いたものの方がいいことになるだろう。だからこそ地域包括ケア化が求められているのである（猪飼 2010: 205-232）。

ただ、政策や制度は必ずしも追いついていない。現在、地域包括ケア化——具体的には、病院や入所施設よりも地域へ、医療や福祉が分断された状況よりも協働へと、ドライブをかけるような施策——が数多くなされている。ただ、その内実がどうかといえば、とてもではないが理念通りとは言い難い。地域で介護や支援を担う人たちの労働条件は厳しく、支援体制が崩壊しつつあるような現場も少なくない。

だがそれでも、私たちの価値が変化してしまった以上、この流れは変えられない。いま私たちに問われているのは、この流れをよりまっとうなものにしていくために、何をしなくてはならないのか、ということである。

本書はここまで、多摩地域で長年行われてきた、地域で知的障害や自閉の人たちと「ともに生きる」ことを目指した活動を取り上げてきた。

これは全国にいる知的障害や自閉の人たちという規模から見れば、ごくごく小さな活動である。まず、たこの木クラブは現在スタッフ三名の小さな団体である。もちろん、たこの木クラブは単独で何かをしてきたというより、常に多摩地域の多くの団体や個人とともに取り組んできており、本書が取り上げてきたのはもう少し広がりのある、多摩地域の支援ネットワーク全体である。だがやはり、せいぜい数十人の知的障害や自閉の人たちを中心にして行われてきた活動であり、数百人単位で集めている大規模入所施設などと比べると、規模は小さい。やってこられたことなど、ごくわずかであるといってもいい。

だが、本書が明らかにしてきたことは、多摩地域の支援ネットワークだけに当てはまることではない。確かにこの事例を取り上げるからこそ明確に見えてくるものではあるだろうが、もともと多摩地域だけの話ではないし、知的障害や自閉の人たちへの支援だけの話でもない。

まず、知的障害や自閉の人たちの自立生活の支援を担う現場では、多かれ少なかれ同じような試みがなされている。東京都のなかでも、東久留米市、世田谷区、小平市などをはじめ、知的障害や自閉の人たちの自立生活の支援はすでに行われているが、それらの団体でも同様な捉えかえしが重視されており、ダブル・コンティンジェンシーとしてのかかわりや幅を広げつつ、福祉や障害といった枠組みに還元してしまうことなく、その人とのかかわりを考え直していくことが重視されていた。

なお、多摩地域の知的障害や自閉の人たちの地域生活を支援しようとするネットワークでは、この営みが特に際立って見られるとはいえるだろう。理由はいくつか考えられるが、ひとつには、先に述べた通り、事業所が多く、ひとつの事業所内部でのように意思統一や方針決定が簡単ではないこともあり、こうした支援会議に力を入れざるを得なかった。また、東久留米市のグッドライフなどの活動とは異なり、入所施設から退所する人たちの自立生活支援というより、地元で子どもの頃からかかわってきた人たちの自立生活の支援が中心だったため、ひとりひとりの人についての情報も多く、こうした捉えかえしを丁寧に行えるだけの素地があったともいえるだろう。そして、支援者の中にこうしたことを言語化することに長けている人が複数いたことも大きかっただろう。

そして、本書の議論は、知的障害や自閉の人たちの自立生活支援という現場だけのことではない。身体障害の人たちの介助現場でも、ここまで丁寧なやり取りはなされていないにしても、本当に字義通り本人の自己決定とそれにただ従う「手足」のような介助者だけで成立しているわけではない（前田 2009, 深田 2013）。

また、障害者運動だけのことではない。地域で宅老所やグループホームを作ろうしてきた人たちもしばしば、「ともに生きる」という言葉を使ってきた。たとえばお年寄りたちの集まる場を作ったり、デイケアの場をさまざまな人たちがともにいるような場（共生ケアとも呼ばれる）にしようとしたり、シェアハウスを作ったり、さまざまな試みが全国でなされてきたが、これらの試みでは本書が明らかにしてきたような、ダブル・コンティンジェンシーとしての幅やかかわりの捉えかえしが行われているように思える。相手を「高齢者」「障害者」といった枠に閉じ込めることを避け、自分自身も「支援者」「専門家」といった枠に入ることを避け、むしろ同じ土地でともに生きる存在として位置付けてきたという点では、多くの共通点がある。少なくとも、私が短い期間だけかかわったさまざまな支援現場（三井 2021）には、同様のことが見られたように思われる。

そして、各種の差別や貧困、排除に反対する運動に取り組んできた人たちも「ともに生きる」という言葉を用いてきた。子どもの支援、外国にルーツのある人たちの支援、路上で生活する人たちの支援など、さまざまな支援現場が、強者が弱者を一方的に助けるような図式ではなく、「ともに生きる」ことを目指してきた。これらの現場でも同様のことが見られるのではないか。

その意味で、本書が取り上げたのはあくまでも小さな活動だけなのだが、本書の議論はもう少し広い射程を持つだろう。具体的なやり方には地域性やかかわる人たちの個性が色濃く影響されているだろうが、ダブル・コンティンジェンシーとしての幅やかかわりを捉えかえすという営みを、話し合いを通して集合的に行い続けるということ自体は、おそらく多くの活動が共通して行ってきたことである。

ところで、「ともに生きる」運動は、いわば生活モデルへの転換の原点である。生活の質について考えるところから始め、そこから運動を重ねてきたからである。これらの運動の担い手は、生活の質を重要な価値として打ち出してきた人たちであり、価値の転換を生み出した人たちでもある。

しかし、多くの運動の担い手たちが、現在の地域包括ケア化の動きには、翻弄され、苦労し、ときに活動を制限されている。なかには制度から撤退してボランティア・ベースのみで進めることを決断していく人たちもいる。生活モデルへの転換は「ともに生きる」運動がもたらしたものであり、地域包括ケア化もその流れに位置するはずなのに、政策決定者たちが進めている地域包括ケア化が活動のサポートにうまくつながっているとは言い難い現状がある。

それでは第4章までの知見は、これからの地域包括ケア化に向けてどのようなアイデアを生むのだろうか。本書の分析から見えるのは、地域包括ケア化が現状としてなかなかうまく展開されていない理由の根幹は、システムや制度を設計する際の発想にあるのではないかということとである。松繁卓哉は、地域包括ケアシステムがフォーマルとインフォーマルの「統合」を目指したものでありながら課題に直面していることを指摘し、システムの拠って立つ視点を変えることが必要なのだと提起している（松繁 2002）[2]。一般に、制度を設計するというときには、無駄を出さずに、意図を明確にし、対象を定めた方が望ましいと考えられている。それ自体が間違っているわけではないが、インフォーマルな人の暮らしにかかわり、システムに還元せずに捉えかえす機会を増やそうとするのなら、それとは逆行した発想も必要である。専門や対象を定めすぎてしまったり、効果を特定してしまったり、場を狭く限定してしまったりといった、公式化（フォーマル化）を目指す動きとは、あえて逆行した制度化を考えてもいいのではないか。具体的には、①支援者像を豊饒化していくこと、②ボーダーランドや曖昧な会議などの余地を多く残すこと、そして③保健医療福祉に限らず「ともにある」機会を増やすことである。以下、本書の分析を踏まえながら、それぞれ述べていくことにしよう。

2　専門家だけではなく——支援者像の豊饒化

(1) システムA生成のためにシステムBを活用する

まず考えたいのは、担い手の類型の問題である。従来、保健医療福祉制度における支援者は専門家が想定されることが多かった（武川 2001 など）。だが本当は、専門家しか想定していないのは、あまりに狭すぎる。もっと別様の支援者像を想定していかなくてはならないのではないか。

「ともに生きる」運動のなかでは、専門家は往々にして批判の対象となっている。第2章で述べたように、発達保障論が、自身が専門家であることをもって、本人や家族などに自身の指示に従うことを強く求めてきたことからすれば、就学運動を担ってきた人たちに、一般に専門家に対する忌避意識は小さくないものがあるのも、致し方がないのかもしれない[3]。

また、自立生活の支援にかかわると、あちらでもこちらでも繰りかえし、専門家が批判的に語られているのにぶつかる。第3章の最後で簡単に触れたように、生活や暮らしを強く意識し言葉にしてきた自立生活の支援者たちには、専門家には見えないものが見えていることが少なくない。にもかかわらず、支援者たちの声や思いには一向に耳を傾けようとしない専門家もいる。

だが、4章で述べてきたような、システムAとシステムBという論点を導入してみると、実は両者は根底において同じことをしているのだということが見えてくる。

まず踏まえたいのは、専門家にしても、自立生活の支援者たちにしても、しばしば直面するのは、本人と周囲との間で生じるトラブルだということである。たとえば、家族や周囲に危害を与えてしまうのをどうするか、日常生活を送る上でひとりではこなせない事柄をどうするか、家族や周囲から排除されてしまうのをどうするか、本人の自傷行為をどうするか。これら、本人と周囲との間で生じているトラブルが、具体的な「問題」として立ち上がってくる。

専門家はこれらの「問題」を解決してくれと依頼されるだろう。自立生活の支援者たちは、暮らしのなかでこれらの「問題」に直面する。どちらにしても、少しでも「解決」を見出さなければ本人や周囲の暮らしが成り立たない。「これもこの人の個性だ」とただ言っているだけでは、生活が回らないときこそ、「問題」として浮上する。

こうした「問題」に対して、何がどう絡まることで「問題」になっているのか、かかわる人たちはそれぞれどのような事情や背景を持ち、どのような思いを抱き、そうなってしまっているのか。何を変えれば変化する糸口が見つけられるのか。これらを解きほぐしていき、お互いの間での「折り合い」を探る——すなわち、ダブル・コンティンジェンシーとして捉えかえし、システムAを生成する——、これが専門家や自立生活の支援者がやっていることである。言い換えれば、このような、トラブルが生じたときに対応していく流れそのものは、専門家であれ、自立生活の支援者たちであれ、実はほとんど同じである。

先に述べたように、専門家は「ともに生きる」運動から批判されてきたが、その批判の多くは、専門家がまともに専門家になりえていなかったという批判と言い換えることもできる。よく、専門家はシステムＢ（専門知）をただ利用者に安易に適用し、その個別性を見なかったり、当人たちの思いを見なかったりすると批判されるが、それはその人たちが専門家として不十分だからだとも言える。

専門家は本来、システムＢ（専門知）をただ単に利用者に適用するような人たちではない。医学的知識や法律上の知識を有していることは前提だが、それだけでいいわけではない。それをいかに、目前にある患者や事例に対して、適切に応用し、結果的に物事を少しでも改善できるか。それができてこその専門家である。

たとえば、医師を例に考えてみよう。医師は、高度に制度化された知識である専門知に基づき、医業を施す人たちである。医師に対する批判的な見方として、医師は型通りに医学的知見を患者や利用者に当てはめたがるとよく言われるが、そういう医師がいること（もしかしたら少なくないこと）は否定できないにしても、本来医師がそのようなものだと言われたら、多くの医師が反発するだろう。医師が理想とする専門家像は、そうしたものではないからである。医療と医学が異なるというのは医師たちの間での共通了解であり、医療史では繰りかえし、医学的知識からはみ出す患者の身体の個別性にどう対応するかがテーマとされてきた。医師の理念からすれば、医学をただ患者や利用者に適用すれば治療ができるわけではない。患者や利用者の個別の状況に応じて医学的知識を適切に用いなければ、医師としては失格だと、医師たちの間でみなされるだろう[4]。

言い換えれば、個別応用ができなければ、専門家とはいえない。体系的知識と関連付けながら個別応用ができるというのが、専門家の基本的な姿勢なのである。そして、自立生活の支援者たちも、経験知というシステムBならいつも大いに活用している。

だとすれば、専門家と自立生活の支援者たちとは、同じように、システムBを活用しつつ、システムAを模索しているのだといえるだろう。専門家は専門知に基づいて、自立生活の支援者たちは経験知に基づいて、その場において何が起きているのかを判断し、次の一手を打ち、システムAを生成させようとする。そこから本人と周囲の間に一定程度の了解と創発的秩序が生成されれば、その人は「暴れる人」とは見られなくなるし、周囲の人たちもその人を「抑えてまわる人」にならずに済み、ともにテーブルについて食事を始めることができる。つまりは、ダブル・コンティンジェンシーとしての幅とかかわりを捉えかえし、次の一手を打っていくことによってシステムAを生成するという、一連の過程で見る限りにおいては、両者はほぼ同じことを目指している。

確かに、システムBの中身は異なるが、それが本質的な違いと言えるかというと、必ずしもそうではないだろう[5]。個別応用ができる専門家が依拠するのは、科学的な手続きを踏んだうえで構築された専門知であり、体系化された知識と技術である。それに対して、「ともに生きる」人たちの依拠するのは、あくまでも経験知である。経験知であることは、科学的根拠に乏しい知見が含まれている可能性を高めるし、一部の人たちの偏った見解が支配的になっている可能性も高めるかもしれない。だが、実生活に基づいたものであるため、より実践的であり、その地域や限られた人たちに対してはより有効なものとなる可能性もある。状況や場合にもよるが、本来的にはどちらが「上」でどちらが「下」という話ではない。

つまり、専門家と自立生活の支援者たちとの間に、本質的な違いがあるかというと、決してそうは言えないのである。途中の経路や参照物が異なるだけであり、目指すところは本来なら同じところにある。

ただし、現状としては大きな違いがあり、そしてその一部は、単に現状として違うというだけでなく、おそらく構造的な違いでもある。それでは、現状として存在するように見える専門家と自立生活の支援者の違いとは何か、そしてそれはなぜなのか。ここまでの議論を踏まえながら、二点にまとめて述べよう。

(2) 違い①——自身もブラックボックスであるのに

第一に、専門家は、自立生活の支援者たちに比べて、自分自身がブラックボックスであるという認識をあまり強く持っていないように見えることが多い。たとえば第4章で取り上げた精神病院での拘束を例に挙げよう。

確かに、知的障害や自閉の人で、自分なりの納得の形がなければ動けなくなる人は少なくない。そして、納得がいかずに立ち往生しているときに、「そこは邪魔だから部屋に戻りましょう」と肩をつかんだり手を引っ張ったりすれば、手を振り払ったり身体をよじったりして抵抗することもある。手を振り払われたり身体を無理によじられたりすると、周囲も転倒するなどして怪我をする可能性がある。だがそれは、そもそも本人の納得に基づかずに力づくで動かそうとするのがいけないのであって、時間をかけて相手が納得する形を一緒に模索して、納得に至ったなら、自発的に動く人もいる。要は、トラブルになったとしても、それは本人が納得できる形を模索しようともせず、手を振り払うしかできない状況に相手を追い込んだ側のせいでもある。

そのくらいのことは、専門家であるなら、気づいて当然のことだろう。にもかかわらず、こうした点がほとんど考慮されず、「簡単に」拘束に至っているように見えることは少なくない。ただ、これはその専門家たちが傲慢だとか、図々しいとかいう話ではない。利用者の「暴力」によって拘束を選んでしまう専門家たちも、悪気があるわけでもなければ、利用者の人格を否定したいわけでもない。ただ、これ以上は危険だから（本人にとっても周囲にとっても）と、当事者の主観においては「仕方なく」拘束している。それに、拘束すること自体がいつでも悪いことなわけではなく、状況によっては一時的に必要なことも確かにあるだろう。

それでも、自立生活の支援者たちからすれば、専門家たち（精神病院の医師や看護職たち）が拘束に至る判断は、やけに「早い」と見えるのは否定できない。ある知的障害と自閉の男性が、暴力があまりにも頻発し、生活がまわらなくなってきたため、精神病院に一時的に入院したことがある。支援者が見舞いに行ったとき、その男性はやはり支援者を「殴った」のだそうである。そうすると、精神病院では、あちこちから看護職などの職員が出てきて、その男性を抑え込もうとする。支援者はそれらの人たちに対して、「え、どうしたんですか？」と聞いたそうである。男性を抑える前に、まだまだ考えなくてはならないことがある。こちら側のやってしまったことやこちら側の捉え方の問題が、多く残っているはずだろう。それを考えなくてはならないときに、なぜ抑え込もうとするのか。おそらくその支援者は、自身も殴られていながら、なぜ看護師たちがすぐにその男性の行動を、単に抑え込むべきものとして見てしまうのか、その一言で異議を申し立てていたのだと思う。

これは精神病院での拘束だけのことではない。自立生活をしている本人たちや、その支援者たち、あるいは家族たちからは、不思議なくらい、精神病院についても入所施設についても、あるいは特別支援学校についても、同様の話を何度も聞く。たとえば看護師が、赤ちゃん言葉で話しかけるので本人が怒っているのだが、それを「怒りっぽい（困った）患者さん」と片付ける。特別支援学校の教員が、本人は本気で嫌がっているのに、「ちゃんとやらないとこうだよ」と脅しを仕掛けてきて、本人が怖くて泣いてしまうと、「弱虫だなあ」と本人のせいにする。このように、本人の思いを探ろうともせず、一方的に本人のせいにしていってしまう話は本当によく耳にする。知的障害や自閉の人、あるいは発達障害の人、精神障害の人について、一定の専門的知識を有しているはずの専門家たちが、なぜか自分のことだけは棚に上げてしまいがちなのである。

ダブル・コンティンジェンシーという議論の用語を用いるなら、専門家には、ブラックボックスをひとつ（＝利用者あるいはクライアント）と想定してしまう傾向がある。利用者あるいはクライアントである知的障害や自閉の人たちについては、そのふるまいの幅について多様な専門知を積み上げてきており、観察・判断・対応の仕方については相応の蓄積がある。だが、自分自身というブラックボックスについては、ブラックボックスとして――つまりは自分でも思ってもみないことをやらかしている存在として――なかなか捉えようとはしない。いや、捉えているつもりなのだろうが、自立生活の支援者たちから見れば、あまりそう捉えていないように見えてならないケースが少なくない。

そうなってしまえば、利用者とのやり取りは、ダブル・コンティンジェンシーというよりも、シングル・コンティンジェンシーに見えてしまうだろう。そして、相手が人間だとはわかっていても、その人とのコミュニケーションで注目は「人格」というより「身体」に集中してしまう。だから、その人が何を考えているかということより、いまは黙らせたり、いまはおとなしくさせたりすることの方に注力してしまうのである。

このことは、いかに利用者について理解するための専門知を積み上げていても、生じうる。問題となっているのは利用者についての専門知「しか」ないことにあるからである。

もしかしたら、このように自分というブラックボックスを視野に入れない傾向があるのは、利用者についての知識や技術をきちんと深めようとすることと表裏一体なのかもしれない。専門家の依拠するシステムBである専門知は、往々にして、主に利用者についての知識や技術で出来上がっている。自立生活の支援者たちの経験知と比べると、専門知の方は、同じシステムBであるとはいっても、利用者についての知に偏っており、自身というブラックボックスを問う部分が妙に欠けているのかもしれない。

もちろん、慌てて付け加えなくてはならないのは、専門家たちはある程度、自分自身を反省的に振り返るということについての教育も受けていることである。たとえば看護学や社会福祉学などでは、自分自身を振り返り、自己覚知を促すような営みが、カリキュラムに一定程度組み込まれており、病院や入所施設で書かされる記録の数々もそのための道具ではある。

ただ、おそらく自らというブラックボックスがどう関与しているかを冷静に振り返るという作業は、OJT（On the Job Training 日常業務に就きながらの職業教育・訓練）でなければ難しいのだろう。一般論を頭に入れていればできるというタイプの問題ではない。自らの認識の仕方、規範意識の表れ方など、そのつど問題にぶつかったときでなければ、振り返ることは困難である。

第4章2節で述べたように、相手を「人間」だと言い聞かせれば「人間」に見えるわけではない。個々の事例で、あの人は実はこうしたかったのではないか、あるいは私はこういう前提を置いていたからこう見えていただけではないか、という具体的なポイントを捉えかえしたことで、その結果として「人間」に見えてくる。だとしたら、一般論として「人間として見なさい」といくら教えたところで、効力は相当に限られてしまう。実際に具体的な文脈のなかで考えることで、「案外と私は勘違いしてしまっているものだ」ということを経験知として体得していく方が、捉えかえす力を育てることができるだろう。卒前教育を重視する専門家の養成制度とは馴染みにくいのである。

そして、病院や入所施設という管理者側の権限が大きい場ではなかなか難しいということもあるだろう。圧倒的な権力関係が作用し、外部の視点も入りにくい場においては、自らを振り返るのはそう容易なことではない。たとえば、ある利用者が、他の人や他の機関と付き合うときには、自分に見せる顔とは全く異なる顔を見せている、といった場面を目の当たりにする機会があれば、自分自身の側の問題だったのかもしれないと振り返ることが自然にできるが、そうした機会がないとなかなか難しいだろう。

専門家は、ＯＪＴよりも卒前教育が重視されがちであり、また病院や入所施設など管理者側の権限の大きい場で働く機会が多い。このように、専門家の養成制度や、働いている場の多くが持っている特性が、専門家が自身というブラックボックスを捉えかえすのを困難にしているという構造的な問題があるように思われる。

（3）違い②――システムA確定に注力しすぎる

もうひとつ挙げられるのは、専門家の多くが、どうしてもシステムＡの確定に注力しすぎるということである。結果を出すこと、秩序を保てる方途が見出せることに価値を置きすぎ、まだわからないという状態をそれとして続けるということにあまり価値を置かない傾向にある。

これはおそらく、利用者とのかかわり方と深く結びついている。医師や特別支援教育のコーディネーターなどは、まさしく「専門家」として、問題が起きたときなどに介入する役割を担うことが多く、日常的に利用者とかかわるわけではない。専門家のなかでも、特別支援学校や特別支援学級の教員は昼間の間だけとはいえ長時間かかわるのだが、子どもたちはすぐに卒業してしまい、いくら長くとも数年しかかかわらない。Ｅ・Ｃ・ヒューズは、専門家が人びとの緊急事態 emergency に業務 routine としてかかわると述べたが（Hughes 1971）、緊急事態という言葉を広く取ればそう捉えることは可能だろう。

それに対して、自立生活の支援者であれば、人によっては、一対一の濃い付き合いを毎週十時間以上で数十年以上続くような付き合い方になる。生活への密着度、かかわる時間の長さは、大きく異なる。

このことは、ダブル・コンティンジェンシーとしての幅とかかわりを捉えかえす上でも、大きな違いになってくるだろう。一時的にしかかかわらない人間は、どうしても早めに「解決」を見出そうとし、システムAを確定させることに注力しがちである。特に、日々の暮らしを支える人（たとえば本人の家族）が別にいる場合には、早く「解決」を見出さなくてはならないという責任感を強く感じるだろう。一時的にしかかかわらない人間が、問題が解決できなくても付き合い続けるなどという「ダラダラとした」姿勢を採用するのは、いわば「非倫理的」である。

日々の暮らしを支えるのは、それ自体としてとても大変な労力の伴うものである。心ある専門家であれば、自分がそれを担っていないことを知っており、それゆえに、日々の暮らしを支える人たちの労苦を考慮に入れ、少しでも早く安定的な秩序を作りだそうとする。たとえば心ある精神科医であればあるほど、実際に入院患者のケアをする看護職や看護補助者たちを思い、本来すべきではないと思いつつも拘束を選択する。あるいは、実際に子どもの世話をしなくてはならない親や家族の労苦を思い、本人の行動制限をしなくてはならないと思ってしまう。まともな専門家であればあるほど、生活や暮らしそのものにかかわれないという自分の限界を認識し、それに基づいた意思決定を行うものである。

それに対して、自立生活の支援者たちは、自分たちがまさに日々の暮らしを支えている人たちである。もちろん一人で誰かの生活を二四時間三六五日支えることなど不可能であり、他の支援者たちの力を借りなくてはならないのだが、それでも「われわれ」が担っているのだと捉えれば、自分たちがまさに担い手である。

だからこそ、早急な「解決」を安易に求めることに対して抵抗することができてきた。どんなに大変であっても、それでも拘束や抑制、行動制限を安易に行うことなく、その人とかかわり続けるのだと決断することは、自分たちが担い手だからこそできるのである。誰かに責任を押し付けているという後ろめたさに屈する必要はない。このことは、自立生活の支援者たちがダブル・コンティンジェンシーとしての幅とかかわりを捉えかえし続け、安易なシステムA創出を過度に求めることなく、葛藤しながらも希望を見出して取り組み続けている、ひとつの大きな前提条件だろう(それだけに、自立生活の支援者が気概や意思を維持し続けられるような、労働条件の整備が強く求められる)。

だとすると、専門家と自立生活の支援者たちは理念型においては同じことをしているといっても、実際には違うことをしているというとき、それは単なる偶然というより、構造的に違う点があるからだということになる。ただそれは、専門的知識の多寡や資格の有無によるものではない。属性の問題ではなく、いわば配置の問題である。業務上での本人とのかかわり方の問題であり、生活にどの程度根差しているかという点による違いである。たとえ専門家であっても、自立生活の支援者として介助を始めれば、同じく生活に根差す立場になる。

生活に根差しているからこそ、自立生活の支援者たちは、ダブル・コンティンジェンシーとしての幅とかかわりを捉えかえし続けることができ、安易なシステムA生成を拒絶することができる。緊急事態にのみかかわる職種には、これはなかなか難しいのである。

（4）支援者像の豊饒化

これら二つの点を踏まえていくと、地域包括ケア化を推進していくにあたって、支援者像をもっと豊饒化していかなくてはならないことが見えてくる。

必要なのは、支援者を専門家と想定してしまうのではなく、専門家以外の支援者の像（本書で示してきた「ともに生きる」ことを目指す人たちのような像）も、支援者のひとつの形として想定していくことなのではないか。何もかもを専門家に求めてしまうのは、専門家に対する過剰な期待、ひいては抑圧になりかねない。それに、専門家と同じような養成・評価制度を自立生活の支援者たちに押し付けるのは、その「良さ」を潰すことになるだろう。

専門家はむしろ、いまの時代においては、徹底して理念型的な姿に戻ることが求められるのかもしれない。専門家は、古典的専門職と呼ばれる医師や弁護士をはじめとして、医学や法律を、具体的な個人の状況に個別応用する人たちであり、医学や法律をどう使えばその人にとって役に立つのかを示す人たちである。言い換えれば、システムBを当てはめることが本義ではなく、システムBを活用しながら、その人ごと状況ごとのシステムAを模索するのが本義である。自らの限界を認識し、そこにこそ注力すべきなのかもしれない。

そして、生活の一部にしかかかわらない専門家と、生活に根差す人たちと、それぞれの違いや特色を踏まえ、それぞれの状況に応じた教育体制や養成の仕組み、運用や活用の仕方を考えていくことが求められるのではないだろうか。そのうえではじめて、両者がどう連携していくのかを問うていくことができる。

この点については別著（三井 2018）で論じているので、これ以上の詳細はそちらを参照してほしい。

3　システム化しきらない制度設計

（1）対象者を過度に限定しない

それと同時に、フォーマルに物事を定めきらない制度設計を構想していく必要があるだろう。意味を安易に特定することなく、何度も捉えかえしていくことが必要であるなら、諸制度はあまり強く意味を同定しないような、曖昧で広がりのあるものとなっている必要がある。意味が多様に与えられうるような仕組みを、制度設計にも導入しなくてはならないのである。

具体的にどのような制度設計をすればそのような曖昧で広がりのあるものとなるのかについては、本書の範囲を越えているが、少なくとも多摩地域の活動から見えることとして、三点挙げておこう。第一に対象者を限定することによる弊害であり、第二に制度的な対応で切り分けるだけでは必ずボーダーランドが残ることであり、第三に話し合いの場がまだまだ軽視されていることである。

第一の点から述べていこう。現行の制度の多くが、対象者を過度に限定したしくみになっていることが挙げられる。現行制度の多くは、利用者が「障害」などを持っていると認定されることによってサービスを受けられるという、レッテルとサービスがバーターの仕組みになっており、また同じレッテル（たとえば高齢者など）を持つ人たちだけが集められる仕組みになっている。その方が効率的で合理的だという面があることは確かなのだが、人の関係や暮らしのありようを考えたときには、このようなやり方がときに弊害をもたらすことも否定できない。

たとえば、子どもたちが何らかの配慮やサービスを受けるときに、なぜ「障害」が認定されている必要があるのだろうか。「障害児」だと認められなければサービスが受けられないのだとすると、子どもたちが自らの社会を生き延びる上で必要な配慮は、「障害児」という別枠にならなければ得られないことになる。そして現状、日本の多くの普通（通常）学校では、「障害児」と名指されることは、特別支援学級に籍を移すことになったり、その子が本来持っている多様な意味や可能性を極度に限定されたりするという効果をもたらすだろう。

また、高齢者がケアを受けられるのは、高齢者へのケアに専門特化した場になっていることが多いのが現状である。その人が「高齢者」というだけでない存在となれるような、「ケア」を受ける側というだけでない存在となれるような機会は、高齢者に特化したケアの現場ではなかなか得られない。今日では、運動側の努力もあって、「共生サービス」などの新しいサービス形態が生まれているが、まだごく一部にとどまっている[6]。

もうひとつ例を挙げるなら、放課後等デイサービスは、障害のある子どもたちが学校や親以外にかかわる人と出会える貴重な機会である。だが、現行の放課後等デイサービスは、制度設計として、「障害児」のデイサービスになってしまっており、それ以外の子どもたちが入ってくる余地はない。通ってくる子どもたちが、他の子どもたちのように、大人の目をかいくぐって遊ぶ余地もほとんど残されていない。そうではなく、地域の子どもたちも訪れる児童館などのなかで、子どもたちが自由に行き来できるような場であれば、もう少し別様の可能性が広がるだろう。

これらのことは、安全管理などについての考え方とも関係している。『支援のてまえで』(三井 2020a)で述べたように、一九八〇年代の多摩地域の活動はいまから見ればかなり「いい加減」で、ルールも少なく、どう考えても大人が率先して楽しんでいた。いまはとてもそうはいかず、安全管理などの対応も必要だと考えられている。そのことが悪いということではないのだが、安全管理に専心しすぎれば、遊びの余地が失われていくことも否定できない。安全管理をどのようなものとして考えていくかという問いも、同時に提起されている。

(2) 生活はボーダーランドだらけ

第二に触れておきたいのは、そもそも生活にはボーダーランドが溢れているのだが、現状としてそれに応じた制度設計はあまりできていないということである。というよりおそらく、何か具体的なサービス提供をしたから報酬が出るという仕組みでは、ボーダーランドには対応しきれないのだろう。

第3章で述べたように、私たちの暮らしは、連続している。明日と今日は連続しているし、私の心身の状態と同居人の心身の状態は無関係ではない。毎日同じようでいて、毎日変化している。これらは、言ってみれば本当に「あたりまえ」のことである。

だが、フォーマルな支援を取り込んだとき、その「あたりまえ」が消されてしまう。暮らしのひとつひとつに過剰に意味付けがなされてしまい、曖昧さや流動性が失われてしまうのである。

そのため、フォーマルな支援を取り込んだとき、暮らしのなかには多くのボーダーランドが生まれる。先に、ボーダーランドについて触法障害者を例に述べたが、触法障害者のように強烈に意識されるような事例だけでなく、ボーダーランドは日常生活のなかで繰りかえし出現する。特に、フォーマルな支援を日常の暮らしに取り込んだときには、フォーマルな領域が生まれるがゆえに、そこに含まれるか定かでないものがボーダーランドとして立ち現われる。

ひとつには、時間で区切られるヘルパーたちの間で生まれる、介助の非連続性や穴、生活をまわす以上の事柄への対応である。それがたとえば、第3章で触れたように、前日の疲れが残っている今日にどうするかという問題であったり、フライパンを誰が買い替えるかということであったり、生活の広がりをどう生み出すかということであったりする。正月をどう過ごすか、ジーパンはいつ洗うのか、近所には誰がどう挨拶をするのか。これらには、誰がどうかかわるのか。

もうひとつには、複数のシステムの移行に際して起きるボーダーランドである。長く生きていれば具合が悪くなることもあり、ときに入院も必要になるが、入院時には原則として地域生活で利用しているサービスが受けられない（市町村によって異なる）。同様に、刑務所に入れば、支援者は月に数回の面会以上で会うことすらままならない。いったん入所施設に入ってしまえば、地域での支援はすべて断ち切られてしまうのが普通である。

そもそも、（1）で述べたような、あるレッテルとサービスがバーターになっているような仕組みのなかでは、たとえば軽度知的障害など「ボーダー」にあるといわれる人たちは、いつも抜け落ちてしまう。これはレッテルとサービスをバーターにしている限り、生じてしまう問題である。

これらボーダーランドは、フォーマルなシステムで暮らしがまわるようにしようとするなら、生じてくることは避けられない[7]。暮らしというのはそういうものだからである。

そして、ボーダーランドである以上、基本的には、常にそのつど、どこでどう解決していくのかを考えていくしかない。そのため、多くの自立生活支援の現場では、「遊軍」的な立ち位置をとるキイパーソンの支援者がいる。何かあったとき、ボーダーランド的な事態が生じたときなどに、それを担う（ときに人に頼むにしても、頼む相手を見つける）人が、明確に言葉にされずともある程度想定されており、その人が何をするか、その人を周囲がどうサポートできるかによって、支援の全体が左右される。

しかし、現行の制度では、こうした人をそれとして認め、評価する仕組みが十分とはとても言い難い。相談支援事業などがあるにはあり、相談支援事業者としてキイパーソン的役割を担おうとする人もいないわけではない。だが、金銭的評価が不十分なこともあって、現状ではキイパーソンというには程遠い存在となっているケースが少なくないようである。制度がないわけではないが、それが実質的に効力を発揮するようには運用されていないのである。

(3) 話し合いの場

最後に述べておきたいのは、第4章で詳しく述べたような捉えかえしの場が、現状としてはほぼボランティア・ベースで開かれているということである（先に述べたように、事業所が持ち出しで払っていることもあるが）。現場の質を上げるというとき、ＯＪＴでの捉えかえしの訓練はそれなりに大きな意味を持っていると思われるのだが、現状としてはこうした「教育」の仕方はあまり評価されていない。現場でケアや支援を担う人たちの教育や研修の必要性はよく指摘されているが（評価という観点からも、当事者のやる気という観点からも）、そこで提唱される教育や研修のモデルは専門家養成を模したような、一般論による形式的なものがほとんどである。本書が第4章で強調したような話し合いの意義が十分に認められているとは言い難い。

近年、退院に向けたカンファレンスなどが一定の評価対象となるなど、変化は生まれているが、十分というには程遠い。ある人が精神病院から地域生活へと移行するために、病院側（医師・看護職・ソーシャルワーカー）と地域の支援者たちとで話し合いの機会を持ったことがある。あとからその話し合いに対して支払いがなされたそうなのだが、金額を聞いて笑ってしまった。その話し合いの時間に対する対価としては悪くない額だと思うが、病院を訪ねて短い時間話し合いをすれば地域移行ができるとでもいうのだろうか。

支援者の一人は本人と毎日大量のメールをやり取りし、本人が病院生活に馴染めるようにサポートし、部屋探しをして、ヘルパーを集め、行政と交渉し、部屋の契約を進め（もちろん本人に確認しつつのことである）、さらに冷蔵庫やエアコン、洗濯機などの家具を本人と一緒に外出して注文し、部屋の掃除を一緒に進めて、ヘルパーに状況を説明し、仕事を配分し、複数の事業所と契約するための書類をまとめ、本人が実際に退院した日はまるまる一日付き合っている。その支援者だけでなく、私も病院以外でも話し合いの機会を何度も設け、メールでやり取りを重ねてきた。地域での生活が始まれば、各ヘルパーと相談支援員が繰りかえし相談していく必要があった。病院での会議はこれらのプロセスの「詰め」の瞬間みたいなもので、その向こう側にもこちら側にも大量の、実に大量の時間と労力が投入されている。そこからすれば、冗談のような金額である。

おそらく、話し合いをフォーマルに開催されたものとして捉えること自体に限界があるのだろう。支援の現場でなされる重要な話し合いの半ば以上は、インフォーマルなものであり、単なる立ち話の延長のようなものも多く含んでいる。働いている人たちの働き方によってもさまざまであり、現場に応じた作り方が模索されている[8]。何より、ユーモアが溢れるような、信頼関係のある雰囲気がなければ、半ば「失敗」について吐露し合うような話し合いが可能になるとは思えず、それをどう作っていくかは、なかなか至難の業である。フォーマルに開催された会議だけをカウントしていたのでは、その向こう側にある大量のインフォーマルな会議やこまごまとしたことがすべてなかったことにされてしまう。


以上、①対象を限定しすぎることの弊害、②ボーダーランドの存在、③会議はフォーマルなものだけで成立しているわけではないことなどを挙げてきた。

これらを踏まえると、生活に根差した支援を金銭的に評価しようとするときに、細かく項目を分けたり、新たな項目を作ったりするのとは異なるアプローチが必要なことが見えてくる。多様な利用者が出入りできることが重要だからといって利用者のカテゴリーを細かく分ければいいというものでもなければ、各種ボーダーランドの存在に合わせて役割を割り振ればいいということでもなく、インフォーマルな会議をひとつひとつカウントしてそれぞれ金銭的対価を与えていけばいいということでもないだろう。それではおそらく、書類仕事を増やすだけである。それよりももっと包括的な評価の仕方が必要なのではないか。個々の会議の数ではなく、全体として何をやっているのかを評価するようなやり方、あるいはメールのやりとりの回数や表にまとめた結果そのものではなく、そこに示されているやり取りの蓄積そのものを評価するようなやり方が求められる。

そのような評価を行おうとするなら、書類に頼らない実質的な視察や参与が行政側にも求められることになるだろう。だとすると、一般に言われているのとは異なり、いまの地域包括ケア化の方向性は、本来は行政機関の拡大と切っても切り離せない関係にあるということになるだろう。地域包括ケアは費用のかかる仕組みなのである（猪飼 2011: 32-34）。

いずれにしても、支援の内実を細かく確定してそれに対する金銭的評価を与えるような仕組みだけでは立ち行かないのは確かである。暮らしというのはそういうものであり、生活というものはそういうものだからである。そして、生活の質に価値を置く時代になっている以上、暮らしや生活を制度に合わせるのではなく、暮らしや生活に合わせた制度設計を模索するしかないだろう。

4 「ともにある」場づくり

(1)「ともにある」場づくり――多様な社会活動への参加

最後に述べておきたいのは、猪飼が論じているような地域包括ケア化は、本来であれば、いわゆる保健・医療・福祉といったシステムだけに限られる話ではないということである。地域包括ケア化では、教育・労働をはじめ、地域のさまざまな制度が同時に問われている。「生活の質」に重きを置くのであれば、人びとが地域で社会生活を営みながら包括的なケアを受けることが重視されることになる。その「社会生活」には、実にさまざまなものが含まれる。人の典型的なライフコースを想定するなら、幼児の頃は保育園や幼稚園など、学齢期になれば学校、卒業したら人によっては労働に従事することになるだろう。それらと同時並行で地域のさまざまな活動がありうる。もともとの地縁や血縁に基づいた活動もあるだろうが、それとはまた別に、趣味や関心でつながるような活動や関係もありうる。これら社会生活において排除されることなく(字義通り追い出されるというだけでなく、排除的扱いを受けないという意味においても)、本人の希望に応じて参加できることは、その人の「生活の質」を大いに上げる。このように、生活モデルに基づくならば、保健・医療・福祉だけでなく、さまざまな社会制度や活動が同時に問われることになるのである。

本書で多く言及してきたこととして、第2章で取り上げた、学校教育制度が挙げられるだろう。第4章で述べてきたような捉えかえしに基づく排除への抵抗においては、「ともにある」という前提が絶対的に必要である。その意味では、共生教育論や就学運動の主張には確かに一理あったのだろう。「ともにある」ことがなければ、その先の話が何もできなくなってしまう。ただもちろん、これは必ずしも、同じ場に置けばいいということではないのだが（そして就学運動もそれだけを主張してきたわけではないのだが）、「ともにある」を実質的に成り立たせることは、地域包括ケア化において重要な一翼となるはずである。

なお、同じく第2章の最後で触れたことだが、二一世紀に入ってから、重度や軽度の障害を持つ子どもたちも含めたフルインクルーシブ教育の可能性を追求する論者が増えてきている。発達保障論的な立場のなかからも、現状として特別支援学級や特別支援学校が果たしてしまっている機能を認めつつ、学校そのものを作り替えていくことで、誰も排除しないような学校づくりを目指す動きは多々生まれている（野口・喜多編 2022; 阿部 2017; 阿部他 2019 など）。これらの議論には、教員が行う授業だけでなく、休み時間や教室の場にあることそのものなど、多岐にわたる論点が含まれており（阿部 2017 など）、就学運動や共生教育論が指摘してきた論点も活かされるようになってきている[9]。

たとえば、就学運動や共生教育論の発想からすれば、子どもの障害がいわゆる「重度」か「軽度」かということと、教育の場をどう設定するかということとは別の話である。多摩地域でも、古参の人たちはフルインクルーシブ教育以外あまり認めない人が多いが、若い人のなかには普通(通常)学級と別の場を設けることの意義を認める人もいる。ただ、その感覚はやはり、一九九〇年代までの発達保障論が、普通(通常)学級で学ぶのは軽度障害者に限られるかのように捉えていた(茂木 1997: 70-71)のとは大きく異なる。むしろよく聞くのは、軽度の人なら別の場を設けることも意義があるのかもしれない、けれども重度の人は普通(通常)学級でいいじゃないか、という言い方である。こうした視点は、先に挙げた近年のインクルーシブ教育論にもある程度含まれている。

そして、一般的なライフコースから行くなら、学校の後は働くことがテーマになりやすい。障害の社会モデルが近代資本主義社会を批判的に捉えたことに端的に示されているように、障害者と名づけられるという背景には、その人が経済システムにおいて排除されやすいことがある。特に重度の知的障害や自閉の人たちは、一般的な企業の「障害者雇用」枠であっても採用されることはほとんどないのが現状である。

そのため、これも第2章最後や第3章初めで述べたことだが、「福祉的就労」と呼ばれるような、最低賃金は確保できなくとも一定の賃金を対価として支払いつつ、労働の場をつくろうとする試みがなされてきた。それらの多くは、「障害者」を別枠とし、経済システムのなかに「障害者」向けのサブシステムをつくろうとする試みだったとも言える。

それに対して、「福祉的就労」などのありようを排除のもうひとつの形態とみなし、「障害者」「健常者」と分けることなく、同一賃金などを実現しながら「ともに働く」ことを追求する運動もある。多摩地域の支援ネットワークもまた、「ともに働く」ことを求めていた。

ただ、同一賃金の維持は、現状としては著しく困難になってきている。これらの事業所の多くが、経営維持のためには障害者総合支援法の就労継続支援B型などの事業所になることを選択せざるを得ない現状があり、そのなかで全員の時給を最低賃金以上の額にすることはそう容易なことではないからである。そのため、多くの「ともに働く」ことを目指す事業所が、同一賃金の維持が実質的にはできないという状況に直面している。

「ともにある」場づくりを進めていくためには、これら学校や職場の状況を改善していくための制度整備を進めることがまず求められるだろう。そして、必要とされる制度についての考え方もさまざまだろう。制度そのものよりその運用が鍵となることもある。

学校でいうなら、特別支援学級が現状として存在するにしても、その教室におもちゃを大量に置いて誰でも自由に使っていい場にすることで、他の生徒たちが喜んで出入りするような空間に変えていくということもありうるだろう。「障害児」の「世話をする」機会を設けると同時に、それを生徒からすれば授業をサボれる時間にすることにして、子どもたちの楽しみに変えていくということもありうるだろう。どちらも、大学の授業後に学生が話してくれた事例である。職場でいうなら、たとえば先に挙げた同一賃金の維持など、一部の事業所が先進的に取り組んでいることを実質的に止めさせるような仕組みを解除するなどのやり方もあるだろう。また、公的な機関の仕事の委託先として、社会的な意義を持つ事業所に積極的に任せていくというようなやり方もある。そうすることによって、結果的に事業所の売り上げを効果的に上げていくことができるかもしれない。

誰であっても学べる学校づくりや、多様な人たちが多様な形で働くことができる職場づくりのため、可能なことはまだまだあるだろう。これもまた、「生活の質」を大切にするようになった私たちの価値に即した制度作りの一環なのである。

（2）新たな場づくり

しかし、ここで同時に考えなくてはならないことがある。学校や職場の状況を改善する試みが重要なことは何度強調しても足りないだろうが、それだけでは十分ではない。学校や職場がある種の人たちを排除するという現状自体が、根本から覆されることはなかなか想定しにくい。そのなかでどうするかが同時に問われなくてはならない。

まず学校について述べるなら、第2章で取り上げたように、ルーマンが教育システムを「発達」だけでなく、「成績」による選抜というもうひとつの要素との間のパラドックスから展開されるものだと捉えていたことを想起しよう（Luhmann 2002=2004: 55-104）。

こうしたことからすると、いかに一人ひとりの「発達」を重視したフルインクルーシブな教育現場を実現したとしても、選抜される場面が出てくることはおそらく教育システムにおいて避けられない。いかに能力主義を批判しても、公的な教育である以上、そうした場面が出てくることがあるのは避けようがないからである。多様性を謳うカリキュラムが、現場では「成績」による選抜によって別様のものに変えられる可能性がある[10]。

特に、公教育は原則としてすべての子どもたちに当てはめられるものである。ならば、学校のありようを問い続けることが重要であると同時に、学校の「外」を問い続けることも重要だということになるだろう。学校の中身を問題にするだけでなく、学校から逃げながら生きることを保障することが必要になるのである。ここで言いたいのは、いわゆるフリースクールや適応教室などの議論にとどまるものではなく、教育システムとは別の論理で動く場や共同性である[11]。

職場との関係でも、同様の問題がある。経済システムは貨幣をコードとしており、要は「儲からない」ことや人はどうしても排除されがちである。そのため、「障害者雇用」枠や障害者総合支援法内の就労継続支援事業などがあるわけだが、これらの枠内であっても、繰り返し「生産性」や「経済的合理性」の波は押し寄せてくる。作業が的確に素早くできる人だけが重視され、なかなかそうはいかない人やケースについては排除的な扱いを受けるようになりがちである。

こうしたことからすると、学校や職場がそれ自体として「ともにある」場になっていくための努力とともに、そこにうまく当てはまらない人たちが、それでも他の人たちと「ともにある」場をつくっていくことが必要になる。

ここで、不登校の「その後」を問い続けてきた貴戸理恵の議論を取り上げよう（貴戸 2022）。貴戸が指摘するように、一九八〇年代から今日に至るまでの間に、日本社会においても、社会の流動化はかなり進んだ。学校に行けていなくても労働には従事できるなど、さまざまな可能性があるという言説が、格段に広がってはいる。学校＝労働＝結婚・出産といった、すべてをイコールで結ぶような図式は、日本社会において十分なリアリティを失いつつある。これは一見するといかにも良いことに見えるが、学校に行ったからといって安心などできない社会になったという言い方もできる。むしろ、諸システムの相対的自律性が高まると、問題の所在が個人へと帰責されやすくなるところもある。

こうしたことから、貴戸は、「生きづらさ」（不登校のその後という問題とも重なる）という問題においては、社会の流動化に際して、社会的・制度的に用意された場だけでは「包摂されない」という問題が残り続け、しかもその問題は個人化される傾向にあるという。それに対して必要なのは、その人たちにとっての場が作られ／与えられていくことだと述べる（貴戸 2022）。

これと同じことは、知的障害や自閉の人たちにも言えるだろう。といってももちろん、重度知的障害や自閉の人たちには、他の人たちと同じような意味で社会の流動化が及んでいるとは言い難い。学校に通えなくても労働で場を得られることがある、とはなかなか言い難いからである。ただ、ある種の流動化が起きているとは言えるだろう。支援費制度の施行以降、多様なサービスが生まれた。学校の特別支援学級も細分化され、多くの発達障害の子どもたちが「発見」されていった。「知的障害や自閉の人」と一言で言っても、想定される具体的な人たちの像はかなりのバリエーションを持つようになり、利用可能なサービスや支援、所属する場なども多様な形があり得るようになった。いかにも「選べる」ようになったかのように見える。だが実際には、それらサービスを「選ぶ」ために親に多大なコストがかかっており、実際には「選んだ」先から拒否されることも少なくなく、それぞれのサービスの隙間で行き場を失っている人も少なくない。

もはや、排除だけが問題ではない。社会の流動化が進むなか、それでもどこにも包摂されないことにより、排除だけを問題化できなくなってきている。多くの制度化された場（＝障害者として与えられる場）が生まれているだけに、それらに当てはまりにくい人たちは、さらに行き場を失い、またそのことが自己責任化しつつあるのである。

こうしたなか、その人にとっての新たな場や共同性が生み出されていかなくてはならない。既存の場である学校、あるいはさまざまな福祉事業やサービスに対して、「排除するな」と訴えることは相変わらず必要ではある。だが、それらに対して「排除するな」というだけでは立ち行かない。あちらにもこちらにも「排除するな」と言っているうちに、結局はトラブルや問題はみんなその人のせいにされていく。そうではなく、その人にとっての新たな場や共同性が育まれる必要がある。

さらにいうなら、知的障害や自閉の人にとって、その人を取り巻く場や人間関係がそれなりに長く続いていることはかなり大きな意味を持つ。「情報」「伝達」「理解」のズレから生じる問題を軽減するためには、古くからの付き合いがある方がいい。その方が、その人との間でのシステムＡのバリエーションを多く持っていたり、システムＡが生まれる過程についての経験知（システムＢ）を有していたりするためであり、またさまざまなトラブルが生じてもかかわり続けようとする誘因にもなりやすいからである。その意味でも、新たな場が作られ／与えられていくことは、知的障害や自閉の人たちにとってさらに必要であるといえるだろう。

こうしたことを踏まえてみると、いま振り返れば、自立生活という選択肢が生まれることは、学校や職場など多くのものから排除されたとしても、それでも人びととかかわりながら生きていく場と方法を作るという意味があったのだと言えるだろう。自立生活は、介助するヘルパーとの関係が育まれるという点で、重度知的障害や自閉の人たちと周囲の人たちがかかわりを持ち続けるひとつの方策であるとも言えるからである。そして、学校から排除されても、職場から排除されても、そしてたとえ家族から排除されても、自立生活を支援していれば、とりあえず暮らし自体は維持されうる。

ただ、自立生活の支援が新たな共同性でもあると述べると、少し不思議に思われるかもしれない。自立生活の支援は、少なくとも就学運動に比べれば、あまり強く共同性を志向したものではないからである。第3章でも触れたように、「支援」という立て方は、就学運動や共生教育論では見られなかったものである。「仕事」の付き合いでもあるという意味では、知的障害や自閉の人たちと自立生活の支援者たちとの関係は、友達付き合いとは大きく異なる。

だが、だからこそ、「包摂されない」という問題も含みこんで、それでもその人が所属できるような場や共同性を育むためのアプローチだったとも言えるだろう。ヘルパーは仕事で訪ねるのであり、いわゆる「仲間」ではない。それは共同性からは遠ざかるようにも見えるが、「仲間」にならなくてもかかわり続けるという点では、「包摂されない」という問題にもアプローチしうるのだともいえる。どの場にも「包摂されない」人に対しても、介助者派遣ならできるのである。このように、自立生活の支援者たちは、あえて自立生活を謳い、「支援」を標榜することによって、「ともに生きる」という課題に対して、特定の場やシステムにこだわるのとは少し違う形での共同性を作り出してきたのである[12]。

ではそこで生まれる共同性とはどのようなものなのか。たとえば、ある女性の支援者が、別の女性の支援者でコーディネートを担う人について話してくれたことがある。コーディネーターとしてある知的障害と自閉の人にかかわっていたそうなのだが、本人と周囲とのトラブルが多発することに疲弊し、本人に対しても悪感情を抱いてしまい、仕事をこれ以上続けられないという思いが続いていたそうである。それがあるとき、「確かにあの人はどうしようもないところがある。けれどもそれを言ったら私も同じだ。私も同じようなところがある。」と思ったそうで、そこから仕事をもう少し続けようと思ったのだそうである。その話を私に聞かせてくれた女性支援者は、その人の言葉に深く共感したのだという。

ここには、自立生活の支援者たちの間である程度共有されている物語の型があることが示されている。自立生活の支援者たちはときどき、こうしたネガティブな局面において、「あの人と私は同じだ」という表現を絞り出す。男性の知的障害や自閉の人がセクシュアルなことで何かを「やらかした」ときに、「どうしようもねえなあ」とため息をつく男性が、「男はほんとどうしようもない」と自分も同列に並べながら語るのを見たことがある。虚言が多い知的障害や自閉の人について、「すごく嫌だけど、それは私も同じだからだ」と話す支援者もいた。

長年地域で暮らしてきた知的障害と自閉の人が急逝したことがある。ご遺体は火葬までの間、事業所のひとつに安置されていたが、毎日のように誰かしらが訪ねていたようである。数か月後、その人を悼む会が開かれた。その人の自立生活を支援してきたヘルパーたちが、次々とマイクを持って話したのだが、そのときよく使われていたのは、「介助者としての俺を作ったのはおまえだった」という表現だった。ご遺体に会いに行くことにも、悼む会を開くことにも、どこからも給料は出ない。それでも集まって語り合っているのを見ると、やはり共同性という言葉を使いたくなる。

自立生活の支援は、「包摂されない」という問題にも届きうるような、そうした共同性や場を生み出すものでもあったのである。だとすれば、自立生活の支援のように、暮らしそのものをサポートする制度が充実することは、やはり重要な意味を持つ。知的障害や自閉の人たちの自立生活の例が増えてきたが、市町村によっては介助者派遣の時間数を低く抑えようとする動きもある。日々の暮らしに合わせた利用をしようとしても、制度上の制約はまだ多く残されている。こうした制度面での問題や壁を解消していくこともやはり求められるだろう。

(3)「ともに生きる」という問いの多元化

ここで、視点を地域包括ケア化という政策的な課題から少しずらしてみよう。「ともに生きる」という運動がどこへ向かうかという観点から、この節で述べてきたことを捉えかえしてみたい。

ここまで述べてきたことをパラフレーズするなら、「ともに生きる」という課題は、近年ますます、多元的で複層的な問いであることが明らかになってきているとも言える。

就学運動が始まった頃は主に学校のことに議論が集中していた。だが本来的には、学校だけのことでもなければ、職場だけのことでもない。日中通う場だけのことでもなければ、派遣されるヘルパーとの関係だけのことでもない。あちらでもこちらでも、それぞれの形で問われるようなものである。学校の排除を問題にするけれども、学校を見限ったときのことも問題にするような、職場のありようも問題にするけれども、職場とは異なる人間関係も問題にするような、そうした多元的で複層的な課題である。

もともとそうだったのだろうが、そのことは社会の流動化や本人たちの加齢によって、より明らかになってきたと言えるだろう。もはや、学校から仕事、地域社会へと、単線的に場への所属が連なる時代ではなく、大人になれば人びとはそれぞれに生き方を見出していく。こうした社会の変化と子どもから大人への変化とが重なって、「ともに生きる」という課題は、一九七〇年代から一九八〇年代頃の就学運動とは異なる形で問われるようになった。

そして、「ともに生きる」運動の課題は、さらに移り変わりつつある。もうすでに、働く場においても定年という問題が問われるようになっており、介護が必要になった親との関係という問題もある。何より、本人たち自身が、加齢にともなって介護が必要になったり、看取りがなされたりするようになってきている。人工呼吸器を装着したり、緩和ケアを導入したりするなどの事態にもなり、そうすると改めて医療者たちとの協働が問われるなど、これまでとは少し異なる新たな課題が生じてきている。

もちろん同時に、支援者たちも老いている。「最終ライン」の一部はすでに七〇代を迎え、若い世代を育ててきたとはいえ、その若い世代の多くも五〇代に入った。まだ働けるといっても若い頃のような働き方はできない。それでも、支援を必要とする人はいるのであり、支援を途切れさせるわけにはいかない。さらに若い世代に引き継ぐとしてどのような形がありうるのか。

その意味ではいま、多摩地域の支援ネットワークは、「ともに老いる」という新たな局面を迎えていると言えるかもしれない。もともと、多摩ニュータウンは、全国から集まって来た人たちの集合体だった。古い地域社会の縛りも存在していたのだが、比較的自由だったとは言えるだろう。そのなかで、新たな場を作ろうとして試みられてきたのが、多摩地域の「ともに生きる」運動だった。「ともに学ぶ」から始まり、自立生活の支援などへと展開し、そしていま、「ともに老いる」という課題に直面しつつあるのである。

このことを踏まえてみると、「ともに生きる」運動は今日、非常に多岐にわたる領域に拡大しているのだといえる。個別の団体やネットワークは、個別の人たちの関係のなかで、それぞれの局面に向き合っているが、全体として捉えるなら、非常に多岐にわたる問いを投げかけていることになる。

そもそもが、そういう問題なのだ。知的障害や自閉の人たちの暮らしを少しでも知るようになると、ときどき言葉を失うほど、排除の機会が溢れていることを目の当たりにさせられる。学校では普通学級に通っていた人が、卒業後に行き場をなくして家に閉じこもるようになったという話を聞いたこともあった。職場や入所施設でそれなりの関係を築くことができていた人が、職員の異動によってバランスを崩し、トラブルが頻発し、精神病院で拘束を受けそうになったという話を聞いたこともある。家にいればそれでいいかといえば、家族との間でトラブルが頻発し、家族がたまらず警察や救急車を呼んだり、本人が生活の自由をかなり制限されてしまったりしているという話を聞くこともある。支援付きの一人暮らしが始まり、生活が回るようになったと思っていたら、近隣住民とのトラブルから転居を余儀なくされ、行くところがなくなってしまい、実家に戻るしかないこともある。本当に、知的障害や自閉の人たちが排除される場面は、あちこちにある。暮らしのなか、人生のなかで、何度も何度も形を変えて起きてくるのである。

だとしたら、別の言い方もできるのではないか。「ともにあろう」とすることは、どこから始めてもいい。多摩地域の支援ネットワークのような形だけがすべてなわけではない。人によって、地域によって、場によって、さまざまなスタート地点がありうる。

多摩地域の支援ネットワークは、「ともに学ぶ」という就学運動から始まり、「ともに働く」という運動とともに、自立生活運動を経て、今日に至っている。これらの運動のすべてを経由しなければならないわけではないし、これらの形を採用しなくてはならないということでもない。いろいろな始め方がありうるのだと思う。

排除への抵抗がそれなりにエネルギーを要するものだということを踏まえれば、学校という場を主たる問題としてクローズアップすることが適切かどうかは、状況によるだろう。むしろ早くから自立生活の準備を始めた方がいいという考え方もあり得る。これは、学校は別でも構わないという話では全くなく、学校にこだわる以外にも「ともに生きる」ことを求める方法はあるという意味である。

そして、いわゆる支援者でなければできないという話でもない。社会において「ともに生きる」ことを始める契機は、そこかしこにある。「支援者」になどならなくても、私たちは「ともに生きる」運動を個人的に始めることはできる。

近年の制度改革によって、「ともにある」可能性が高まった面があるのは確かだろう。移動支援などを使って、知的障害や自閉の人が親以外の人と外出する機会は飛躍的に高まったし、放課後等デイサービスなどによって親以外の人とかかわる機会も広がりつつある。もちろん他方で、それらが「障害者」という枠の中にさらにその人たちを押し込めるようになったという側面もある。ただどちらにしても、存在すらなかったことにされていた時代とは大きく状況は変わってきている。これが包摂という名の排除になるかどうかは、そこでかかわる人たちが、その人のふるまいについて「障害者」だからと片付けてしまうのか、それとも自分を含めた周囲との間でのダブル・コンティンジェンシーとして捉え、その幅とかかわりをどこまで捉えかえせるかにかかっている。

だとしたら、いわゆる支援者として知的障害や自閉の人にかかわっているときだけが問題なのではない。まったくもって、そういう問題ではない。コンビニエンスストアやレストランの客としても、役所の手続きのときにも。サッカーの試合会場でも、ライブ会場でも。電車のなかでも。私たちはいつも、「ともにある」可能性と隣り合わせである。少なくとも、一九七〇年代のように、障害児が家庭のなかから出られなかった時代とは違う。私たちは一応街なかで隣り合わせになる機会を持っている。

そこで「ともにある」ことを目指すかどうか。これは、この社会に生きるすべての人たちにとって問われていることなのである。

5　制度のありようと社会のありようと

この章では、第4章で示したダブル・コンティンジェンシーとしての幅やかかわりの捉えかえしという論点を踏まえ、多摩地域の活動、ひいては各地でなされてきた「ともに生きる」運動が、いまの地域包括ケア化の時代において、どのような示唆をもたらしているのか、整理した。

第一に、支援者像の豊饒化である。専門家という像しか描かれてこなかったが、専門家と根本においては目指すことが同じであっても、日常の暮らしに深くかかわる人たちの方が、ダブル・コンティンジェンシーとしての幅やかかわりの捉えかえしに重点を置くことができる。こうした日常の暮らしに根差して支援する人たちを、その特性に応じた養成・評価制度で遇していく必要がある。それと同時に、専門家もまた、自らの立ち位置をもう一度考えていくことが必要になるだろう。

第二に、「ともにある」を確保すると同時に、暮らしというものに根差した形にしていくためには、業務内容や対象、意図、進め方などを過度にフォーマル化せず、曖昧なままにとどめる包括的な制度化も必要だということだった。具体的に起きていると思われる問題として、対象者を限定しすぎることの弊害、ボーダーランドの存在、話し合いがフォーマルには捉えにくいことなどを挙げている。より包括的な評価の仕方が求められるだろう。

第三に、「ともにある」場づくりについてである。学校については、「ともに学ぶ」場づくりが必要だが、カリキュラムとして公式化されたもののもさることながら、学校の「外」をどうつくるかが同時に問われることになるだろう。もちろん、働く場なども同様である。そして、自立生活の支援は、本人の周囲にその人を取り囲む、学校や職場とはまた別様の共同性を育むものでもあり、この充実も求められる。

そして、「ともにある」場づくりは、学校だけでなく社会のなかに偏在する問いである。子ども時代には、学校に通うのがあたりまえの社会制度になっているために、「ともに学ぶ」が焦点となる。本人たちが成長するにつれて、職場などの働く場や集まる場において「ともに働く」「ともにある」ことが求められていく。そして自立生活の支援もまた、「ともにある」形のひとつだった。このように、「ともに生きる」という問いは、さまざまな局面でさまざまに問われていくような課題なのである。

それでは、「ともに生きる」という問いを、どのように問うていくことができるのか。この点を考えていくためには、私たちの「社会」のありようについてもう少し踏み込んだ考察が必要になるだろう。それは、本書がルーマンを手がかりにした理由でもある。次章でこの点を取り上げ、本書の締め括りとしたい。

註

1　猪飼のいう地域包括ケアは、厚労省が打ち出した「地域包括ケア」とは大きく異なる。厚労省が打ち出したのは、主に高齢者を念頭に置いて、元気なうちはなるべく自宅で介護や医療サービスも受けつつ暮らすというものだが、猪飼のいうそれは高齢者にとどまるものではない。若者や障害者、貧困に苦しむ人びとなど、すべての人々を視野に入れたものである。また同時に、医療と介護といったサービスの包括性だけを指すのではなく、またいわゆるサービスと呼ばれるようなフォーマルなものだけを指すのでもなく、より広い意味での包括を含意している（猪飼 2010）。

2　松繁は、政策立案者・政策運営者の側では「提供者の考える複雑性」を縮減するようなシステムを念頭に置いているのに対して、統合されようとしている地域の社会資源は「利用者側の複雑性」の思考様式で成立しており、それゆえにズレが発生しているのだと指摘している。そうではなく、制度設計の発想そのものを変えていかなくてはならないというのである（松繁 2022: 286-287）。本書も、制度設計の発想そのものを変える必要があるという松繁の主張に賛同する。ただ、本書が重視するのは、「提供者」と「利用者」の違いではない。あるひとつの考え方や枠組みに載せたものと、それを解体し、てまえに引き戻し、別様につなぎ合わせられるかを試してみるというものとは違うということであり、後者を活かした仕組みづくりを考えなければならないということだった。

3　ただ、よく聴けば、就学運動をはじめ、多くの「ともに生きる」運動は、したたかに専門家と協働してきている。共生教育論によってたつ専門家など、一部の専門家とは協力体制を組んできており、街中で暮らすためにはかかりつけの医師とも協力してきている。そのため、専門家だからすべてを否定するということではない。正確にいえば、「専門家だからといって無条件に従おうとは思わない」というのが「ともに生きる」運動の人たちに共通する姿勢なのだろう。

4 こうした点については、T・パーソンズの専門職論を参考にしている。パーソンズは医師を、単に医学の実行者ではなく、患者の個別性と医学の不確実性の中で、そのつど患者に対して適切な治療を模索する存在として描いた（Parsons 1951=1974, 高城 2002）。また、弁護士は私的な個人の抗争を法律によって調停できるところはしていく（できないところはできないと示す）のが仕事なのだと描いた（Parsons 1954）。こうした専門職の自律的判断は、一方では素人に対する専門家支配でもあるのだが（Freidson 1970=1992）、他方でたとえば民間医療保険会社が医療費抑制のために治療を抑制してくる圧力に対して抵抗する力ともなりえる（Freidson 1994）。

5 実際、新人として入ってきた人たちのなかには、ベテラン支援者を「専門家」として見る傾向がある（多くのベテラン支援者たちは、こうした視線には抵抗感を示すのだが）。これは、両者の間の類似性を正しく見てとっているのだともいえるだろう。また、別の言い方をすれば、いま多くの専門家が陥っている（とされる）状態は、自立生活の支援者にも生じうる。経験知というシステムBを絶対視し、個々の人に教条主義的に当てはめるようになれば、批判されている専門家に近しくなるだろう。

6 ここで言いたいのは、システムを複数重ねればいいということでもなければ、新たなサブシステムを創出すればいいということでもない。たとえば、「共生ケアサービス」は、「高齢者」というシステムに「障害者」というシステムを重ねたものであり、こうした多様なサービス形態が生まれたことの意義は大きいが、そうはいっても本質的には共生ケアの現場が持つ多様性を反映できているわけではない（三井 2021）。ボーダーランドはシステムを重ねるだけでは消せず、また新たに別のボーダーランドが生まれてきてしまう。そのため、ボーダーランドのままでも支援が可能な場や仕組みが必要だというのが、ここで言いたいことである。複雑なものを複雑なままに、それでいて支援であり、支援者たちがそこで一定の労働条件を保障されるような仕組みづくりが必要なのである。

7 ただ、このように述べると、日常的な介助を担う人たちがすべての領域に立ち入らなくてはならないかのように読めてしまうだろうが、そういう問題ではない。どこに行っても支援者がついてまわらなくてはならないということでもないだろう。たとえば職場や学校で、支援者はむしろ不要であり、邪魔になってしまうという判断もありうる。職場なら同僚が、学校なら学校の関係者が介助を担えばいいのかもしれない。支援者がすべてを支配しなくてはならないという話ではなく、状況によっては「職場の問題」「学校の問題」として捉えた方がいいケースも多々あるだろう。そういう意味でも、まさにボーダーが問われる問題なのである。

8 このことについての危機感は、自立生活の支援を展開している団体の多くが共有している。そのため週に一度くらい、かかわる人たちが集まる食事会を開いてみたり、あえて書類を紙で提出しなくてはならない形にして事務所に来させるようにしてみたり（ヘルパーは原則として直行直帰なので、下手をすると利用者以外には誰にも会わない生活になりかねない）、さまざまに工夫をしている。それでも、労働者としての観点からすれば食事会はボランティアになるし、直行直帰の方が楽なことも多く、なかなかスムーズにはいかないこともあるという。おそらく根底にあるのは、労働条件がまだ十分に整えられていないという問題だろう。

9 学校教育は、一部の良い事例を讃えるだけでなく、全体の底上げを考えていく必要がある。こうした観点からすると、特別支援教育の都道府県ごとの予算の違いなど（柴垣 2022）、実務レベルから質にアプローチすることも必要だろう。

10 子どもたち一人ひとりの価値や個性を重視するような教育の仕方が、結果的には格差の再生産につながる可能性もあり（苅谷 2004, 2012）、それはそれで公教育の根幹にかかわる問題とみなされるだろう。

11 同様の議論は、ルーマンの包摂と排除に関する論文でも述べられており、システムによる排除がなされるなか、より個人的なネットワークがそれに対する抵抗勢力になることが指摘されている。ルーマンにおいては、親族や地縁、あるいはマフィアなどのネットワークとして描かれているように読めるのだが

(Luhmann 1995=2007)、石戸教嗣はいじめがシステムによる排除と軌を同一にしているとするなら、それに対抗するものとして再包摂のネットワークが必要だと述べており、もう少し広く自発的なネットワーク一般として描いている（石戸 2021: 95）。システムから排除された子どもたちの「受け皿」や「居場所」という、システムを前提としたものではなく、成績による選抜というコードや、親密性というコードとは別種のコードを用いたネットワークであり、これらのコードを相対化するようなものである。こうしたネットワークをシステム自体が備えることが必要だというのが石戸の主張である。

12
金銭を介した関係であっても、共同性が育まれることはある。専門家とクライアントの間には、しばしば金銭を介したかかわりを超えたものが生まれることがあることは、広く知られている。これは自立生活の支援において生まれる共同性とはいささか性格が異なる。専門家とクライアントの間に育まれる共同性としては次のようなものが典型的である。たとえば、経験を重ねた専門家のなかには、クライアントから学んだと表現する者は少なくなく、医療者が「患者さんから多くを学んだ」と表現するのはよく見られる。ここにあるのは、本来であれば自らが「教える」側であるはずなのに、逆に「教えられる」側になったという、深い関係や気づきが与えられたという認識である。専門家は安易にクライアントと「友達」になるとは表現せず（「教える」側としての権力性を有していることを意識することが、職業者の倫理として必要だからである）、こうした表現でクライアントとの関係を表現することが多い。

第6章
それでも「社会」であり続ける

多摩地域など「ともに生きる」運動が目指してきたのは、統合教育や自立生活、地域包括ケア化そのものではなく、「ともに生きる」ことである。この「ともに生きる」という論点について、多摩地域の支援ネットワークは何を問うてきており、何をなしてきたのか。

ここで確認しておきたいのは、第2章や第3章・第4章で取り上げた論点が持っていた射程である。第2章の最後で、発達保障論と共生教育論や就学運動の「論争」は、他者を「理解」しようとする営みと、その限界を直視し、むしろ他者の「理解」不可能性から始めようとする他者論との「論争」と読むこともできると述べた。また、第3章・第4章で、ダブル・コンティンジェンシーとしての捉えかえしは、具体的なトラブルに際して「次の一手」を打つことができるという意味で、従来の他者論の限界を超えるものだと述べた。

言い換えれば、多摩の支援ネットワークが問うてきたことのひとつは、他者を「理解」しようとする営みが、それ自体はいかに重要であったとしても、「理解」できるはずだという前提を置いた時点で、相手を支配し統制しようとする思想に転化してしまうのではないかという問いだったともいえる。そして、多摩の支援ネットワークが成してきたことのひとつは、そうした状況のなかで、「理解」しきるのでもなく、かといって「理解」できないものとして相手をみなしてしまうのでもなく、それでも「次の一手」を打っていくという試みを発見し、集合的な行為として実現してきたということだったともいえる。

この章では、こうしたことについて、特に「暴力」という問題に注目しながら考えてみたい。「暴力」という問題は、知的障害や自閉の人たちへの支援という観点からしたとき、ボーダーランドに位置付けられるようなものであり、論争的な論点である。また同時に、知的障害や自閉の人たちがもっとも強く社会から排除されそうになる論点でもある。私たちは、わけがわからない人であっても、見たことがない人であっても、かろうじて「許容」できていたとしても、自分（や周囲の人たち）に害を与えてくる人たちには、激しい忌避感と排除意識を持ちがちである。そのため、この点を考えることで、「ともに生きる」という多摩地域の目指してきたものをより明確に理解できるだろう。

そして、その手がかりとなるのはやはりルーマンの議論なのだが、特にルーマンの「社会」や人間存在についての議論を手がかりとする。第1章でも述べた通り、ルーマンの議論は、社会学のなかでは「人間がいない」議論だとよく言われる。実際、彼の社会学のなかには人間存在が位置付けられておらず、原則として論じられるのはシステムやコミュニケーションの話である（奥村 2013: 169-172)。いかにも人間味がなく、テクノクラート的だというのが、よくある批判の仕方だった。共生教育論や就学運動のようにどちらかというと「泥臭い」タイプの議論（自立生活の支援についても、知的障害や自閉の人の自立生活の支援はやはり「泥臭い」ところがある）には似合わないように見える。

だが、だからこそルーマンの議論に基づくことで多摩の支援ネットワークが問うてきたことや、なしてきたことがより鮮明に見えるのでもある。この点について、特に「暴力」ということに注目しながら論じていくこととしたい。

1　「暴力」をどう考えるか

(1)「暴力」というもの

たこの木クラブを介して活動にかかわるようになってから、何度か「暴力」に直面する機会があった。これを書くのはいささか「恥ずかしい」ような気がして躊躇いがあるのだが、私にはそれなりにキツイ経験でもあり、あえて書いてみよう。

ひとつには、すでに挙げた例だが、皆で旅行に行ったときに、ある男性から「殴られた」ことがある。このとき私は、ある女性のサポート役を担っていたということもあってか、あまり「こたえた」という記憶はない。痛かったなあとは思ったけれども、落ち込んでもいなければ、ショックも受けていなかった。むしろ、それまでにたこの木クラブでの人間としての付き合い方について聞いていたこともあり、「今度殴られたらやりかえしてみようか」くらいのことは考えていた。だがその日は、話しかけると連れの女性にまで波及しそうで、遠巻きにしてみているだけだった。

その後も、たこの木ひろばをはじめとして、さまざまな場所でその男性と会うことはあった。私はその人が来るからといって嫌だと思ったことはなかったし、嫌がっているわけではないということを伝えるためにも積極的に話しかけるようにしていた。ただ、その人は私のそうした姿勢に対して笑顔で応えることはなく、なんとなく私の声が高くて耳障りなのだろうかと思ったりもして、その人がいるときに大声を出すのを控えようかと思ったりもしていた。

けれども、これらは自分の表面的な意識の問題にすぎなかったと気づいたのは、半年くらいした頃だった。実家から能登のりんごが送られてきて、あまりに美味しかったので、何個かたこの木ひろばに持って行ったことがある。私とスタッフ以外ほとんど人がいないとき、その男性がヘルパーとともに訪れ、ヘルパーと離れてひとり和室に座っていた。りんごを出した私は、あんまりいい香りがするので「暴力」のことも忘れ、その男性のそばに近寄っていって、りんごを差し出しながら、「いい匂いでしょう?」と言った。

そうしたら、その男性は、「いいねえ!」とはじけるように笑った。「暴力」のことが問題になり始めてから、少なくとも私にはほとんど見せたことがなかった、けれども以前はよく見せていた笑顔だった。

台所に行ってりんごを切りながら、涙が出そうになった。どうしてもっと前に、一緒に何かをしようとしなかったのだろう。肩肘張っていないで、一緒に何かを見たり、嗅いだり、笑ったりすればよかったのだ。けれども、あの笑顔を見たときに、急にわかってしまった。私はおそらくずっとその男性に対して恐怖感を抱いていた。自分では、その人と向き合わなくてはと思い、話しかけなくてはと思い、殴られたらやりかえすなどしてコミュニケーションを続けなくてはと思っていたつもりだった。だからこそ、一緒に何かをしようなんて思いつかなくなっていた。それはみんな、自分でも気づかないうちに、怖いという感情を持っていて、しかもそれを押しつぶしていたからなのだ。

こうしたことがあった後、その男性に積極的に話しかけようとはしなくなった。怖がっている自分を認めてしまったのである。そうしてみると気づいたのは、周囲がその人にどれだけ自分の都合で働きかけ、振り回しているのかということだった。たとえば自宅や日中いる場所からたこの木ひろばまで電車と徒歩でやってきて、さあ部屋に座ったというとき、誰だって一度はホッと一息をつきたい。にもかかわらず、みんな自分勝手なテンポとタイミングで、その人のタイミングなどまるっと無視して、話しかけたいように話しかけ、返事がなければまた適当なことを言ったりやったりする。いつもそうなのだろうと思った。こういうことが積み重なったときのストレスや疎外感は相当なものではないかと思う。そしてもちろん、「積極的に話しかけるようにしていた」私は、タイミングを無視する人たちの筆頭だったろう。

「暴力」を経験したということが、しばしば人に多くのものを残してしまっていること。それと同時に、「暴力」が実に多くの積み重ねの先に出てくるものであり、ある人だけを非難すればいいというものではないこと。これらを痛感したのだった。

もうひとつ、例を挙げよう。先に挙げた例は物理的・身体的な「暴力」だが、それ以外のタイプの「暴力」が生じることもある。特に知的障害としては「軽度」あるいは「ない」と言われる人と付き合っていると、言葉の「暴力」が激しく感じられることはある。

これはなかなか説明が難しい。「殴られた」といえば（もちろん、後述するように、この表現もどのような意味で正確かというと、なかなか難しいのだが）、比較的他人に話が通じやすい。けれども、言葉の「暴力」は伝えるのが本当に難しい。会話の一部を切り取っただけでは、そのなかに私が感じ取る「毒」が伝わりにくいのである。

私はある人との半年近いやりとりのなかで、どうしてもその人とこれ以上付き合えないと思ったことがある。情けないことなのだが、その人に偶然会うかもしれないと思うだけで、たこの木クラブの最寄り駅に近づけなくなった時期があるくらいである。けれども、何がつらいのかはなかなか言葉にできなかったし、いまもしきれずにいる。

ある支援者が、別の人について、「すごく的確にこちらが一番いやなところを突かれちゃうんだよね」と表現したことがある。「他の誰かならあんまり気にしないかもしれない、でもオレは気になるっていうことを、ほんとピンポイントで、ここぞっていう表現で突かれちゃうんだよね。たぶん、いままでさんざんやられてきたことなんだよ。だから無意識のうちに周囲のそういうのも見抜いて、無意識のうちにやっちゃうんだよ」。

この表現を聞いたとき、私はひどく納得したのだった。その人は、特段に酷いことを言ったりやったりしたわけではない。だけれども、そのいくつかが、こと私にとっては逆上してしまいそうになるような、そして逆上したことを自分がもっとも恥じてしまうような、そういう的確なポイントを突いたものとなってしまっていた。

そして同時に、私にもわかっていた。その人がそのようにふるまっていたのは、決していわゆる「悪意」ではなく(「悪意がない」と表現するのもちょっと違うのだろうが)、おそらくは自分がなされてきたことの積み重ねの先に、私といまここでこのように出会っているがゆえに出てきてしまっている何かのためである。そのことはそれまでの付き合いもあって、「わかって」いた。

にもかかわらず、あまりにも痛くて、とても笑って流せなかったし、脇に置いておくこともできなくなってしまっていた。そしてさらにはそのことを認めることもできなくなっていた。ただただとにかく「もう無理だ」とだけ思っていた。結局は、その人の方から「もう三井さんには頼まない」と言われたのだけれども、そのときに言われた一言も、いまだに私のなかには棘のように突き刺さっている。それ自体は大した言葉ではないとわかってはいるのだが。

こうした経験を、私は何度か繰りかえしてきた。おそらく私ひとりのことではなく、支援にかかわる多くの人たちが似たような経験をそれぞれの形で持っている。関係の網の目のなかで「いま」が生まれているということをヒシヒシと感じていながら、同時にその「いま」の実在性に圧倒され、大きく影響を受けてしまうような、そんな経験をくりかえしている。

ここまでの議論で言いたかったことはふたつある。ひとつには、「暴力」がコミュニケーションの過程で産出されるものであるということであり、もうひとつには、それでも圧倒的なまでの実在であるということである。

(2) コミュニケーションの産物

これらの点について、もう少し掘り下げて考えてみよう。

第一に、「暴力」はコミュニケーションの産物だということについてである。「暴力」は、さまざまなものの蓄積と、その先で偶然に私が居合わせてしまったということ、そして私がそれを「暴力」と受け取ってしまうということ、それらによって構成されている。いわば、ある人から発せられる何かというより、まさにコミュニケーションのなかで成立するものである。社会的に作られた社会構成物であると言ってもいい。相手と私と、そして私たちを取り巻く社会規範や状況によって、その「暴力」は立ち上がってくる。

本来であれば、ただ単に「ある人」が「私」を「殴った」と記述できるものですら、ない。「殴った」といっても腕が振られた理由はそこにはなかったかもしれない。「ある人」が意図したわけではなかったかもしれない。「私」である必要もなかったかもしれない。先に「ある人」に苛立ちを感じさせたのは「私」の方だったかもしれない。まさにコミュニケーションの産物なのである。

ルーマンが、それまでの社会学者の多くが社会の基本単位を「行為」とみなしたのに対して、コミュニケーションとみなしたことは、第4章第6節でも述べた通りである。そして、知的障害や自閉の人たちの支援にかかわっていると、ある事象やある人の行為が、それ単体として存在しているのではないということが痛切に身に染みてくるというのも、先に述べた通りである。いつだってそれは他の人との関係のなかでそれとして成立している。行為がそれとしてあるわけではなく、しいて言うならまず存在するのはコミュニケーションである。

たとえば、多摩地域の知的障害や自閉の人たちが集まり、自分たちで運営する「当事者の会」で、次回の飲み会について企画していたときのことである。他の参加者たちが店を決め、次は会費をいくらにするかという話し合いに移っているにもかかわらず、ある男性が「あの居酒屋は店の前にエスカレーターがあったよな」と言い出した。確かにある。そうだね、と皆が返した後も、その男性は何度も「あそこにはエスカレーターがあったはずだ」と言い続ける。皆の真剣な議論の邪魔でもしているように見えた。

けれども、支援者のうちのひとりが、何が言いたいのか、エスカレーターがあることがどういう意味を持っているのか、あれこれと探ってみた。そのうちに見えてきたのが、その男性が言いたかったのは、エスカレーターがあるということはあのビルにはエレベーターがないのではないか、だとしたら車いすユーザーの参加者が参加できないのではないかということだった。「当事者の会」らしい、合理的配慮を考えた提案である。最初は、真剣な議論の邪魔をしていたと見えていたのが、あとからみれば合理的配慮を考えた提案をしていたと見えてきたことになる。

このような事例は枚挙にいとまがない。周囲の捉え方によって、ある人の行為は大きく別様なものに見えてくる。多くの人は、そこまで大きなズレが出ないように工夫したりごまかしたりするが、知的障害や自閉の人たちとの間ではおそらくそれが困難であり、それゆえ露骨に、ある行為の意味が常に不確定であることが見えやすくなっている（というより、それを見るのが多摩地域の支援ネットワークがやってきたことでもある）。

「暴力」も同様である。「暴力」が「暴力」になるのは、ある関係のもとにおいてのことであり、その関係が少しズレれば違ってくる。その前後によって「暴力」が「暴力」でなくなることもあるし、「暴力」のままになることもある。

たとえば、ある知的障害や自閉の男性が子どもの頃からの付き合いである支援者を激しく蹴ったとき、その支援者が足でループを描いて蹴りかえしているのを見たことがある（決して痛くはない程度である、念のため）。その支援者は、福祉の視点から見れば、「虐待」していることになるかもしれない。だが、その場においてはおそらくそういう問題ではなかった。子ども時代からの知り合いの関係では、冗談として蹴り合うことはあるだろう。その支援者は蹴りかえすことによって、その男性の「暴力」を、長い付き合いの人たちの間でなされる「じゃれあい」に変えた。いわば、「暴力」を無効化したのである。

ここで言いたいのは、そのようなやり方の是非ではなく、ここに端的に示されているように、どうしようもないほどに、ひとつの行為の意味は前後によって変わってくるし、関係によっても変わってくるということである。これは、厳然たる事実として私たちの前に横たわっている。どうにもこうにも、ある「事実」やある「行為」は、関係の産物であり、コミュニケーションのなかにある。

（3）コミュニケーションの産物でありつつ、実在でもある

第二に、上述のことがありながら、それでもやはりはっきりとしているのは、「暴力」が強烈な「実在」でもあるということについてである[1]。

私を「殴った」と見えていた男性について、私は恐怖感を抱かないように自分に強く言い聞かせていたし、自分でも抱いていないと思っていた。にもかかわらず、しばらくしてから自分の恐怖心を自覚した。また、言葉で傷つけられると感じていた人との間でも、私はずっと、その人の言葉がその人の文脈のなかにあり、私が傷つくのは過剰な反応なのだとわかっていたつもりだった。わかっていたのだが、それでもダメだったのである。

このように、関係の産物でありつつ、猛烈な実在となって立ち現われてくるもの——それがルーマンのいう「社会」である。ルーマンは、先に述べたように、「社会」のなかに人間存在は含まれていないと捉えていた。ルーマンのいう「社会」はコミュニケーションがなされているところである（Luhmann 1984=1993: 235）。人間存在がそれぞれどのような存在であるかは私たちにはわからない。私たちにわかるのは、私たちの前にそれがどのように出現したのかということだけである。その意味で「暴力」はまさに「社会」の一部である。

そしてその「社会」は、後からある程度意味を変えられるとしても、それでも圧倒的な実在でもある。なかったかのようなふりができるようなものではないし、そう簡単に変えられるものでもなく、虚像とはとても言えない。「暴力」による痛みもまた、痛みとして実在している。「社会的構成物」であることと実在であることとが両立するという論点は、社会学ではそれほど珍しいものではなく、現象学的社会学では馴染みの論点ではある（Berger & Luckmann 1966=1977 など）。だが、現象学的社会学では主に、多くの人が共有するがゆえの実在性が強調されてきたが、ここでいう実在性は必ずしもそうしたものではない。言葉の「暴力」は必ずしも他の人にわかってもらえるわけではないことは、先に述べた通りである。

誰もが存在を認めてくれなくても、傷は確かにそこにあるというような、個人的なものとしても成立する実在性がある。「社会」とはそうした実在なのである。

2 「わからない」人たちの排除

（1）「わからない」恐怖と排除

ここで、先に挙げた二つの論点のうち、「暴力」がコミュニケーションの産物であるという論点に従って、もう少し述べていこう。このことは、先に述べたようにある意味ではあたりまえのことではあるのだが、私たちはしばしば、こうしたことを忘れる。それが、知的障害や自閉の人たちへの排除に深くかかわっている。

知的障害や自閉の人たちは、しばしば「わからない」人だとみなされ、恐怖の対象とみなされる。それはおそらく、日々の暮らしのなかで、安心や安全を求める心情の強まりと結びついているだろう[2]。安心や安全を強く求めるとき、目の前に超絶に「個性的な」人たちが現れると、私たちはしばしば面白がるよりも前に、恐怖感を抱いたり、忌避感を抱いたりする。

そして、「わからない」人たちは、「社会の境界」に置かれがちである。たとえば、生命倫理の議論はしばしば、人間とそれ以外の境界線上にある存在として、重度知的障害者を取り上げてきた。パーソン論に代表されるように、人間の権利等が認められるゆえんとして、その人が思考し意思する人格を持つ存在であることが重視されることがしばしばあったため、そうした「能力」が「ない」とみなされた重度知的障害者が、パーソンであるかどうかのギリギリの存在として言及されがちだった[3]。

さらに「暴力」を前にすると、より「社会の境界」へ追いやられる。たとえば、道を歩いていて、自分では特に何もしたつもりがないのに、突然「殴りかかられた」としたら、強い恐怖を感じるだろう。友人との会話のなかで、「普通」ならそうはならないところで相手が怒ってしまったり、あるいは友人の一言がやけにきつくて突き刺さるものに感じられたりすることはあり、そうなると相手に対して怒りや恐怖を感じたりするだろう。そういう相手はとても怖いし、とても嫌だ。想定を超えてくる「人」は、恐怖の源泉である。

これは、あたりまえのことだろう。私たちは安全で安心な環境を好むものである。

（2）「わからない」のはあたりまえ

だけれども、目の前にいる「人」が私の想定を超えていることは、これまたとてもあたりまえのことである。目の前にいる「人」は、あくまでも私たちがコミュニケーションする中で現前する「社会」でしかなく、人間存在そのものではない。ルーマンの捉える「社会」や人間存在は、そうしたものである。私たちは、お互いの人間存在そのものを理解し合い、受けとめ合うことなど、できない。私たちは、私たちがかかわる関係のなかでのみ相手を捉えるのであり、それ以上でもそれ以下でもない。

たとえば、長く一緒に過ごす家族であっても、お互いに知らない側面がある。よく知っていたはずの両親が、見たこともない他人のように見えることもあるだろうし、ずっと見守ってきた子どものはずが、とても信じられないような行動をしていることもあるだろう。それは、あたりまえのことである。

さらにいうなら、目の前にいる「人」には私の想定を超えたものがあるという前提を置くことは、他者への礼儀であり、他者の尊重、ひいては倫理であるとすら言ってもいいだろう。往々にして、家族のなかで問題になることのひとつが、「家族なんだから」と、片方がもう片方を全面的に把握できるのがあたりまえだと想定したときである。本当は絶対にそんなことは起きないはずなのに、わかるかのように言われてしまうとき、私たちは自分や他の人の他者性が尊重されないと感じ、問題があると感じるのである。

だとすれば、「わからない」のはあたりまえである。「わかる」ことがあたりまえであるかのように思われがちで、そちらが強調されがちだが、実は私たちは「わからない」のがあたりまえだということも経験的によく知っている。そして、「わからない」からといって付き合えないことはない。お互いに「わからない」ことがたくさんありながらも、私たちはあの人やこの人と家族になったり友人になったり、恋人になったり仲間になったり、しているではないか。だから、本当は「わからない」から「社会」の一員ではないような議論の仕方はおかしいのである。「わからない」ながらも、私たちは付き合っていける。ともに日々を過ごしていくことはできるはずなのである。

(3) 強烈な実在でもある——仮想条件との違い

ただ、物事はそう簡単ではない。実際に「暴力」がもたらす痛みはそれとして実在するからである。

ここまでの議論は、これまでにもよくなされてきた議論である。知的障害と自閉の人だけが「わからない」人ではないこと、「わからない」からといって付き合えないわけではないこと。これはなんというか、ある意味では、とっくの昔から私たちがよく知っていることのはずである。

問題は、たぶんその少し先にある。これらの議論が、仮想条件として論じられているのか、所与の状況として論じられているのか、という違いである。

仮想条件として論じるというのは、簡単にいうなら、「もし私が障害者だったら」という想定を、「現実にはありえない」想定として考えてみて、思考実験するような議論である。たとえていうなら、ジョン・ロールズの有名な『正義論』に表れているように（Rawls 1971＝1979）、私たちのうちだれが障害を持つのか、貧困のなかに生まれるのか、生まれたときの条件がどうなるのかわからないという原初形態を仮定し、だとしたらお互いに助け合わなくてはならないはずだという社会契約を仮想条件として想定するようなものである[4]。

こういう議論は数多くなされているし、身近だとすら言ってもいい。定型句のように、「もし家族に知的障害や自閉の人がいたら」「私の子どもがそうだったら」といった表現は用いられる。身体障害と異なり、「もし私が知的障害や自閉の人だったら」という想定はなされることが少ないようにも思われるが（「もし私が障害者だったら」と想定するとき、私たちの多くは自分が車いすユーザーになることを想定する）、家族についての想定ならなされることはある。

だが、仮想条件である限り、ここには具体的な痛みは存在しない。「わからなさ」はまさに「わからなさ」のままであり、想定される恐怖感も想定された恐怖感でしかない。生々しい痛みもなければ、同時にリアリティもない。

それに対して、現実に起きたとき（あるいは起きるという現実的な可能性をヒシヒシと感じるとき）、そこには強烈な痛みが存在する。そのため、仮想条件として論じていたときのような軽やかさでは論じ続けられなくなる。これは、「重度知的障害者」を生命倫理において「人間」の境界的存在として論じるような排除意識とは質的に異なるものである。それこそ「理由がある」排除であり、自分と相手とのせめぎ合いである。

少なくとも、地域のなかで知的障害や自閉の人たちに対して露骨で激しい排除意識を見せてくる人たちの主観からすれば、「理由はある」し、その知的障害や自閉の人と自分とのデッドヒートなのだろう。追い出さなければ自分が潰される。そうした生々しい痛みがあるのだと思う。

その痛みが、「わからない」ことは誰にでも当てはまることだという、私たちがすでに知っていることを、私たちに忘れさせてしまう。家族や知人でも「わからない」存在であることは、私たちは十分に知っているはずなのだが、知的障害や自閉の人たちとのかかわりのなかで「暴力」（さまざまな意味において）を感じ、そこで痛みを感じたとき、私たちはそのあたりまえの知識を頭のなかから消し去ってしまう。そして「わからない」人は怖いと、恐怖感を抱くのはあたりまえだと、先ほどまで頭にあったはずの「あたりまえ」とは矛盾する「あたりまえ」を、あたかもそれしかないかのように提示し始めるのである。

3 「暴力」は偏在する

(1) 私たちも「わからず」に「暴力」をふるっている

ただここで、もうひとつ、重要な論点を加えておかなくてはならない。「暴力」が見られない場は、安心・安全な場だと一般に考えられている。それは確かにそうなのだろう。だが同時に考えてみる必要がある——それは、誰にとっての安心・安全なのか。

ある一部の人たちにとっての安心・安全ではあるかもしれない。だがそのような安心・安全を保つために、別の一部の人たちにとっての安心・安全はむしろ壊され、奪われているのではないか。

たとえば、私は物理的な暴力はとても苦手である。大きな物音がするとビクッとするし、特に男性が何かを殴っているのを見るのはとても嫌な気持ちになる。あれは単なる嫌悪の情というより、ある種の恐怖感なのだろう。だから、「暴力」がないように見える場は、私にとって安心・安全だと感じる。できることなら、私のいる場はそうであってほしい。

けれども、それでは物理的暴力を用いないとき、私は他者に「暴力」をふるっていないと、本当に言えるのだろうか。知的障害や自閉の人たちと付き合うなかで、私は何度もこの問いに直面させられた。

たとえば、先にも述べたが、精神病院で長時間の拘束を受けている人は数多くいる。もちろん、「必要」があってなされていることだとは言われている。だが、その「必要」は、さまざまな社会的な条件によって生み出されてしまっているもので、それが変われば変わるのかもしれない。にもかかわらず、現状として、その人が周囲や自分自身に「暴力」をふるう可能性があるからといって、拘束されている。それのどこが「暴力」ではないのか。

これは精神病院に勤務している人たちだけの話では全くない。精神病院で拘束が「必要」になっているのは、その外の社会のありようゆえである。その人が、「暴力」的にならなくてもいい環境が外の世界にあるのなら、話は大きく違っているはずである。それがないから、退院ができない。だとしたら、私たちの日常は、その人たちを拘束させることで安心・安全を保っているともいえるのであり、その私たちの安心・安全は、すなわちその人への「暴力」となっているのではないのだろうか。

もっと身近な例を挙げてみよう。私はある知的障害で自閉の女性が、私から見るといささか乱暴で意地の悪いことを言っているのを目の当たりにしたことがある。ちょっと黙っているのはしんどくて、「それは違うんじゃない?」と言った。女性はさらに自分の考えを話し続ける。最初は聞いている顔をしていたが、徐々に黙っていられなくなって、私は言い返した。自分では筋道を立てて話したつもりだった。

喋り終わったとき、女性が困ったような顔をしながら「うん、そうだね」と言うのを見て、「しまった」と思った。たぶんその女性は私の話の内容は聞いていない。そうではなく、私がその女性にはとても不可能なスピードで言葉を費やし、私が正しくあなたが間違っているという強いメッセージを出したことに屈し、そのことに黙ったのである。私はある意味でその女性を「言い負かした」。女性は納得したのでもなんでもない、ただ私に「言い負かされた」だけだったのである。

その女性の発言は、聞きようによっては「暴力」的だった。私はそれを止めた。けれどもその止め方もまた、「暴力」だったのではないか。その女性の発言を止めたことによってその場の安心・安全を保ったように見えるけれども、それはその女性にとって安心・安全な場だっただろうか。

このように、目に見える「暴力」だけが「暴力」ではない。ある知的障害で自閉の男性が、いきなり近くにいた男性にボールペンを投げるのを見たことがある。投げられた男性は、「障害のある人はこれだからね」という発言をしていた（自身も知的障害で自閉の人なのだが）。それにカチンと来たように周囲には見えた（本当かどうかは、投げた本人が言葉で説明する人ではないのでわからない）。「障害のある人はこれだからね」という発言だって「暴力」であり、もちろんボールペンを投げることも「暴力」である。

「暴力」は偏在している（どこにでもある）。そう考えると、目に見える「暴力」が否定されるだけでいいのかとも考えさせられる。確かに、繰りかえしになるが、私は「暴力」は苦手である。だが、それでいて私もまた、「暴力」をふるっており、「暴力」の上の安心・安全に安住していることは否定できない。私も確かに痛かったかもしれないが、痛いのはおそらく私だけではない。

言い換えると、ただ「暴力」を否定する、などということは、実は私たちには不可能である。すでにもう私たちの社会において「暴力」は偏在している。そこで、ただ「暴力」を否定する、というだけでは、ある特定の「暴力」だけを糾弾するような、非常に恣意的な判断をしていることになる。確かに殴る蹴るなどの暴力は否定しているかもしれない。けれどもその裏で、病院での拘束を実践しているのだとしたら、それは本当の意味で「暴力」の否定なのか。大声かつ罵倒するような口調で喚いていることを糾弾するのはいいとしても、そのためにその人が発言する機会を潰すのだとしたら、それは「暴力」で「暴力」を潰しているだけで、結局は「暴力」を野放しにしている。

私たちは、常にさまざまな意味において被害者でありうる。だが同時に、知らないうちにさまざまな意味において加害者でもある。何もしていないつもりでも、実は私たちの手は常に汚れている。

そして、奇妙な言い方になるかもしれないが、「ともにある」ということは、自分が被害者になる可能性を高めると同時に、私たちの手がいかに汚れているかを知ることでもある。ある種の人たちをどこかに閉じ込めて、それでいいということにしてしまっているときには、見えない／感じられない痛みがある。そのことに、気づかされるということでもあるからである。

（2）日常というもの

こうして「暴力」を基軸に述べていると、なんだかずいぶん殺伐とした話になってしまうが、本当はそういうことだけを言いたいわけではない。むしろ言いたいのは、私たちの日常というものが持っている多面性であり、そこに「暴力」が含まれていること、そして同時におそらく、楽しさや喜びも同時に含まれていることである。

あまりいい例ではないかもしれないのだが、私にとって忘れがたい記憶のひとつを、少し長くなるが述べておこう。

ある女性と一緒に九州に一泊二日で旅行に行ったことがある。一日目、参加したイベントで、舞台上から大声で話す男性に恐怖を抱いたのか、その女性はイベントに参加することができなくなり、かといって会場から去ることもできず、ロビーで延々と何時間も座り続けた。やっとのことでホテルへ帰ったが、疲れが出たのか女性は鼾をかき、私はあまり眠れなかった。翌日、どうしても会場には行けないというので、二人で旅行雑誌を見たところ、近くの島に行く船に乗りたいという。船着き場まで行ってみると、次の出発まで二時間以上ある。それでも他のことは嫌だというので、それまでの時間つぶしに散歩に行くことにした。コンビニまで行ったところで、船着き場に戻るにはもっと近道があることに私は気が付いた。二時間もあって退屈なのだから、知らない街をいっそ探索した方が面白いではないか。なので、そちらのルートを行こうと提案した。だが、その女性はもと来た道以外は嫌だという。

私はそこでやけにむっとしてしまった。それまでのストレスが降り積もっていたのだと思う。数ブロックのことだったので、「じゃあ○○ちゃん（お互いに「ちゃんづけ」で呼んでいた）はそっちから行けば？　私はこっちを行くよ」と言って、すたすたと歩きだしてしまった。二〜三歩行ったところで振り向いたら、その女性が泣きそうな顔で追いかけてきている。その瞬間、自分がやったことに気づいた。私は何をしようとしていたのだろう。

確かに、たった数ブロックのことなのである。だが、知らない街にいて基本的に不安を抱いているその女性にとっては、同じルートをたどる方が、圧倒的に安心感があったのだろう。それはある程度わかっていたのに、私は自分なりの旅先の楽しみ方を強要しようとした。

同時に、私と彼女ではそもそもの条件が違うということを強烈に感じた。私は仮にそこで迷子になっても、現金さえ持っていれば自力で自宅にいつかは帰れるだろう。だけど、その女性にはおそらく難しい。警察に駆け込んだところで、自分の住所等を説明できるかといえば、それも怪しいかもしれない。その心細さといったら、私の比ではないはずだ。私たちは、全くもって対等などではない。

にもかかわらず、私は置いていくそぶりを見せたのだ。自分は鬼だと思った。それでも、気持ちを完全にコントロールすることはできなかった。その旅行の最後まで、嫌な気持ちは継続してしまった。何しろ、帰りの飛行機は二時間も遅れるし、いろいろな意味で散々だったのだから。

だから、数日後、またたこの木ひろばで会ったとき、私はかなり気まずかった。だが、女性は私を見るとニヤリとして、「さよちゃん、旅行楽しかったね」と言う。戸惑いながらうなずくと、「また行こうね」とも言われた。なぜそんなことを言うのか、あんなことをしたではないかと、モヤモヤした気持ちを抱えたまま、「うん、また行こう」と答えた。

それからしばらくして、若いヘルパーたちが「私には無理です」「向いていないんです」といって辞めていくのを目の当たりにするなかで、とある会で介助や支援の「失敗」についてもっと語るべきではないかという話になったことがある。自立生活の支援は、入所施設的な発想とは異なるものとして、社会運動として展開されてきた面があるので、どうしても「良い」

話が多く語られる傾向にある。それでは、知的障害や自閉の人の日々の暮らしをサポートするなかで、悪感情を抱いてしまったり、相手のことがよくわからなくなってしまったりしたヘルパーたちにとって、支えになるものがあまりにもない。他の人はできるらしい、でも私にはできなかった、だから「私には無理です」「向いていないんです」といって現場を去るしかないヘルパーが多い。だったらもっと「失敗」について語るべきだろう。

それで、二〇名くらいの支援者がいる場でこの話をした。声が震えてしまい、私のように支援活動の端っこに少しかかわっているだけの人間でもこうなるなら、職業的支援者にとって「失敗」を語ることがどれだけツライことなのかと思った。だからこそ、身軽な立場である私から語り始めるべきなのかもしれないと思い、その後も、何度か大人数の前でこの話をしてきた。

そのたびにずっと引っかかっていたのは、その女性が「さよちゃん、旅行楽しかったね」と言ったことである。あれをどう捉えていいのかがわからなかった。私がダメなことをしたけれど、彼女は「赦してくれた」という話なのだろうか。けれども、具体的にあの場面を特定して思い出せば、その女性はちゃんと怒るような気がする。それに、「赦して」もらえればそれでいいという話では全くない。先に挙げた例のように相手を「言い負かして」、形だけ「赦して」もらうことだって、不可能ではないのだから。

やはり大人数の前でこの話をしたとき、何かの拍子でその女性の「また行こうね」に言及することになったので、終わった後にひとりでその言葉を反芻していた。そこで、急に気づいた。ずっと酷い旅行だったとばかり思っていたけれども、楽しい瞬間もあったではないか。

先に述べたやりとりの後に、最終的に船に乗ることができたのだが、船が出航するとき、大きな音で汽笛が鳴った。あまり大きな音なのでビックリした私たちは、じゃあいっそと思って、汽笛に負けないように大声を出して叫びまくったのだった。それまでの経緯があったこともあって、私も腹の底から大声を出して、あれは確かに「楽しかった」。

思い出せば、それだけではない。会場に行けないというその人にイライラしながら、でもイライラしてばかりでもいけないと、目についたタピオカ屋に入った。二人ともタピオカミルクティーは初めてで、太いストローから飛び出す黒い塊に驚いて、二人で目を白黒させて顔を見合わせたのだった。空港で二時間待ったときも、本当に疲れ切っていたのだけれども、やることがなかったので二人で待合室をこっそり「行進」してまわった。小さな声で掛け声をかけて、ときどき顔を見合わせて笑った。あれもこれも、「楽しかった」ではないか。

そんな時間も確かにあったのだ。前後での負の感情の方が記憶に残りすぎて、忘れてしまっていたのだけれども。それも、その後「失敗」を語るという目的のもとにこの経験を整理していく過程で、完全に抜け落ちてしまっていたのだが。

私たちのかかわりは、いつだってこんなものなのだと思う。ひとつの形で切り取ればそうとも切り取れるが、別の形で切り取れば別の形にも見える。そのなかにも、さらに別の側面が含まれている。日常というのは、常にそういうものなのだろう。

「暴力」が偏在する以上、ただ否定しても仕方がない。

だが、痛いものは痛い。

だとしたら、どうするのか。

「暴力」が複数存在している可能性を前提にしながら、そのなかでお互いになんとかやっていけるような付き合い方や折り合いを見つけていくしかないだろう。

4 「社会」であり続けることなら

(1) 折り合いを見つけていく

言い換えれば、お互いになんとかやっていけるような付き合い方や折り合い、つまりは本書でいうシステムAが見つけられれば、当座はそれでいいということになる。そして、システムAを模索する努力なら、相手の「暴力」の背景がまだわからなくても、私がなぜそれを「暴力」と受けとめるのかがまだわからなくても、とにかくあれもこれもわからない状態であっても、いますぐここからでも始められる。

このとき、仮想条件ではなく、現実に起きたことであるということは、そのまま強みともなりうる。確かに生々しい痛みがそこには実在するが、逆にいえば事態を捉えかえしてシステムAを模索していくための材料がすでに与えられているからである。

仮想条件である限り、問題は問題、トラブルはトラブル、「わからなさ」は「わからなさ」のままにとどまるだろう。仮想条件ということは、言葉で仕訳けられた想定しかないということであり、言い換えれば「障害者」「知的障害や自閉の人」といった概念しか存在しないということでもある。もっというなら、本書でいうところのシステムBで形成された世界しか想定しようがない。システムBで切り分けられた世界のなかで、ダブル・コンティンジェンシーとしての捉えかえしは起きようがない。

だが、実際に起きたことであるのなら、「障害者」「知的障害や自閉の人」といった概念を超えて、もっと多様な「情報」「伝達」「理解」を観察することができる。誰がどのような「情報」「伝達」をアウトプットしたつもりなのか、そして誰がどのような「情報」「伝達」をインプットしたつもりなのか、そしてそれぞれどのように「理解」をしたのか。これらのことを捉えかえし、考察を進めていくための材料が、すでに与えられている。

これは何も相手に専心したり、相手のためにすべてを投げうったりするという話ではない。

私たちは個人としてさまざまな限界を有しており、なんでもかんでもできるわけではない。ただ、その人とのかかわりを仮想条件としてではなく、自身に与えられた所与の条件とし、そこで何が可能か（どのようなシステムAがありうるか）を模索していくというだけのことである。

システムAの見つけ方は、本当にさまざまにありうるだろう。

まず、「暴力」はあくまでも関係の上で成立するものなので、なされた「暴力」の効力をなくす、つまりは字義通り無力化するというやり方がありうる。非常に単純ではあるが、周囲がうまく避けてまわるのもひとつの方法である。身体に麻痺がある人ならそれだけで結構なんとかなることもある。

また、複数のヘルパーが用いている手段のひとつに、「モードが変わった」ときは本人と周囲との間に自分の身体を挟み込むという方法がある。「殴る」といっても腕を振り回すなどが主なので、間にヘルパーの身体が挟まっていれば、周囲の人に危害が及ぶことはなくなる。外出時の数時間、常にそうやって身体を挟むことによって、本人も周囲も傷つかない道を選んでいる。本人がやっていることは変わらないのだが、それが字義通り無力化されているのである。なかなか神経を使うので、疲れきってしまうこともあるようだが。

私は一時期、チャックで閉められるカバンしか持たなかった頃があるが、それはたこの木ひろばで毎週会う女性のひとりが、私のカバンのなかのお菓子を取ってしまうことが多かったからである。お菓子を持っていかないという方法もあるにはあるが、カバンにお菓子が入っている安心感は捨てられない。だからチャックで閉められるカバンしか持たないようにして、その女性と会うときはチャックを閉めていた。

「暴力」が起きた後に、本人や周囲とどうそのことに向き合っていくかも、さまざまに考えられる。先に挙げた支援者のように、やり返してしまうのもひとつの手である（もちろん、子どもの頃から培った関係があるからできることだが）。

小さなことでもあえて大騒ぎしてみることで、今後につなげるという方法もあるかもしれない。ある知的障害で自閉の男性に手を強い力で掴まれたとき、私は哀れな声を出して「手が折れちゃうよ」「私は壊れ物なんですから優しく扱ってください」と喚いた。隣にいた支援者も笑いながら「壊さないようにしないとね」と話しかけ、その人は私の手をもう一度緩く握ってから、離した。それで私もあまり恐怖心を抱かずに済んだ。その後もその人は何度か私の手を触ったけれども、最初のような力の入れ方はしなかった。ここまでなら大丈夫と確かめているようにも見えた。

あるいは何もなかったかのようにパスした方が、今後のためにも話が早い場合もある。ある知的障害で自閉の男性が、たこの木ひろばで壁を殴って穴を開けたことがあった。その人はまずいことをしたと思ったのだろう、さらに飛び上がって天井から吊るされた電灯を叩こうとする。このままだと電灯まで壊してしまいそうだった。そのとき、昔からの付き合いがある支援者が、「大丈夫だよ、これ貼っちゃうからね」と、壁の穴に段ボールの切れ端を貼って隠してしまった。その場にいた他の人たちは、知らん顔をして自分たちの話を続けた。そのうち、その人も落ち着いていった。いまもその壁には穴が空いたままで（段ボールも貼られたまま）、その人はいまも元気に訪ねてくる。

「暴力」が起きる前に、起きた後に、それを弱めたり、無効化したり。いろいろなやりようはある。それを試していくしかないし、それができればいいのではないか。

（2）わからなくても、痛みがあっても

そうやって整理してみると、人間存在は「社会」の向こう側にあるというルーマンの議論は、人間味のない話だということにもならなければ、テクノクラート的な議論だと片づけるべきものでもないことになる。私にはむしろ、多摩地域の支援活動、知的障害や自閉の人とやりとりを重ねること、もっというなら他者とかかわるということについて、他の社会理論よりよほど希望のある議論に思える。

現在は、その人がなぜそのようなことをしているかはわからない。だが、もしかしたら将来的にはズレがわかって了解可能なものになるかもしれない。いまわからないからといって、わ

かる可能性が消去されるわけではない。希望を持つことはできるし、具体的にあれこれと試してみることはできる。わからなくても、ダブル・コンティンジェンシーからコミュニケーションを続けることはできる。言い換えれば、「社会」であり続けようとすることは可能なのである。

これは、私やあなたの意思ひとつで、始めること自体ならできることである。もちろん、捉えかえそうという意思は必要になる。最初は相手が悪いように見えている、「人間」に見えないなど、別様に見えていたものを捉えかえそうというのだから、漫然としているだけでできることではない。だが、始めようとするならいつでも始められることである。

必ずしも何かの技能が必要だとは限らない。もちろん、それでも「社会」であり続けようとするというのは、ただ「人間だと思え」という話ではない。自分と相手がそれぞれ何をどう考え、どうインプットとアウトプットをして、さらにそれらをどう理解しているのか、これらを解きほぐし、別様の可能性を探るという話である。だから確かに、専門的技能や経験知があれば便利だろう。だが不可欠だということでもない。あの人やこの人と具体的にかかわった経験があり、考察するための材料を持っていれば、本来はそれだけで十分である。

ただやはり、ひとりで続けるのはそう容易なことではないのだと思う。これらをいかに捉えかえし、かかわりや幅が別様でありうる可能性を考慮に入れられるかは、どれだけ広い視野で問い直すことができるかにも依拠している。多摩地域における支援会議のような集合的な営みがあれば、かなりやりやすくなるはずである。自分で経験していなくても、他の人からさまざまな例を聞けば大いに参考になるだろうし、自分の経験についてもユーモアを交えながら話し合うことができれば、「次の一手」を考えやすくなる。特に、「暴力」によって多大な痛みが生じているときには、いまは少し距離をとることが必要なときもあり、そうしたときにお互いに手を貸し合うことができることは不可欠だろう。

少なくとも、私がたこの木クラブや多摩地域で多少なりとも知的障害や自閉の人たちとかかわることができたのは、そうした集合的な営みがあったからである。何もなければ、本書冒頭で述べた例のように、「絶対的他者」などという偏見にまみれた捉え方でとどまっていただろう。場が与えられてこそ始められることなのである。

逆にいえば、こうした営みがあちこちにできれば、少しでも「社会」であり続けようとする動きがさらにあちこちで増えていくかもしれない。「社会」であり続けようとする動きは、それ自体がまた「社会」であり続けようとする動きを生む。考えるための材料や素地が与えられるからである。

問題はすぐには解決しないかもしれない。だが、そうやって、「社会」であり続けることならできるだろう。そしてそれは、私たちを「人間」にしてくれる。暴れる「身体」を押さえつける存在ではなく、「人間」とともにある「人間」になれるのである。

（3）「ともにある」とはどういうことか

「ともにある」ということは、このように「社会」であり続けようとすることそのものなのではないか。

そして、「ともにある」ことで「ともにある」ことがより可能になる。「ともにある」という状況を生むことによってはじめて、「わからなさ」や痛みも現実的なものとして直面させられるが、同時にそこからシステムAを生成する方途を見出す材料も得られるからである。先に述べたように、仮想条件で論じているだけであれば、システムBの外部には原理的に出にくいが、実際にかかわっているのならシステムAを模索するための材料が与えられていることになる。

だから、「ともにある」ことは、「社会」であり続けようとすることそのものであり、同時にそれを生み続けることでもある。実際、「ともに学ぶ」から始まった運動は、その後の展開を生み続けることができた。支援ネットワークが誕生した当時に比べて、当事者たちからすればワクワクする楽しさは薄れているかもしれないが、いまあちこちに生まれている共同性は、確かにこれらの運動から端を発しているのである。

もちろん、ただ同じ場にあれば「ともにある」ということにはならないのは、繰りかえし述べてきた通りである。「障害者」という枠に相手を押し込めて「理解」するだけであれば、それは「ともにある」とは言えないだろう。

だが、だからといって、あれもできなくてはならない、これもできなくてはならないといった、道徳的で技術的な議論は、おそらく「ともに生きる」運動が生み出してきた「ともにある」姿とはズレている。「ともにある」ということは、あれとこれとができてはじめて可能になるような達成物というようなものではないのだろう。そのような語り方とはどうしても馴染まない。

ただ、「ともにある」ことを阻害する側の条件や要素は特定できるだろう。たとえば入所施設のみで出会う知的障害や自閉の人たちとのかかわりが、「ともに」あることを阻害されたものになりがちだとは言えるだろう。日々の暮らしで会うこともなく、ある特殊な条件下でしか会わないのであれば、やはりそれは多様な意味づけがなされうる日常の姿とはかけ離れた関係にしかならないだろう。

子どもたちが同じ場に身を置いていても、片方が「障害児」と呼ばれ、教員たちがその子を他の子たちと同じ生徒とみなしていないのであれば、それは「ともにある」ことを阻害されているとはいえるだろう。そして逆に、ある子が他の子と感じ方や表現の仕方が違うというだけで「人格的」におかしいとみなされてしまい、その子の周囲で生じたトラブルをその子の「人格」の問題に帰せられてばかりいたら、それもまた、「ともにある」ことを阻害されているといえるだろう。

私たちは、阻害する条件や要素を特定しながら、それを避けるために何が必要かを喧々諤々と議論する。これはこれで重要なことである。

同時に、「ともにある」ということが、それ自体としては条件や要素で特定されるようなものではないことは、確認しておく必要があるだろう。これは日常そのものなのであり、ひとつの意味付けでは捉えきれないものである。

いわば、あたりまえのことである。このあたりまえのことを、少しでも阻害されないような道を、探らなくてはならない。少しでも阻害されない道を探れば、そこからまた、捉えかえしの可能性も生まれてくる。

これは、いまある私たちの社会とは異なるユートピアを作るような話ではない。私たちは既存のシステム（AであれBであれ）の枠組みから自由になれるわけではない。自立生活の支援が金銭の介在をなくして成立するわけではないのと同じように、知的障害や自閉の人たちを「知的障害者」とみなす視線をなくせるわけではない。

だがそれでも、「知的障害者」という枠組み、あるいは福祉という枠組みなどにすべてを回収してしまわないようなかかわり方を育んでいくことはできる。私たちのかかわりを、関係を、明日の私たちの姿を、ほんの少しだけ別様にすることは、できる。そしてそれが、また次の可能性を生んでいくのである。

5　おわりに――引き継がれるものは何か

本書で取り上げたのは、多摩地域で四〇年以上にわたって積み重ねられてきた、しかし決して規模が大きいわけではない、「ともに生きる」運動である。重度知的障害や自閉の人たちの自立生活を全国に先駆けて数多く実現してきたという点では先進的だが、いつだって限界ギリギリで、問題やトラブルばかり抱えてきた運動である。かかわる人たちも、聖人君子ではなく、「最終ライン」としての強い意志を持つ人たちであっても、それぞれ欠点もあれば不足もある、人間臭い人たちである。運動がなしてきたことは、どれもとても魅力的だけれども、そこに問題や課題がなかったわけではなく、むしろ問題と課題だらけで、多くのことが積み残されているといった方がいいかもしれない。

いま、時代は転換期にある。ずっと運動を引っ張ってきた人たちには団塊の世代が多く含まれ、年齢も七〇代を迎え、亡くなる方も出てきているし、そうでなくとも最前線で身体を張ることが難しい人たちも出てきている。何より、運動が積み重ねられてきた結果として、自立生活を営む知的障害や自閉の人たちの数が増え、グループホームも増えた。これからは、若い人たちが主体となってやっていかざるを得ない。

だとすれば、これまでのやり方をそのまま踏襲できるわけではないし、おそらくすべきでもないだろう。積み残されている問題や課題には、若い人たちが先人たちとは別様の形で取り組んでいくことになる。運動や共同性は、制度とは違って、どうしても属人的な要素がある。若い人たちが主体となるなら、その人たちなりのやり方を編み出さなくてはならない。だから、これまでのやり方は変えられていくだろうし、一部は否定されていくかもしれない。いくつか例を挙げてみよう。

第一に、労働者として自らをどの程度自己定義するかという点である。多摩地域の支援ネットワークは、もともと完全なボランティア・ベースで始まっており、ベテランの支援者たちはあまり労働者として自らを定義していない。それに対して新たに参入する人たちの多くは「仕事」と捉えて入ってきている。それでも一定の場や共同性を育むことは先に述べた通りであり、根本的な違いとは言えないのだが、それでも労働条件等に対する敏感さは違ってくる。

第二に、ある種の文化の問題がある。たとえば、これまで多摩地域では、長い付き合いのある関係のなかで行われてきたということもあり、「暴力」にはいっそ軽い「暴力」で応えることで、「暴力」を無効化するような営み、あるいは「暴力」を個々人の個性や魅力によって抑えてしまうようなやり方をしてきた面もある。このような文化は、コンプライアンスが強調されるようになってきた今日では、なかなか維持されにくい。そもそも長い付き合いがあるわけではない関係で行われるようになれば、意味も変わってきてしまう。また、手作りの食事をどれだけ重視するか（レトルトでもいいとするか、宅配でもいいとするか）、衛生管理に際して環境問題への気配りをどの程度するかなど、細かいところで違いはある。多摩地域の場合には、知的障害や自閉の人たちへの支援ネットワークは、環境問題への取り組みとセットになって広がっていたという面もあり（これ自体はあまり珍しいことではない）、新規参入者からすると違和感があると言われることもある。

これは、知的障害や自閉の人たちへの支援そのものに必ず付随するものというより、そこにおいて成立した共同性に付随してきたものだと言った方が正確だろう（もちろん、環境問題に敏感であることと差別の問題に敏感であることとは、一般に言ってかなり結びつきやすいのだが）。だとしたら、新たに参入する人たちが少し異なる文化を持ち込むことはありうるだろう。

第三に、場や共同性へのコミットメントのありようについてである。私たちの社会はさらに変動している。自立生活の支援が新たな場づくりだったとはいえ、場というものの強さ、コミットメントのありようなどについては、時代を経て私たちの感覚自体が変化してきているところがあるように思われる。

ここでまた貴戸理恵の議論に戻ろう。貴戸によれば、戦後日本社会は、何らかの場（学校、会社、地域社会など）に所属することをもって個人の生き方が認められるような、場主義の社会だった。近年「生きづらさ」という言葉が力を持つようになっているのは、そのような場主義が弱まったからではないかという。学校という場、会社という場、地域社会という場に「包摂されない」人たちが、それぞれの場に「包摂されない」ことをもって問題にされるというより、どの場にも「包摂されない」という状況があることが浮かび上がってきたからだというのである。その背景にあるのは、一九八〇年代までに進んできた、地域共同体の弱体化だという(貴戸 2022)。

場主義の弱まり自体は、「ともに生きる」運動が生まれてきた背景にも当てはまる。「包摂されない」人たちの存在も、まさにこの運動の背景である。だからこそ、地縁や血縁に抗って新たな共同性を生み出してきた。だが、共同性そのものへのかかわり方も変化してきている。

正直に言うなら、多摩地域の支援ネットワークに一五年近くかかわってきて思うのは、すべての人が包摂される場など、不可能だということである。知的障害や自閉の人であれ、支援者であれ、そのボーダーに見える人であれ、この場においてもなかなか包摂されないでいる人は何人もいたように思う。多摩地域の支援ネットワークには、排除しないということについてはかなり強固な意志を持つ人が多い。それでも、包摂されない人はいる。明確な排除がなければ一緒にやっていけるかというと、そう単純な話ではない。

別の言い方をすれば、「包摂されない」ということは、何も障害のある人だけの話ではなく、またいわゆる生きづらい人たちだけの話でもなく、現代社会を生きる多くの人に共有されている経験なのだろう。もちろん、だからといって「排除しない」ことの重要性が減じられるわけではないのだ。「ともに生きる」というのは、そうそう簡単なことではないということなのだろう。

だが、だとしたら、もっといろんな形で、こうした支援のネットワークがつくられていけばいいのだと私は思う。新たにつくられるネットワークは、多摩地域の支援ネットワークに当初からかかわっている人たちとは、場へのコミットの仕方も、背景にある文化も、違うかもしれない。それはそれでいいのであり、そういう場が多様に生まれていけばいいのだと思う。実際、自立生活の支援にかかわるヘルパー派遣事業所は新たに生まれつつあり、それぞれの課題はありつつも、新たな場をつくり始めている。多摩地域の支援ネットワークのなかでも、若いヘルパーたちの間で地下茎のようにそうした場は生まれていると感じている。

やりようなら、ある。もうすでに、先例はあるのだから。個々の知的障害や自閉の人たちを支援していく担い手も、これから新たな人たちが参入してくる人たちが、新たな文化やコミットの仕方とともに新たなネットワークを形成していくのではないか。

このことは、本書がずっと「ともに生きる」と「ともに」を平仮名表記してきたこととともかかわっている。多摩地域の活動はもともと「共に」と漢字表記してきた。どうしてもそれをそのままに引き継ぐことが私にはできなくて、自分の考えられる範囲で考えるという意味で、平仮名表記にしてきた。漢字表記であれば、「一緒に」というニュアンスが強くなる。そこまで私にコミットできるか、いつも躊躇いが残る。それに対して、平仮名表記であれば、「同時に」というニュアンスが強まり、それならリアリティを持って掴める気がしたのである。

私の知る多くの同世代あるいは年下のヘルパーや支援者たちも、「共に生きる」は重すぎたとしても、「同時に」のニュアンスが強い「ともに生きる」なら、共有してくれそうな気がする。もちろん、それだけでいいと思っているわけではなく、「最終ライン」の存在の重要性は十分意識しつつのことなのだけれども。

このように、時代の変遷のなかで、「ともに生きる」運動は、そのままでは維持されず、新たな世代によって新たにつくりかえられていくだろう。これは何も悪いことではない。つくりかえられるだけの基盤を、「ともに生きる」運動はつくってきたのだということでもあるのだから。

だからこそ、いまの時点において、この運動が何を問うてきて、何を成し遂げてきたのか、記録しておかなくてはならないのだと思う。乗り越えるためには、乗り越える対象が何を成し遂げてきたのかを正しく見据えなくてはならない。

ある人とのかかわりについて、ダブル・コンティンジェンシーとしての幅とかかわりを捉えかえしていくことで、システムAが生成される道を模索し続ける――このことをいまの時代において実現していくために何が必要か。それが問われているのである。

註

1 ある事象が社会的に構成されたものであることが指摘されたからといって、その事象の実在性や動かしがたさが否定されるとは限らない。ただ、社会的構成主義〈構築主義〉が、何かを社会的構成物であると指摘すれば、実在性を否定し、動かしがたいものであることを否定するかのように捉えられてきた、あるいはそうした主張のための根拠として使われてきたことが多いのも確かである。障害の社会モデルも、そのように社会的構成主義を活用してきた面はあるのだろう。田中耕一郎は、障害の社会モデルが重度知的障害者を包摂しきれておらず、重度知的障害者たちの〈痛み〉や〈できなさ〉が取りこぼされていると指摘しているが〈田中 2008〉、この主張もまた、社会的構成主義を安易な使い方で用いることの弊害を指摘したものだろう。

2 ジョック・ヤングは、後期近代社会において、経済的基盤の不安定化と消費文化への包摂によって生まれる不安と相対的剥奪感から、人びとは厳罰主義的排除やゼロ・トレランス、刑務所拡大など、排除を肯定し強めていく傾向にあると捉えている〈Young 1999=2007, 西岡 2019〉。ヤングの議論は主にアメリカ社会を念頭においたものだが、安心・安全を求める傾向の背景にあるのは不安や相対的剥奪感だと考えれば、近年の日本社会においても似たような傾向はあると言えるだろう。

3 動物倫理を主張する論者の中には、こうした論理に基づいて重度知的障害者の意思決定を重視しない方向で議論を展開する者もいるため、障害者解放運動の担い手たちは、こうした姿勢に批判的なことが多かった（児玉 2011, Ouellette 2011=2014）。だが、S・テイラーはこれを批判的に捉えること自体が人間と動物を分けて考えているためではないかと指摘している（Taylor 2017=2020）。

4 仮想条件や思考実験としての議論は、おしなべて障害者解放運動にかかわる人たちからすると評判が悪い。「仮想」される際のリアリティの欠如があまりにもひどいことが多いからである。たとえば重度知的障害の人は考えることも感じることもできないかのように論じられることがあるが、少なくとも私は、いわゆる重度知的障害の人たちで考えることも感じることもない人を見たことがない。こちらがうっかりいら立ってキツイ言い方をすれば傷ついた顔や腹を立てた顔をするし、私が自分の不安や心配を口に出していればその人なりの配慮を見せることもある。「仮想」は本当に「仮想」でしかなく、むしろ「仮想」する人が持っている現実の幅とかかわりの狭さが、露骨に表に出てきてしまう機会となっている。

補遺 「調査」の概要

たこの木クラブを知ったのは、二〇〇七年のことだった。ある学生が自分で見つけて訪ねて行った団体だったのだが、同じ授業で他の団体とちょっとしたトラブルが起きたため、その年度はお世話になった団体の多くに挨拶に行くことにした。たこの木クラブを訪問したのも、その一環としてのことで、確か秋だったと思う。そこで知的障害や自閉の人たちと初めて会った。そしてこの場の雰囲気をなぜかえらく気に入ってしまったのだった。

翌年四月から、毎週水曜日に通うようになった。水曜日には、「すいいち企画」という、誰が来てもいい場（当事者企画の場なのだが、実質的には三々五々集まってダべる会）があったからである。当時は、大きなヘルパー派遣事業所と株分けをした数年後で、スタッフは三人（全員男性、うち一人は非常勤的位置づけ）、まだ一人暮らしをしている人も四～五人だったように思う。多摩市で関係するグループホームも二つくらいだった。

それから一五年。一人暮らしをする人も、グループホームも、飛躍的に増えた。亡くなった方も何人もいる。たこの木クラブのスタッフも増えたり減ったりした。私もプライベートで変化があり、あまり通えなかった時期もある。それでもまだ月に一～二回くらい通い続けている。

通うようになってしばらくは、フォーマルなインタビュー調査もしようと思っており、数人の人には話を伺ったこともある。だが途中でやめてしまった。理由はあまり覚えていない。そこで得られる情報量が、日ごろの活動のなかで出会うときに得られる情報量と比べるとあまり多くないということに気づいたのかもしれない。

知的障害や自閉の人たちの支援活動を始めたという認識もほとんどなかった。ただ、二〇〇七年四月の上旬に、本書でも挙げている女性の暮らしに二四時間貼りつかせてもらうなど、「介助」らしき体験はさせてもらっていた。それに毎週通っていれば、介助の必要な女性がトイレに行くときについていくなど、やることはいくつか出てくる。そのうち、すいいち企画で会うだけでなく、正月に空いたシフトをボランティアで埋めたり、移動支援として外出に付き合ったり、職場からすいいち企画に毎週来る女性を迎えに行ったり、私が行けないときには他の女性ボランティアが来られるように調整したりと、やることが広がっていった。

二〇〇八年度は職場でサバティカルをいただいた。最初はイギリスに行くつもりだったのだが、さまざまな事情で取りやめ、たこの木クラブに通うことにした。週に二回通うのを基本として、毎週通った。それ以外にもたこの木連続講座や他のボランティアの介助で訪ねることも多くあった（実際には、短期で海外に行くこともあり、張り付いていたわけではないが）。

ただ、不思議なもので、本格的に深いところまでかかわるようになったと実感したのは、仕事に戻った二〇〇九年度からである。こういう支援の場というのは、そういうところがあるのかもしれない。私の事情がどうのという前に、向こうがこちらの動きを見て、それから向こうが選ぶのだろう。私が通えるのは週一回程度になったのだが、それとは別に、アパートからの追い出しにどう対応するか、終末期に向けて医療体制をどうするか、事件を起こした人に何をすることが支援になるのかなど、深刻な問題にも少しかかわるようになった。

たこの木クラブの活動にかかわることは、同時に関東近辺の多くの団体とかかわることでもあった。多摩市で連携している団体はもちろん、それ以外にもこれらの障害者団体は、制度に関する勉強会や情報交換会、支援の内容について話し合う会など、実に多様な会合を開いている。それもフォーマルなものから半分インフォーマルなものまで幅広い。そのような機会を通して、主に関東だが、それだけにとどまらず全国の団体の活動に触れ、支援者と話すことが何度もあった。

特に、「自立生活支援を考える会」では私が主催という形になり、東久留米、小平、世田谷、多摩で回り持ちして開催し、多くの人が来てくれた。この会で学んだことは、その多くがのちに論文になっていったくらい、私には大きかった。

これらの会合を通して知り合った人たちと、その後それぞれに付き合いが続いていることもある。授業に来て講演してもらう、先方の会合に呼んでいただいて訪ねる、私が関心を持ってとにかく押しかけてみるなど、さまざまな形があった。こうして関東を中心とした多くの団体に伺ったことは、多摩地域の支援ネットワークを相対化する上でも、また「ともに生きる」ということの共通性を考える上でも、とても助けられた。

このように、多摩地域にも、それ以外のところとも、それなりにかかわってきたつもりではあるが、そうはいっても実際の支援活動全体から見れば、私が知っているのはごく一部である。多摩地域についても明らかにそうであり、現場で働く人たちが私には言わないようにしていることもたくさんあるだろう。まして、知的障害や自閉の人たち（あるいはその家族）が生き抜いてきた現実について、私が知ることなど、本当にごく限られた一端だけである。いま改めて振り返ってみても、わかっていないことの方がずっと多いのをしみじみ感じる。このことは、繰りかえし強調しておきたい。

こうしたかかわり方は、いわゆる参与観察というのに当てはまるのだろう。そう思って、論文などで名乗るときには参与観察だと書いている。

出会う人には、大学の教員であることは開示し、細かいことまで説明するのが適切でないと感じたときには「私はあなたのことをネタにするかもしれないよ」「ただし、書いたら必ず確認するよ」と伝えることもある。だが、たぶん私のことをガイヘル（ガイドヘルパーの略）だと認識している人もいると思う。

私自身は、参与観察だという意識をそれほど強く持っているわけではない。研究者でもあり、研究において役立つと思っているから通うのではあるが、そこで私にできることがあるのならやればいいだけである。研究者であるという立場を忘れたことはないが、それが主眼だと思って行動しているというのもちょっと違う。

通っている知的障害や自閉の人たちとは、相手によってそれぞれに付き合いがある。メールアドレスや電話番号を知っている人も多いので、ときどきメールやＬＩＮＥが来るし、そうすれば返事を書く。夜遅くに電話があって緊急に話を聞いたこともある。逆に、電話がかかってきたのに気づかなくて放置してしまったこともある。一緒に酒を飲んだり、ご飯を食べたりは、しょっちゅうだった。年に一度のピープルファースト大会に一緒に行くなど、旅行に行ったこともある。喧嘩をしたこともある。頭に来たこともたくさんあるし、相手を怒らせたこともある。一緒に笑ったこともたくさんある。

まあ、普通の付き合いである。参与観察と名乗るのも、支援活動と名乗るのも、どちらもたぶん、あまりピッタリくる表現ではない。

それでも、研究のために通っているのも確かである。私の実感としては、そのことが一番問題になるのは、書いて出すという過程である。

早い段階で無理やりにでも論文を一本書いておかなくてはと思い、二〇〇九年には一本書いている（出版は二〇一〇年〔三井 2010〕）。書く人間であることを現場の人たちにも実感として伝えなくてはならないと思ったし、書くとしたらどのようなものを書くのかも見せておかなくてはならないと思ったからである。

それからも何度かいろいろな形で書いてきた。原則として、たこの木クラブ代表の岩橋に見てもらうのと、あとは事例に登場する知的障害や自閉の人たちには、なるべく直接に説明するようはしている（伝聞のケースや本人と連絡が取れないケースは別で、その場合は、細部はほとんど書かないようにしている）。ただ、人によっては、丁寧な解説と同意というプロセスが、むしろ私の「正しくありたい」願望の押し付けになってしまっていると感じられることもあり、厳密にいつでも説明できて「同意」が得られたと言えるかというと、少し違う。たいてい、周囲には他の支援者がおり、本人に説明することが、実質的に支援者への説明にもなっていることが多い。このようなやり方がいいのかどうか、まだまだ迷いがあり（三井 2011 なども参照）、今後も課題のひとつである。

よく、参与観察ではノートを取れという。私も授業でなら、そうした方がいいと教える。けれども、私は途中からほとんどノートを取っていない。理由は単純で、ある人の行為を何と記述すればいいかわからなくなることが何度もあったからである。明確に断念したときのことはよく覚えている。本書でも挙げたが、飲み会の相談をしているときに邪魔してばかりに見えた人が、実は車椅子ユーザーへの合理的配慮を考えた提案をしていたというときだった。もうこれはメモなど取れないと思った。その後も、ある程度公式に開かれた会議やイベントではメモをたくさん取ったが、日ごろの活動については、むしろ全神経を集中して会話の中身を考えるようにしていた。

こうしたことから、記録はあまり残っていない。頻繁に通っていた頃に毎月『たこの木通信』に書かせてもらっていたこと、当時のメールや私自身の日記めいたメモに残っているくらいである。本書で挙げた事例はこれらに依拠しているが、細部に記憶間違いがないか、実はちょっと不安である。

事例の選び方についても付け加えておこう。本書にはやたらと私自身の例が出てくる。これは、ある段階から、なるべく自分のことを例に挙げようと思ったからである。

本書で挙げた論点について、直接に考えさせられたのは、たこの木クラブを介して出会う支援者たちの話だったということは多々ある。だがそれらの論点に触れるときにも、もとになっていた例は挙げず、よく似た私の事例を探して挙げるようにしてきた。

というのは、特にコミュニケーションのズレについて述べる事例は、支援やケアという観点からすれば、ある種の「失敗」に見えるからである。本当はそういう意味で取り上げているのではないとしても、読む人によってはそう見えるだろう。

だったら、人の話で書くべきではない。そう思ったので、私の例ばかり挙げている。ときどき壮大な自分語りをしているような気がしてきて恥ずかしくなるし、実際そういう面もないわけではないが、一応このような背景もあってのことではある。

ところで、参与観察というのは、どこかで裏切り行為なのだなと思う。かかわりながら書くことで、何度もそう思った。

たとえば、ある団体の内部で、二人の人が対立的になってしまい、その調停というか、話し合いの場に呼ばれたことがある。いま対立的になってしまっている具体的な事柄とは別に、それぞれにいままでの人生で受けてきた傷があり、それがお互いに刺激されてしまうがゆえに、対立的になってしまっているという事情があった。お互いの話がそれぞれ出され、その痛みにこちらも胸が痛み、たまらない思いを抱えて帰途に就いた。だが、翌朝出勤しながら、そのことを今度書く論文にどう活かすかを考えている自分を発見し、呆然としたことがある。これだけの人の痛みがあり、心を打たれ、言葉を失ったというのに、さもしくもそこから論文に活かそうとする自分がいたのである。とことん、人でなしだと思った。

また、私の書いたものを許容できないと言う人もいる。一〇年以上、何度も電話で長時間話をしてきた人から、ある本を出したときに「もう私たちにはかかわらないでほしい」と言われた。何がいけなかったのかは説明されなかった。その言葉の背景にあるだろう思いと痛みが、重かった。

それでも、私にとって社会学をすることは、ここで生き延びるために必要なことだった。「生き延びる」という言葉は変だと自分でも思う——好きで通っていたのだから。それでも、この言葉がしっくりくるくらい、いつも「これはどう考えたらいいんだ」「あれはどういうことなんだ」と頭がこんがらがって、自分がどこに軸足を置いてものを考えたらいいのか、混乱ばかりしていた。そして、自分で軸足を置かない限り、何もできないのだった。誰かについていくという発想だけでは、とても日々をまわしていけない。そこで助けになったのは、私にはやはり、社会学だったのだと思う。それも、具体的な概念ひとつというより、ある種の思考法のようなものであり、結論というより、方法みたいなものだった。

だから、壮大な裏切り行為だなと思いつつも、書きたいと思うことはやめられなかった。書かないと私は整理ができないし、整理しようとし続けないと、何もできない。だから書き続けてしまった。

これがいいことなのかどうかはわからない。わかっているのは、私にはそれ以外に選択肢がなかったということだけである。

本書の最初の草稿は、在外研究中（二〇二〇〜二〇二二）のイギリスで書いた。物理的に距離がある状況でなければ、書きだすことができなかった。書いているとき、お恥ずかしい話だが、何度もひとりで泣いていた。あの人のことやこの人のことを思い出して、あのこととこのことが結びついて、哀しいのか痛いのかよくわからない涙が何度も出た。いままでにないくらい理論的な本を書こうとしているのに、そんなに感情的になるなんて変な話である。だが、たぶん必然だったのだろう。

私にとって、本書のベースとなる「調査」とはこのようなものである。

あとがき

やっとのことでここまで来た。それが正直な実感である。

本書の基本的なアイデアである、本人と周囲とのやり取りをルーマンのダブル・コンティンジェンシーとして読み解くということ自体は、かなり早い段階に着想しており、論文（三井 2016）も書いてはいた。にもかかわらず、そのことが持っている意味について、自分自身で理解するためにえらく時間がかかってしまった。

さらにそのことを文章の落とし込むのにもひどく時間がかかった。変な言い方になるが、私はたこの木クラブ界隈で経験したことなら一日に何ページでも書けてしまう。それだけいろいろ思うところがあるのだろう。ただ、それらの事例と事例をどう論理で結びつけるかというところが難しくて、いつもたくさんの暴れ馬を扱っている気分だった。それぞれの馬の手綱を取って、なんとかその馬に似合う場所へ連れていき、それに合わせて図を描きなおす。うまく並べたつもりが、また馬が「ここじゃない」と暴れるのでやり直す。その連続だった。なんでもっとスマートに書けないのかと何度も思ったし、いまも馬が暴れているような気がする。

いつだったか、就学運動を長年やってきた人が、ある支援者たちのふるまいを指して「養護学校的だよね」と言ったことがある。さっぱり意味がわからなくて、でもめちゃくちゃ面白くて、この人の頭のなかに入って世界を見てみたいと思ったものだ。

なんとかその世界を知りたい／感じたいと思い、あちらにもこちらにも足を運んだ。本は全く頼りにならなかった。知的障害とタイトルに入っている本の大半は発達保障論的な立場から書かれたものであり、やっと見つけた共生教育論も、最初に読んだときはほとんど響かなかった。むしろ、身を投じて人びとの空気に触れ、場を味わう方がずっと良かった。本当に単純に、面白かったし、楽しかった。

けれども、「派閥」のなかに入るだけでいいのかと思うようになった。そのまま入っていても良かったのだろうけれど、私にはどうしてもそれでは落ち着くことができなかった。調査の基本のひとつは、人の見ている世界を理解しようとし、それを自分の言葉で話せるようにすることである。その人たちの頭のなかに入って世界を見られるようになったなら、それでいいのかもしれない。だけれども、それだけで終わることはできないと、いつの間にか思うようになった。

たぶん、支援者たちといっても、決して一枚岩ではないからだと思う。知的障害や自閉の人たちといっても、一枚岩ではない。みんな、一枚岩などではない。みんな、それぞれの歴史を持ち、それぞれの人生を生きる、ひとりの人である。

だったら、私も「私」にならなくてはならない。正確に言うなら、どうせ私は私でしかないのだから、そのことを正直に見据えなくてはならないとでもいうべきだろうか。誰かの真似や誰かの代わりで生きることなどできない。腹を括らなくてはならないのだと思った。

自分の言葉を探さなくてはならない。その奮闘の結果が本書である。就学運動や共生教育論と発達保障論の理解という点でも、自立生活運動についての理解でも、そしてルーマンの理解においても、たぶんたくさん「間違えて」いるのだと思うけれども、私にはいまはこう見えている。「間違い」については、読者の方々のご指摘を待つことにしたい。

この場を借りて、多摩地域の人たち、あるいはたこの木クラブを通じて出会った日本全国のいろいろな人たち、これらすべての方々に、心からの感謝を申し上げたい。大好きだった人のなかには、すでに物故している人も少なからずいる。もう会えないのが、本当に寂しい。そこでのかかわりはすでに補遺で述べたので、これ以上は繰り返さない。

ここでは、アカデミックな面で助けていただいた方たちへのお礼も書いておきたい。

東京大学の佐藤俊樹さんには、基本的なアイデアをいただいた。確か直前にディズニーシーに行っていて、「こうやってやり取りしていくしかないんです、でもこれは（私が以前理論的な枠組みとしていた）相互作用論では記述できません」と泣きついたら、「あなたの話はダブル・コンティンジェンシーに聴こえるよ」と言われた。当時の私はダブル・コンティンジェンシーといったらパーソンズの概念しか知らず、家に帰ると仕方なく『社会体系論』を開いたものである。なお、私のルーマン理解はすべて独学なので、間違いはすべて私の責任である。

神戸大学の津田英二さんには、発達保障論と共生共育論の「論争」の言葉の激しさに参ってしまっていたとき、オンラインで話をする機会を作っていただいた。学校観の違いが背景にあるのではないか、さらには根底に「痛み」があるからこそ激しい言葉の応酬になってしまったのではないかというのは、すべて津田さんからご教示いただいたアイデアである。ただ、実際の論者と重ね合わせるのは独学でやったので、そこでの間違いはすべて私の責任である。

Field-Net 研の皆さんには、まだ草案の段階から何度も研究会で話に付き合っていただき、多くの貴重なコメントをいただいた。特にシステムAの生成や他者論との関係については、この研究会でのコメントなしには自分でもわからなかっただろう。

草稿については、早稲田大学の岡部耕典さん、帝京科学大学の井腰圭介さん、グッドライフの末永弘さんに目を通していただいた（それぞれ間に数か月を挟んでいる）。岡部さんのコメントがなければ、第5章も第6章も存在しなかった。井腰さんのコメントがなければ第6章は書きあげられなかったし、全体に学説史が長々と続くバランスの悪いものになっていたと思う。そして末永さんのコメントがなければ、コンティンジェンシー理解や第6章はかなり違う書き方になっていたと思う。

ゼミの卒業生である内藤亜由美さんには、前著『ケアと支援と「社会」の発見』（生活書院）に引き続き、校正をお願いした。ただもちろん、内藤さんにお願いしたのは限定的な内容であり、本書における間違いはすべて私の責任である。

元指導教員である東京大学名誉教授の似田貝香門先生（故人）には、『はじめてのケア論』（有斐閣）、『支援のてまえで』（生活書院）などを出版してお送りするたびに、「研究本を楽しみにしているよ」と声をかけていただいていた。出会った人のことですぐに頭がいっぱいになってしまう私が、研究者に立ち戻れるのかを心配してくださっていたのだと思う。先生に本書をお届けできなかったことが、悔やまれてならない。

生活書院の髙橋淳さんには、執筆過程でじたばたするのに付き合っていただいたうえ、入稿するときにいくつも重要なご指摘をいただいて、最後の最後でかなり書き直すことができた。

その他にも、本当に多くの方にお世話になって、やっとのことで本書を書き上げるところまで来た。皆さんに、心から感謝を申し上げたい。

最後に、私事で恐縮だが、本書は二〇二三年二月に急逝した、父・三井徹に捧げたい。

渡曾知子 , 2006,「相互作用過程における「包摂」と「排除」――N・ルーマンの「パーソン」概念との関係から」『社会学評論』57 (3) : 600-614.
八幡ゆかり , 2008,「知的障害教育の変遷過程にみられる特殊学級の存在意義――教育行政施策と実践との比較検討をとおして」『鳴門教育大学研究紀要』23: 128-141.
山田昌弘 , 1994,『近代家族のゆくえ――家族と愛情のパラドックス』新曜社 .
山下恒男 1977[2002]『反発達論――抑圧の人間学からの解放』現代書館
米澤旦 , 2011,『労働統合型社会的企業の可能性――障害者就労における社会的包摂へのアプローチ』ミネルヴァ書房 .
米澤旦 , 2017,『社会的企業への新しい見方――社会政策のなかのサードセクター』ミネルヴァ書房 .
Young, Jock, 1999, *The exclusive society: social exclusion, crime, and difference in late modernity*, SAGE Publications.（青木秀男・伊藤泰郎ほか〔訳〕2007『排除型社会――後期近代における犯罪・雇用・差異』洛北出版 .）
湯浅博雄 , 1999,『他者と共同体』未来社 .
全国障害者問題研究会全国事務局編 , 1976,『「養護学校解体」論の本質とその批判――障害児教育の民主的発展のために（全障研運動　第 4 集）』全国障害者問題研究会出版部 .
全国障害者問題研究会 , 1978,『「養護学校義務制」阻止論批判（全障研運動　第 6 集）』全国障害者問題研究会出版部 .
全国障害者問題研究会 , 1986,『写真でみる全障研 20 年のあゆみ』全国障害者問題研究会出版部 .

出版.）
天畠大輔, 2022,『しゃべれない生き方とは何か』生活書院.
寺本晃久・岡部耕典・末永弘・岩橋誠治, 2008,『良い支援？——知的障害／自閉の人たちの自立生活と支援』生活書院.
寺本晃久・岡部耕典・岩橋誠治・末永弘, 2015『ズレてる支援！——知的障害／自閉の人たちの自立生活と重度訪問介護の対象拡大』生活書院.
Timmermans, Stefan, & Jonathan Gabe, 2002, "Introduction: Connecting Criminology and Sociology of Health and Illness," *Sociology of Health & Illness*, 24 (5): 501–16.
徳田茂, 1994,『知行とともに——ダウン症児の父親の記』川島書店.
徳田茂編, 1994,『いっしょに生きるってすてきだな』柘植書房.
徳田茂・野田龍三編, 1999,『つながり合いともに生きる——「共生共育」を求め続けて』柘植書房新社.
徳岡秀雄, 1987,『社会病理の分析視角』東京大学出版会.
東京TSネット編（堀江まゆみ・水藤昌彦監修）, 2016,『更生支援計画をつくる——罪に問われた障害のある人の支援』現代人文社.
Tomlinson, Sally, 2017, *A Sociology of Special and Inclusive Education: Exploring the Manufacture of Inability*, Routledge.（2022 古田弘子・伊藤駿〔監訳〕『特殊教育・インクルーシブ教育の社会学』明石書店.）
津田英二, 2006,『知的障害のある成人の学習支援論——成人学習論と障害学の出会い』学文社.
津田道夫・木田一弘・山田英造・斉藤光正, 1977,『障害者の解放運動』三一書房.
津田道夫・斉藤光正, 1981,『障害児教育と「共生・共育」論批判』三一書房.
津田道夫編, 1984,『統合教育——盲・難聴・遅滞・自閉のばあい』三一書房.
和田幸子, 2020,「子ども会から働く場へ——たこの木の三〇年、あしたやの二〇年」三井さよ・児玉雄大編『支援のてまえで——たこの木クラブと多摩の四〇年』生活書院: 213-237.
鷲田清一, 1999,『「聴く」ことの力——臨床哲学試論』阪急コミュニケーションズ.
渡部淳編, 1973,『知能公害』現代書館.
渡部淳, 1986,「〈発題〉学校を見限るということ」『臨床心理学研究』24(1): 92-95.
渡邊真之, 2019,「『子殺し』する親も子どもの意志を担えるのか——「青い芝の会」神奈川県連合会の主張に着目して」小国喜弘編『障害児の共生教育運動——養護学校義務化反対をめぐる教育思想』東京大学出版会: 119-136.
渡邉琢, 2011,『介助者たちは、どう生きていくのか——障害者の地域自立生活と介助という営み』生活書院.

書館 .

篠原睦治 , 1986,「〈発題〉公教育を見限る？ちょっと待ってよ！」『臨床心理学研究』24（1）: 95-99.

篠原史 , 1986,「〈報告〉登校拒否体験を通して見えたもの」『臨床心理学研究』24 (1): 84-92.

清水貞夫・小松秀茂編 , 1987,『統合保育――その理論と実際』学苑社 .

Strauss, Anselm, 1978, *Negotiations: varieties, contexts, process and social order,* Jossey-Bass.

末永弘 , 2008,「当事者に聞いてはいけない――介護者の立ち位置について」寺本晃久・岡部耕典・末永弘・岩橋誠治『良い支援？――知的障害／自閉の人たちの自立生活と支援』生活書院 : 183-222.

水津嘉克 , 1996,「社会的相互作用における「排除」」『社会学評論』47 (3): 335-349.

鈴木文治 , 2010,『排除する学校――特別支援学校の児童生徒の急増が意味するもの』明石書店 .

高城和義 , 2002,『パーソンズ――医療社会学の構想』岩波書店 .

高橋沙希 , 2018,「がっこの会による医療化批判と本質主義批判」『東京大学大学院教育学研究科　基礎教育学研究室　研究室紀要』44: 107-115.

高橋沙希 , 2019,「『障害児』は存在しない！――がっこの会による就学時健康診断反対闘争」小国喜弘編『障害児の共生教育運動――養護学校義務化反対をめぐる教育思想』東京大学出版会 : 75-94.

武川正吾 , 2001,『福祉社会――社会政策とその考え方』有斐閣 .

田村和宏・玉村公二彦・中村隆一編 , 2017,『発達のひかりは時代に充ちたか？――療育記録映画「夜明け前の子どもたち」から学ぶ』クリエイツかもがわ .

田中耕一郎 , 2008,「社会モデルは〈知的障害〉を包摂し得たか」『障害学研究』3: 34-62.

田中昌人 , 1974,『講座　発達保障への道（1）――児童福祉法施行 20 周年の証言』全国障害者問題研究会出版部 .

田中昌人 , 1977,「障害者教育に対する攻撃と攪乱の諸潮流批判」五十嵐顕・川合章編『講座　日本の教育　別巻　教育諸潮流の批判』新日本出版社 .

田中昌人 , 1980,「可逆操作の高次化における階層―段階理論」『人間発達の科学』青木書店 : 197-222.

垂髪あかり , 2021,『近江学園・びわこ学園における重症児者の「発達保障」――〈ヨコへの発達〉の歴史的・思想的・実践的定位』風間書房 .

Taylor, Sunaura, 2016, *Beasts of Burden: Animal and Disability Liberation,* The New Press.（2020 今津有梨〔訳〕『荷を引く獣たち――動物の解放と障害者の解放』洛北

(2006 秋山愛子・斎藤明子〔訳〕『私たち、遅れているの？――知的障害者はつくられる』現代書館.)
Rawls, John, 1971, *A Theory of Justice*, Harvard University Press. (1979 矢島鈞次〔訳〕『正義論』紀伊国屋書店.)
斎藤道雄, 2016,『手話を生きる――少数言語が多数派日本語と出会うところで』みすず書房.
坂上香（監督）, 2004,『Lifers ライファーズ――終身刑を超えて』Out of Frame, 日本.
坂上香（監督）, 2019,『プリズン・サークル』Out of Frame, 日本.
榊原賢二郎, 2016,『社会的包摂と身体――障害者差別禁止法制後の障害定義と異別処遇を巡って』生活書院.
佐々木和子・廣川淳平, 2021,『自立生活楽し！！――知的障害があっても地域で生きる親・介助者・支援者の立場から』解放出版社.
佐藤幹夫, 2005,『自閉症裁判――レッサーパンダ帽男の「罪と罰」』洋泉社.
佐藤幹夫, 2007,『裁かれた罪裁けなかった「こころ」――17 歳の自閉症裁判』岩波書店.
佐藤幹夫, 2013,『知的障害と裁き――ドキュメント千葉東金事件』岩波書店.
佐藤幹夫, 2022,『津久井やまゆり園「優生テロ」事件、その深層とその後――戦争と福祉と優生思想』現代書館.
佐藤貴宣, 2015,「障害児教育をめぐる「分離／統合」論の超克と社会科学的探求プログラム――盲学校での参与観察を起点として」『龍谷大学教育学会紀要』14: 13-31.
佐藤俊樹, 2008,『意味とシステム――ルーマンをめぐる理論社会学的探究』勁草書房.
佐藤俊樹, 2019,『社会科学と因果分析――ウェーバーの方法論から知の現在へ』岩波書店.
佐藤俊樹, 2023,『メディアと社会の連環――ルーマンの経験的システム論から』東京大学出版会.
Scott, David, 2020, *For Abolition: Essays on Prisons and Socialist Ethic*, Waterside Press.
柴垣登, 2022,『インクルーシブ教育のかたち――都道府県ごとの特別支援教育の違いから』春風社.
柴崎律, 1985,『知恵おくれと自閉――発達保障論の批判』社会評論社.
Sim, Joe, 2009, *Punishment and Prisons: Power and the Carceral State*, Sage Publications.
志茂こづえ, 2023,『米国の特殊教育における教職の専門職性理念の成立過程』東信堂.
篠原睦治, 1976,『「障害児」観再考――「教育＝共育」試論』明治図書出版.
篠原睦治, 1982,『「障害児」教育と人種問題――アメリカでの体験と思索』現代書館.
篠原睦治, 1986,『「障害児の教育権」思想批判――関係の創造か、発達の保障か』現代関係」小国喜弘編『「障害児」の共生教育運動——養護学校義務化反対をめぐる教育思想』東京大学出版会 : 95-117.

日本弁護士連合会　刑事拘禁制度改革実現本部編 , 2011,『刑務所のいま——受刑者の処遇と更生』ぎょうせい .

日本臨床心理学会 , 1980,『戦後特殊教育・その構造と論理の批判——共生・共育の原理を求めて』社会評論社 .

西岡暁廣 , 2019,「ジョック・ヤング『排除型社会』の図式的整理」『同志社社会学研究』23: 25-35.

新田勲 , 2009,『足文字は叫ぶ！——全身性重度障害者のいのちの保障を』現代書館 .

新田勲 , 2012,『愛雪——ある全身性重度障害者のいのちの物語（上）（下)』第三書館 .

野口晃菜・喜多一馬編 , 2022,『差別のない社会をつくるインクルーシブ教育——誰のことばにも同じだけ価値がある』学事出版 .

小国喜弘 , 2019,『障害児の共生教育運動——養護学校義務化反対をめぐる教育思想』東京大学出版会 .

岡部耕典 , 2006,『障害者自立支援法とケアの自律』明石書店 .

奥地圭子 , 1991,『東京シューレ物語——学校の外で生きる子どもたち』教育史料出版会 .

奥村隆 , 2013,『反コミュニケーション』弘文堂 .

奥山敏雄 , 2000,「ホスピス、緩和ケアにおける全人主義の意味」『社会学ジャーナル』25: 51-70.

Oliver, Michael, 1990, *The Politics of Disablement*, Macmillan.（= 2006 三島亜紀子他〔訳〕『障害の政治——イギリス障害学の原点』明石書店 .）

大阪教育を考える会 , 1979,『ふつうのがっこにいきたいんや——「障害児」就学・就園運動の記録』風煤社 .

Ouellette, Alicia, 2011, *Bioethics and Disability: Toward a Disability-Conscious Bioethics*, Cambridge University Press.（2014 安藤泰至・児玉真美〔訳〕『生命倫理学と障害学の対話——障害者を排除しない生命倫理へ』生活書院 .）

Parsons, Talcott, 1951, *The Social System*, The Free Press.（1974 佐藤勉〔訳〕『社会体系論』青木書店 .）

Parsons, Talcott, 1954, “A Sociologist Looks at the Legal Profession”, in *Essays in Sociological Theory: Revised Edition*, The Free Press: 212-237.

ピープルファースト東久留米編 , 2007,『知的障害者が入所施設ではなく地域で暮らすための本——当事者と支援者のためのマニュアル』生活書院 .

People First of California, 1984, *Surviving in the System: Mental Retardation and the Retarding Environment*, The California State Council on Developmental Disabilities.

代・田代志門・山田慎也編『現代日本の「看取り文化」を構想する』東京大学出版会 : 271-288.
嶺井正也 , 1997,『障害児と公教育――共生共育への架橋』明石書店 .
三井絹子 , 2006,『私は人形じゃない――抵抗の証』「三井絹子 60 年のあゆみ」編集委員会ライフステーションかたつむり .
三井さよ , 2010,「生活をまわす／生活を拡げる――知的障害当事者の自立生活への支援から」『福祉社会学研究』7: 118-139.
三井さよ , 2011,「調査研究における公表の了解について」『社会と調査』6: 50-56.
三井さよ , 2016,「それでも「社会」でありつづける――多摩地域における知的障害当事者への支援活動から」『社会志林』62（4）: 189-207.
三井さよ , 2018,『はじめてのケア論』有斐閣 .
三井さよ , 2020a,「たこの木クラブと多摩の四〇年」三井さよ・児玉雄大編『支援のてまえで――たこの木クラブと多摩の四〇年』生活書院 : 41-180.
三井さよ , 2020b,「知的障害・発達障害の人たちの「触法行為」をめぐって」『年報社会学論集』33: 44-51.
三井さよ , 2021,『ケアと支援と「社会」の発見――個のむこうにあるもの』生活書院 .
宮口幸治 , 2019,『ケーキの切れない非行少年たち』新潮新書 .
宮崎隆太郎 , 2004,『増やされる障害児――「LD・ADHD と特別支援教育」の本質』明石書店 .
茂木俊彦 , 1990,『障害児と教育』岩波書店 .
茂木俊彦 , 1997,『統合保育で障害児は育つか――発達保障の実践と制度を考える』大月書店 .
茂木俊彦 , 2004,『発達保障を学ぶ』全国障害者問題研究会出版部 .
森口弘美 , 2015,『知的障害者の「親元からの自立」を実現する実践――エピソード記述で導き出す新しい枠組み』ミネルヴァ書房 .
村田観弥 , 2018,『障害支援と関係の教育学――専門性の権力をめぐって』生活書院 .
村瀬学 , 1985,『理解のおくれの本質』大和書房 .
長岡克行 , 2006,『ルーマン／社会の理論の革命』勁草書房 .
中島浩籌（聞き手：山下耕平）, 2017,「不登校 50 年証言プロジェクト　#14 中島浩籌さん」『全国不登校新聞』（2017 年 3 月 6 日公開）http://futoko-fonte.sakura.ne.jp/sblo_files/futoko50/image/14futoko50nakajima.pdf（最終閲覧日 2023 年 3 月 14 日）.
中西正司 , 2014,『自立生活運動史――社会変革の戦略と戦術』現代書館 .
中西正司・上野千鶴子 , 2003,『当事者主権』岩波書店 .
中田圭吾 , 2019,「『せめぎ合う共生』を求めて――子供問題研究会における「生き合う」

倉石一郎 , 2021,『教育福祉の社会学――〈包摂と排除〉を超えるメタ理論』明石書店 .

楠敏雄 , 1982,『「障害者」解放とは何か――「障害者」として生きることと解放運動』柘植書店

楠敏雄 , 2001,「楠敏雄氏インタビュー」(聞き手：尾上浩二) http://www.arsvi.com/2000/20000315kt.htm（最終閲覧日 2023/07/09)

共同連 , 2012,『日本発共生・共働の社会的企業――経済の民主主義と公平な分配を求めて』現代書館 .

共生型経済推進フォーラム編 , 2009,『誰も切らない、分けない経済――時代を変える社会的企業』同時代社 .

Laws, Richard and Tony Ward, 2011, *Desistance from Sex Offending: Alternatives to Throwing Away the Keys*, Guilford Press.（2014 津富宏・山本麻奈〔訳〕『性犯罪からの離脱―「良き人生モデル」がひらく可能性』日本評論社 .)

Levinas. Emanuel, 1961, *Totalité et infini*, La Haye.（1989 合田正人〔訳〕『全体性と無限――外部性についての試論』国文社 .)

Luhmann, Niklas 1984 *Soziale Systeme: Grundriß einer allgemeinen Theorie*, Suhrkamp.（1993 佐藤勉監〔訳〕『社会システム理論（上）（下）』恒星社厚生閣）

Luhmann, Niklas 1984 *Soziale Systeme: Grundriß einer allgemeinen Theorie*, Suhrkamp.（2020 馬場靖雄〔訳〕『社会システム（上）（下）』勁草書房）.

Luhmann, Niklas, 1990, *Die Wissenschaft der Gesellschaft*. Suhrkamp.（2009 徳安彰訳『社会の科学１・２』法政大学出版局 .)

Luhmann, Niklas, 1995, "Inklusion und Exklusion、" in: *Der Soziologie und der Mensch* , *Soziologische Aufklärung 6*, Westdeutscher Verlag.（2007 村上淳一〔訳〕「インクルージョンとエクスクルージョン」『ポストヒューマンの人間論――後期ルーマン論集』東京大学出版会 : 203–245.)

――――, 2002, *Das Erziehungssystem der Gesellschaft*, Suhrkamp.（2004, 村上淳一〔訳〕『社会の教育システム』東京大学出版会 .)

前田拓也 , 2009,『介助現場の社会学――身体障害者の自立生活と介助者のリアリティ』生活書院 .

Maruna, Shadd, 2001, *Making Good: How Ex-convicts Reform and Rebuilt Their Lives*, American Psychological Association.（2013 津富宏・河野荘子〔訳〕『犯罪からの離脱と人生の「やり直し」――元犯罪者のナラティヴから学ぶ』明石書店 .)

丸山啓史・河合隆平・品川文雄 , 2012,『発達保障ってなに？』全国障害者問題研究会出版部 .

松繁卓哉 , 2022,「コミュニティとシステム――看取りを支える互助の課題」浮ケ谷幸

かどや・ひでのり , 2006,「言語権からコミュニケーション権へ」『人権 21 ――調査と研究』8: 78-83.
苅谷剛彦 , 2004,『教育の世紀――学び、教える思想』弘文堂 .
苅谷剛彦 , 2012,『学力と階層』朝日新聞出版 .
春日淳一 , 2005,「ダブル・コンティンジェンシーについて」『関西大学経済論集』55(3): 445-455.
河東田博監修 , 2006,『福祉先進国に学ぶしょうがい者政策と当事者参画――地域移行、本人支援、地域生活支援国際フォーラムからのメッセージ』現代書館 .
加藤博史・水藤昌彦編 , 2013,『司法福祉を学ぶ―総合的支援による人間回復への途』ミネルヴァ書房 .
加藤直樹 , 1982,『障害の早期診断と発達相談』全障研出版部 .
河合隆平 , 2018,「発達保障論における社会形成の原理とその論点」越野和之編『発達保障論の到達と論点』全国障害者問題研究会出版部 : 228-263.
貴戸理恵・常野雄次郎 , 2005,『不登校、選んだわけじゃないんだぜ！』理論社 .
貴戸理恵 , 2011,『「コミュニケーション能力がない」と悩む前に』岩波ブックレット .
貴戸理恵 , 2022,『「生きづらさ」を聴く――不登校・ひきこもりと当事者研究のエスノグラフィ』日本評論社 .
木村元 , 2020,『境界線の学校史――戦後日本の学校化社会の周縁と周辺』東京大学出版会 .
木村晴美 , 2007,『日本手話とろう文化――ろう者はストレンジャー』生活書院 .
木村晴美 , 2009,『ろう者の世界――日本手話とろう文化　続』生活書院 .
木全和巳 , 2018,「発達保障論は人間の「障害（disability）」をどのように理解しようとしてきたか――全障研の結成 10 年目までの議論に焦点をあてて」越野和之編『発達保障論の到達と論点』全国障害者問題研究会出版部 : 100-143.
北村小夜 , 1987,『一緒がいいならなぜ分けた――特殊学級の中から』現代書館 .
北村小夜・志澤佐夜 , 2010,『「共に学ぶ」教育のいくさ場――北村小夜の日教組教研・半世紀』現代書館 .
児玉真美 , 2011,『アシュリー事件――メディカル・コントロールと新・優生思想の時代』生活書院 .
子供問題研究会編 , 1976,『俺、「普通」に行きたい』明治図書出版 .
子供問題研究会編 , 1980,『子どもに学び子どもと共に――普通学級における「共育」の創造』教育出版 .
小島靖子・小福田史男編 , 1984,『八王子養護学校の思想と実践』明治図書出版 .
窪島務 , 1988,『障害児の教育学』青木書店 .

星加良司, 2007,『障害とは何か――ディスアビリティの社会理論に向けて』生活書院.

細井洋子・辰野文理編 2021『高齢者犯罪の総合的研究――社会保障、雇用、家族、高齢化を視野に比較文化的に考察する』風間書房

Huges, Everett, C., 1971, *The Sociological Eye: Selected Papers*, New Brunswick: Transaction Books.

藤井克徳, 1980,「福祉的就労の現状と課題」『総合リハビリテーション』39 (9) : 873-878.

藤川洋子・井出浩, 2011,『触法発達障害者への複合的支援――司法・福祉・心理・医学による連携』福村出版.

古川孝順・庄司洋子・三本松政之編, 1993,『社会福祉施設―地域コンフリクト』誠信書房.

一木玲子, 2008,「特別支援教育における包摂と排除」嶺井正也・国祐道弘編『公教育における包摂と排除』八月書館.

井出草平, 2014,『アスペルガー症候群の難題』光文社新書.

Illich, Ivan, 1971, *Deschooling Society*, Harper & Low（=1977 東洋・小澤周三〔訳〕『脱学校の社会』東京創元社）.

猪飼周平, 2010,『病院の世紀の理論』有斐閣.

猪飼周平, 2011,「地域包括ケアの社会理論への課題――健康概念の転換期におけるヘルスケア政策」『社会政策』2(3): 21-38.

生島浩編, 2017,『触法障害者の地域生活支援――その実践と課題』金剛出版.

石戸教嗣, 2000,『ルーマンの教育システム論』恒星社厚生閣.

石戸教嗣, 2003,『教育現象のシステム論』勁草書房.

石戸教嗣, 2021,『現代教育のシステム論――ルーマンの構図』世織書房.

石川憲彦, 1988,『治療という幻想――障害の医療からみえること』現代書館.

伊藤高史, 2018,「社会学的ジャーナリズム研究の再検討――ニクラス・ルーマンの社会システム論からの考察」『法學研究：法律・政治・社会』91 (6) : 29-52.

岩橋誠治, 2008,「それぞれの自立生活への道と自立生活獲得のための支援」寺本晃久・岡部耕典・末永弘・岩橋誠治『良い支援？――知的障害／自閉の人たちの自立生活と支援』生活書院 : 72-143.

岩橋誠治, 2020,「支援は〈やりとり〉の連続に尽きる」三井さよ・児玉雄大編『支援のてまえで――たこの木クラブと多摩の四〇年』生活書院 : 187-209.

クアン・ジョンナン, 2017,『日本手話とろう教育――日本語能力主義をこえて』生活書院.

二見妙子, 2017,『インクルーシブ教育の源流――一九七〇年代の豊中市における原学級保障運動』現代書館.

（1991 後藤将之〔訳〕『シンボリック相互作用論』勁草書房 .）
Buber, Martin, *Ich und Du*.（1979 植田重雄〔訳〕『我と汝・対話』岩波文庫 .）
中鉢正美 , 1961「生活構造論の基礎的問題点」『日本労働協会雑誌』24: 9-15.
Derrida, Jacque, 1997, *De l'hospitalité, Anne Dufourmantelle invite Jacques Derrida à répondre de l'hospitalité*, Calmann-Lévy.（＝廣瀬浩司〔訳〕2018『歓待について――パリ講義の記録』筑摩書房 .）
Freidson, Eliot, 1970, *Professional Dominance: The Social Structure of Medical Care*, Polity Press.（＝進藤雄三・宝月誠〔訳〕1992『医療と専門家支配』恒星社厚生閣 .）
――――, 1994, *Professionalism Reborn: Theory, Prophecy and Policy*, Polity Press.
Goodley, Dan, 1998, "Supporting people with learning difficulties in self-advocacy groups and models of disability," *Health and Social Care in the Community* 6(6): 438-446.
深田耕一郎 , 2013,『福祉と贈与――全身性障害者・新田勲と介護者たち』生活書院 .
福島智 , 1991,「「発達の保障」と「幸福の保障」――障害児教育における「発達保障論」の再検討」『教育科学研究』10: 55-63.
二見総一郎 , 2019,「共生教育運動における教師のジレンマ――大阪枚方市・宮崎隆太郎の挑戦」小国喜弘編『障害児の共生教育運動』東京大学出版会 : 197-218.
がっこの会編 , 1977,『続・知能公害――養護学校否定の論理と実践』現代書館 .
Goffman, Irving, 1967, *Interaction Ritual: Essays on Face-to-Face Behavior*, Doubleday, Anchor Books.（2002 浅野敏夫〔訳〕『儀礼としての相互行為』法政大学出版会 .）
原田琢也・濱元伸彦・堀家由妃代・竹内慶至・新谷龍太朗 , 2020,「日本型インクルーシブ教育への挑戦――大阪の「原学級保障」と特別支援教育の間で生じる葛藤とその超克」『金城学院大学論集』16(2): 24-48.
Holmes, Dave, Trudy Rudge and Amelie Perron ed., *(Re)Thinking Violence in Health Care Settings: A Critical Approach*, Routledge.
本多敏明 , 2013,「排除と包摂のあいだの社会福祉」『淑徳大学研究紀要』47: 167-183.
堀正嗣 , 1994,『障害児教育のパラダイム転換――統合教育への理論研究』柘植書房 .
堀正嗣 , 1998,『障害児教育とノーマライゼーション――「共に生きる」教育を求めて』明石書店 .
堀正嗣 , 2021,『障害学は共生社会をつくれるか――人間解放を求める知的実践』明石書店 .
堀智久 , 2013,「専門職であることの否定から専門性の限定的な肯定あるいは資格の重視へ」『社会学評論』64 (2) : 257-274.
堀智久 , 2018,「「共生共育」の思想――子供問題研究会の 1970 年代」『障害学研究』13: 195-220.

文　献

あいぴぃ編集委員会編 , 2002,『あいぴぃ――障害を持つ娘あいをとりまく普通学級でのすったもんだ』千書房 .

阿部利彦 , 2017,『通常学級のユニバーサルデザイン――スタートダッシュ Q&A55』東洋館出版社 .

阿部利彦・赤坂真二・川上康則・松久眞実 , 2019,『人間環境のユニバーサルデザイン』東洋館出版社 .

あべやすし , 2015,『ことばのバリアフリー――情報保障とコミュニケーションの障害学』生活書院 .

青井和夫 , 1971,「生活体系論の展開」青井和夫・松原治郎・副田義也編『生活構造の理論』有斐閣 139-163.

青木嗣夫 , 1997,『未来をひらく教育と福祉――地域に発達保障のネットワークを築く』文理閣

赤木和重 , 2008,「自閉症における「障害特性に応じた教育」再考――障害特性に応じつつ、障害特性をこえていく教育へ」『障害者問題研究』36(3): 180-188.

赤木和重 , 2011,「障害領域における発達段階の意義――自閉症スペクトラム障害をめぐって」『発達心理学研究』22-4: 381-390.

Andrews, D. A. and Bonta, J., 2010 *The Psychology of Criminal Conduct 5th Ed.*, Anderson.

Apple, Michael, 1979, *Ideology and Curriculum*, Routledge.（1986 門倉正美他〔訳〕『学校幻想とカリキュラム』日本エディタースクール出版部 .）

荒木穂積 , 2015,「退職記念最終講義　発達保障の誕生から 50 年」『立命館産業社会論集』51(1): 3-28.

安積純子・岡原正幸・尾中文哉・立岩真也 , 1995,『生の技法――家と施設を出て暮らす障害者の社会学』藤原書店.

馬場靖雄 , 2001,『ルーマンの社会理論』勁草書房 .

Barnes, Colin, Geof Mercer & Tom Shakespeare, 1999, *Exploring Disability: A Sociological Introduction*, Cambridge: Polity Press.（2004 杉野昭博・松波めぐみ・山下幸子〔訳〕『ディスアビリティ・スタディーズ――イギリス障害学概論』明石書店 .）

Berger, Peter L. & Thomas Luckmann, 1966, *The Social Construction of Reality: A Treatise in the Sociology of Knowledge*, Doubleday.（1977 山口節郎〔訳〕『日常世界の構成――アイデンティティと社会の弁証法』新曜社 .）

Blumer, Herbert, 1969, *Symbolic Interactionism: Perspective and Method*, Prentice-Hall.

◉本書のテクストデータを提供いたします
本書をご購入いただいた方のうち、視覚障害、肢体不自由などの理由で書字へのアクセスが困難な方に本書のテクストデータを提供いたします。希望される方は、以下の方法にしたがってお申し込みください。

◎データの提供形式：CD-R、メールによるファイル添付（メールアドレスをお知らせください）
◎データの提供形式・お名前・ご住所を明記した用紙、返信用封筒、下の引換券（コピー不可）および200円切手（メールによるファイル添付をご希望の場合不要）を同封のうえ弊社までお送りください。

◉本書内容の複製は点訳・音訳データなど視覚障害の方のための利用に限り認めます。内容の改変や流用、転載、その他営利を目的とした利用はお断りします。

◎あて先：
〒160-0008
東京都新宿区四谷三栄町6-5 木原ビル303
生活書院編集部　テクストデータ係

キリトリ線

【引換券】
知的障害・自閉の人たちと
「かかわり」の社会学

三井さよ（みつい さよ）

1973年生まれ。東京大学大学院人文社会系研究科博士課程修了（博士（社会学））。法政大学社会学部教員。

著書に『ケアと支援と「社会」の発見――個のむこうにあるもの』（生活書院、2021年）、『はじめてのケア論』（有斐閣、2018年）、『看護とケア――心揺り動かされる仕事とは』（角川学芸出版、2010年）、『ケアの社会学――臨床現場との対話』（勁草書房、2004年）など。編著書に『支援のてまえで――たこの木クラブと多摩の四〇年』（児玉雄大と共編、生活書院、2020年）、『ケアのリアリティ――境界を問いなおす』（鈴木智之と共編、法政大学出版局、2012年）、『〈支援〉の社会学』（崎山治男・伊藤智樹・佐藤恵と共編、青弓社、2008年）、『ケアとサポートの社会学』（鈴木智之と共編、法政大学出版局、2007年）など。雑誌『支援』の編集委員。

知的障害・自閉の人たちと「かかわり」の社会学
――多摩とたこの木クラブを研究する

発　行――――二〇二三年一〇月一〇日　初版第一刷発行
著　者――――三井さよ
発行者――――髙橋　淳
発行所――――株式会社　生活書院
〒一六〇―〇〇〇八
東京都新宿区四谷三栄町六―五　木原ビル三〇三
TEL　〇三―三二二六―一二〇三
FAX　〇三―三二二六―一二〇四
振替　〇〇一七〇―〇―六四九七六六
http://www.seikatsushoin.com

印刷・製本――株式会社シナノ
カバーイラスト――遠江好子

Printed in Japan　2023 © Mitsui Sayo
ISBN 978-4-86500-158-7

定価はカバーに表示してあります。
乱丁・落丁本はお取り替えいたします。